차이나 인사이트

China Insight

차이나
인사이트

현대 중국 경제를 말하다

김동하 외 지음

산지니

| 머리말 |

모름지기 G2의 시대다. 언제부터인가 우리는 미국의 미래 경쟁자로 중국을 꼽고 있고, 중국은 이제 주변국의 우려에도 개의치 않고 정치·경제·외교 분야에서 자기 목소리를 분명하게 내고 있다. 중국인들이 자랑스러워하는 당(唐. 618~907) 왕조는 이미 세계 GDP 58%를 점유하는 경제대국을 약 300년 동안 영위한 적이 있다. 본서는 이러한 중국을 연구하는 연구자 모임인 '부산중국연구회'의 경제·사회분야 연구 결과물이다.

우리 연구회는 1999년 9월에 부산·경남지역에 소재하는 사회과학 분야 연구자들을 중심으로 중국을 연구하기 위해 발족된 연구 단체이다. 주지하다시피 부산은 지리적 영향으로 일본과의 역사·문화적 교류가 많았다. 부산시와 나가사키현 대마도(쓰시마)와의 거리는 49.5km에 불과하다. 하지만 1884년 부산 초량에도 청나라 조계(租界)와 영사관이 설치되고, 차이나타운이 조성되면서 중국과의 교류가 시작되었다. 그러나 최근까지 부산은 중국학 연구의 불모지나 다름없었다. 이러한 상황을 극복하고자 발족된 것이 '부산중국연구회'이다.

1993년에 중국주부산총영사관이 설치되고, 2005년에는 주한국타이베이대표부 부산사무처가 개설되어 부산과 중국의 인연이 깊어졌으며, 2006년부터는 동아대와 동서대에 공자학원이 개설되어 중국학 연구도

심화되는 계기가 마련되었다. 그동안 우리 연구회는 정치, 경제, 사회, 역사, 문화 방면의 교수, 연구자, 대학원생들이 모여 격월간으로 활발한 세미나를 개최하여왔다. 세미나 결과는 각 분야 유력한 학술지에 게재되거나, 단행본으로 출간되어 국내외 독자들과 만날 기회가 있었다.

2014년 9월, 우리 연구회는 창립 15주년을 맞이하게 되어 이를 기념하고 또한 그간 최신 연구 결과물을 사회에 환원하려는 연구회 목적을 달성하기 위해 본서를 발행하게 되었다. 편집상 제약으로 인해 1차로 경제·통상·사회 분야의 논문 9편을 엄선하여 실었으며, 이들 논문은 이미 한국연구재단 등재 학술지에 게재된 우수한 연구물들이다.

먼저 사회분야를 보면, 최근에 이슈가 되고 있는 중국 사회계층에 대한 논문 두 편을 실었다. 이를 통해 바링허우, 지우링허우 같은 중국 신세대들의 면모와 '농민공'이라 불리는 중국 빈부격차의 부산물에 대한 이해의 폭을 넓힐 수 있을 것이다. 지역개발 및 물류 분야에 대한 논문 두 편은 최근 부산항 및 인천항의 경쟁자로 급부상한 중국 주요 항구들에 대한 SWOT 분석을 통해 우리 도시들이 나아갈 바를 제시하고 있으며, 올바른 중국 지역개발 정책에 대한 이해를 통해 향후 우리 기업의 유효한 대중국 투자 방향을 찾으리라 본다. 부산·진해뿐만 아니라 우리나라에는 모두 8곳의 경제자유구역이 있는데, 이들 모두가 중국 나아가서는 중화권 투자 유치를 위해 힘쓰고 있다. FDI 관련 두 편의 논문은 우리나라의 투자유치 정책 수립에 도움이 되리라 단언한다. 통상분야인 중국 통관규정 관련 논문은 우리 기업의 대중국 수출시 유용한 시사점을 제공할 수 있을 것이다. 마지막으로 경제 관련 논문 두 편은 세계 2위 규모로 부상한 중국 거시경제에 대해 조망을 하고 있으며, 그 흐름을 정확하게 읽는 방법을 제시하고 있다.

중국 관영통신사 신화망에 따르면 2013년 56조 8845억 위안의

GDP(전년비 7.7% 성장)를 기록했던 중국은 2013년 세계 GDP의 12%를 점유한 것으로 나타났다. 현재 FTA와 같은 지역경제통합 작업을 통해 구축하고 있는 '중화경제권'까지 더하면 향후 세계에서 중국경제의 영향력은 더욱 커지리라 본다. 모쪼록 본서가 중국의 경제·통상·사회분야에 대한 일반 상황을 설명하는 역할과 함께, 향후 미래에 경제대국으로 부상할 중국을 올바로 이해하는 데 도움이 되길 기대해본다.

본서를 작성하는데 원 논문의 참고문헌 출처를 정확하게 표기하려는 노력에도 불구하고 편집 과정에서 누락되거나 불명확하게 표기된 사례가 있으리라 본다. 이는 전적으로 공저자들의 책임이다. 끝으로 시기적으로 어려운 상황에도 불구하고 본고를 출판하기로 결정하여준 산지니 강수걸 대표께 감사드린다. 향후 차이나 인사이트 II (정치·법·역사·문화분야)도 적시에 준비하여, 시시각각 변화하는 중국의 정확한 모습을 담으려 노력할 계획이다.

저자를 대표하여 지은이 김동하

| 차례 |

머리말   5

1장   중국의 세대구분과 세대별 특성   이중희

    I. 서론   13

    II. 기존 연구, 이론 및 연구방법   15

    III. 중국의 세대구분 기준   18

    IV. 세대별 특성   24

    V. 결론   32

2장   중국 '민공황(民工荒)'의 쟁점 및 원인과 영향 분석   서석흥 · 김경환

    I. 서론   39

    II. 민공황의 현상과 쟁점   41

    III. 민공황 발생의 원인   50

    IV. 민공황의 영향   61

    V. 결론 및 시사점   65

3장   중국 지역개발정책의 유형변화에 대한 연구   곽복선

    I. 서론   71

    II. 지역개발과 관련 정책의 유형변화   74

    III. 지역개발의 중점유형   84

    IV. 지역개발정책의 시장적 함의   100

    V. 결론 및 제언   103

4장 중국 서삼각 경제권 물류산업 환경 분석에 관한 연구   김형근

     Ⅰ. 서론   109

     Ⅱ. 선행연구 분석   114

     Ⅲ. 서삼각 경제권 3대 주요 도시 물류여건 분석   117

     Ⅳ. 결론   133

5장 중국의 해외투자 동향과 투자유치 확대 방안   장정재

     Ⅰ. 서론   139

     Ⅱ. 중국의 해외투자 동향과 한국투자   141

     Ⅲ. 부산의 중국자본 유치 현황과 사례   149

     Ⅳ. 부산으로의 중국자본 투자유치 방안   156

     Ⅴ. 결론   163

6장 중국 골프시장 발전에 따른 중국인 골프관광객 유치 방안에 관한 연구   서창배

     Ⅰ. 서론   169

     Ⅱ. 중국인 해외관광 및 소비의 증가   170

     Ⅲ. 중국 골프시장의 발전 현황과 골프인구의 증가   177

     Ⅳ. 한국의 중국인 골프관광객 유치방안   186

     Ⅴ. 결론 및 시사점   195

7장 중국의 수출입 목재포장재 위생검역규정에 관한 연구   권진택 · 손성문

    I . 서 론   201

    II . 수출입 목재포장재 위생검역 국제규정   203

    III . 중국의 수출입 목재포장재 위생검역절차와 주요 규정   211

    IV . 특징과 시사점   222

    V . 결론   227

8장 중국의 경상계정 불균형의 원인과 결과 그리고 거시경제적 함의   박재진

    I . 서론   233

    II . 경상계정 불균형의 변화추이   235

    III . 2000년대 중반 이전 경상계정 불균형의 원인   236

    IV . 2000년대 중반 이후 경상계정 불균형 완화의 원인   252

    V . 결론   261

9장 중국 경제 선행지표의 유효성에 관한 연구   김동하

    I . 서론   271

    II . 중국의 선행지표 개황   275

    III . 경기지수   280

    IV . 소비자신뢰지수   286

    V . 구매자관리지수   295

    VI . 결론   307

찾아보기   311

1

중국의 세대구분과
세대별 특성

이
중
희

중국의 세대구분과 세대별 특성[1]

이 중 희

Ⅰ. 서론

전 세계적으로 세대문제가 핫 이슈가 되고 있다. 한국만 보아도 2012 년 대선에서 세대 차이와 세대 간 갈등이 극적으로 부각되었다. 2030과 5060 간의 차이와 갈등이 특히 부각되었다. 세대가 계층·소득·직업보다 지지후보에서 더욱 강력한 변수로 등장한 것이다. 한국의 급격한 사회변동, 특히 전쟁, 압축성장, 민주화, 저출산 등의 당연한 결과이다.

중국에서는 한국과 달리 전 사회적으로 세대 차이와 갈등이 직접 표출되기 어려운 상황이 있다. 전국 수준의 직접 선거가 없고 상위 수준의 지방선거도 없다. 또한 정치적·경제적으로 민감한 여론조사가 잘 실시되지 않을 뿐만 아니라 실시되더라도 잘 공표되기 어려운 여건이다. 전국·지방 수준의 직접선거가 거의 없기 때문에 특정 세대를 대변할 정치인이 형성되기 어렵다. 더욱이 특정세대를 대변할 이익단체도 형성되기 어렵다. 사회안정을 최고의 목표를 삼는 국가가 세대갈등이 과열되는 것

---

1) 본고는 동북아시아문화학회 동북아문화연구 36집(2013)에 게재된 논문을 토대로 작성되었음.

을 원치 않기 때문이다. 따라서 언론방송도 세대갈등을 야기하지 않도록 유도되거나 이를 어기는 언론방송은 국가로부터 검열을 받고 있다. 다른 분야(문화)에서의 세대갈등도 지역갈등, 계급(계층)갈등, 민족갈등과 함께 사회갈등으로 간주되어 통제되고 있다. 정치적·경제적 층위의 세대갈등은 국가의 주요 통제대상이 된다.

이런 가운데서도 미시적 수준(가족·조직)에서나 문화적 층위에서의 세대 차이와 갈등은 표출되고 있다. 정치적·경제적 층위에서의 세대갈등이나 거시적 세대갈등 등이 억제되는 상황에서 문화적 층위의 세대갈등이나 미시적 수준에서의 세대갈등이 더욱 강하게 표출되는 실정이다. 억제된 정치적·경제적 세대갈등이나 거시적 세대갈등이 문화적 세대갈등이나 미시적 세대갈등으로 표출된 면도 있다. 사회적으로 만족하지 못하는 신세대나 기성세대가 가족이나 조직 내에서 분풀이하는 상황은 쉽게 관측된다. 문화적 층위와 미시적 수준에서 세대갈등의 과잉 표출이 목도되고 있다.

확실히 중국에서도 세대문제가 중요한 사회문제의 하나로 부상할 조짐이 보인다. 이러한 상황에서도 중국에 대한 세대연구가 거의 없는 실정이다. 중국의 세대문제는 다른 정치·경제·사회적 문제와 거의 다 결부되어 있다고 해도 과언이 아니다. 중국의 세대연구는 현대 중국 연구 분야에서 가장 선행적으로 연구되어야 할 주제 가운데 하나이다. 세대연구는 주제로는 세대 차이와 세대갈등, 층위로는 정치적·경제적·문화적 층위로 다양한 영역을 포괄하고 있다. 다양한 영역의 중국 세대연구를 위해서 먼저 필요한 연구는 세대구분이다. 세대구분에 따라 세대 간 차이·갈등을 논할 수 있기 때문이다.

따라서 본 연구는 중국의 세대구분을 시도하고 세대별 특성을 논한다. 중국적 특성을 보다 명확히 하기 위해서 같은 동아시아 유형에 속하는 한국과 비교할 것이다. 서구형과 달리 한국이나 중국 같은 동아시아 유형은 정치급변, 압축성장, 인구구조 급변 등 공통의 역사적 경험을 공유하고 있다. 이런 유사점과 함께 한국과 중국은 차이점을 갖고 있다. 이것이 본 연구의 또 다른 목적이다.

이를 위해 2장에서는 기존연구를 검토하고 세대관련 개념을 정의하고 연구방법을 제시한다. 3장에서는 중국의 세대구분에서 중요한 역사적 변동을 한국과 비교하면서 검토하고 세대구분을 제시한다. 4장에서 이렇게 구분된 각 세대의 특성을 고찰한다. 마지막으로 5장에서는 본 연구의 요약과 함께 결론을 도출한다.

II. 기존 연구, 이론 및 연구방법

1. 기존연구

중국 내에서든, 중국 밖이든 중국의 세대연구는 그 중요성에 비해 극히 부족한 상태이다. 중국 내에서 세대문제 연구가 결여되었던 원인 가운데 하나는 중국이 지금까지 경제발전의 부작용으로 발생한 계층 문제나 지역 불균형 문제에 대한 연구에 치중했기 때문이다. 다른 한편, 인구문제나 인구정책에 대한 연구는 대단히 많았지만, 세대문제로까지 관심이 확대되지는 못했었다. 중국 밖에서도 중국의 세대문제가 전 사회적인 이슈로 표출되지 않았기 때문에 세대문제에 대한 관심이 결여된 상태이다. 민족문제, 계급(계층)문제, 지역문제 등의 연구에 집중함으로써 세대문제는 상대적으로 등한시하였다. 사회과학자들의 연구로는 세대연구,[2]

---

2) 俞祖华(2012.11.02),「中国现代知识分子群体的形成, 世代与类型」,『东岳论丛』.

세대 간 차이연구,[3] 세대갈등,[4] 등이 있을 뿐이다.

2. 세대 개념과 이론

세대개념은 크게 친족계보(kinship descent) 의미의 세대개념과 코호트 (cohort) 의미의 세대개념으로 구분된다. 전자의 세대개념은 조부모-부모-자녀관계와 같이 "친족계보(kinship descent)"에서 같은 항렬에 속하는 사람들이라는 의미이다. 이는 미시적 수준의 세대개념이다.

후자의 세대개념은 세대를 동일한 시기에 태어난 "코호트(cohort)", 즉 "동일시기·출생집단"으로 보는 입장이다. 코호트 의미의 세대개념은 "역사적·문화적 경험 공유"를 핵심으로 하는 세대개념이다.[5] 동일 코호트로서의 세대가 갖는 핵심적 의미는 동일한 생애주기단계(life stage)에서 동일한 역사적 사건을 경험하기 때문에 의식과 행위 양식면에서 동질적일 수 있다는 점이다. 칼 만하임이 이러한 코호트시각을 대표한다.[6] 이러한 세대는 전자와 구분해서 "사회적 세대(Pilcher)" 혹은 "역사적 세대

---

3) 成伟·陈婷婷(2009), 「代际差异与冲突之分析」, 『长白学刊』总第150期; 周明宝(2012),
「社会转型期代际关系嬗变」, 『社会问题研究』2期; 徐雪野(2011), 「"80后", "90后"被标签化与代际差异」, 『社会工作 社会视野』91; 卢 君(2011), 「代沟 : 一个微观层面的社会研究」, 『理论探讨』第9 期; 雷淑芳·任新亭(2013), 「消费者行为的代际差异述评」, 『经管研究』1 期; 李红芳(1999), 「"代沟"问题研究简述」, 『青年研究』8期.

4) 金勤明(1995), 「试论代际冲突与沟通」, 『江西社会科学』3期.

5) Mannheim, Karl(1952), "The Problem of Generations", in Essays on the Sociology of Knowledge. New York: Oxford Univ. Press; 박재흥(2005), 『한국의 세대문제: 차이와 갈등을 넘어서』, 서울: 나남, p.102. 국내의 세대연구로는 다음을 참고. 전상진(2002), 「세대사회학의 가능성과 한계: 세대개념의 분석적 구분」, 『한국인구학』25(2); 전상진(2004), 「세대 개념의 과잉, 세대연구의 빈곤」, 『한국사회학』38(5); 박재흥(2009), 「세대명칭과 세대갈등 담론에 대한 비판적 토론」, 『경제와사회』81; 박재흥(2010), 「한국사회의 세대갈등 : 권력·이념·문화갈등을 중심으로」, 『한국인구학』33(3).

6) 박재흥(2005), 『한국의 세대문제: 차이와 갈등을 넘어서』, 서울: 나남, p.100-101.

(Bengston)" 혹은 "사회역사적 세대(박재흥)"이다. 이는 거시적 수준의 세대개념이다. 본 연구의 세대개념은 후자의 의미, 즉 거시적 수준의 사회역사적 세대를 말한다. 여기서는 사회역사적 세대는 정치적 · 경제적 · 문화적 경험을 공유하고 상대적으로 유사한 의식, 태도, 행동양식을 가지며 동질의식을 가지는 사람들의 집단으로 정의한다.

3. 연구방법

첫째, 중국의 세대구분 기준과 세대별 특성을 찾기 위해서 한국과 비교하는 방법을 취했다. 한국의 대표적인 세대구분은 홍덕률(2003)[7]과 박재흥(2005)이 있다. 홍덕률의 세대구분은 지나치게 단순하다. 박재흥(2005)은 "동일한 시기에 태어난 출생코호트"에 입각해서 4개의 세대로 구분하고 있다. 여기서는 박재흥(2005)의 세대구분이 중국과 비교될 것이다.

둘째, 중국의 세대 구분도 유사한 기준, 즉 동일한 시기에 태어난 출생코호트에 입각해서 시도될 것이다. 중국의 세대구분은 중국 내에서 자생적으로 출현한 기존 세대구분이나 세대용어를 최대한 고려함으로써 이루어질 것이다.

셋째, 『중국통계연감』, 『중국통계적요』, 『중국인구통계연감』, 『중국인터넷통계』 등을 통해서 세대별 경제성장, 소득, 학력, 인구비중, 인터넷 · SNS 사용비율 등의 추이를 파악할 것이다.

넷째, 문헌자료를 활용할 것이다. 문헌자료 가운데 중요한 것으로는 세대 실태 보고서가 있다.[8] 이들은 세대문제를 전문적으로 연구하는 사

---

7) 홍덕률(2003), 「한국사회의 세대 연구」, 『역사비평』 가을호.
8) 劉德寰(2007), 『年齡論』, 中華工商聯合出版社; 釋玳(2007), 『80后惹誰了』, 中國時代經

회과학자가 작성한 연구보고서는 아니다. 이들은 1970~80년대 생의 다양한 측면에 대한 실태 보고서에 가깝다. 그 밖에 세대별 특성을 보여주는 자료,[9] 세대 간 차이를 보여주는 자료,[10] 세대갈등을 보여주는 자료[11] 등도 분석할 것이다.

Ⅲ. 중국의 세대구분 기준

1. 한국과 중국의 기존 세대구분

먼저 한국의 세대구분에 대해서 간략하게 살펴보자. 2012년 한국의 대선에서 뚜렷이 나타나는 지지후보의 차이로 인해 2030과 5060이란 신조어가 자주 사용되었다. 베이비붐세대(1955~1963년)와 같은 인구학적 특성을 지칭하는 세대용어도 있다. 외환위기세대나 천안함세대처럼 특정사건과 관련한 세대용어도 사용된다. 홍덕률(2003)은 한국의 세대를

濟出版社; 張魯卿·孟昭强 等(2004), 『新人類:酷的一代』, 民主與建設出版社; 張正萍·周志坤(2004), 『時尚寶典』, 華文出版社; 伏建全(2010), 『80後集體奔三』, 中國言實出版社; Stanat, Michael(2006), China's Y Generation. Homa & Sekey Books.

9) 闫肖锋(2008), 「≪新周刊≫的世代观—为新人类画像 , 给"飘一代"立传」, 『青年記者』 6月.

10) 崔烨·腾芙勤·王毅鹏·任萍(2012.09.04), 「"从"50后"到"90后": 首份工资的集体记忆"」, 『解放日報』; 杨黎明(2012), 「如何跨越"职场代沟"」, 『劳动保障世界』; 徐雪野(2011), 「"80后", "90 后"被标签化与代际差异」, 『社会工作 社会视野』 91; 徐世立(2012.02.14), 「关于代沟」, 『光明日報』; 木 遥(2010.05.31), 「互联网时代的代沟」, 『电脑报』; 李逸浩(2011), 「代际关系演变下的就业矛盾」, 『民生民意』; 解放網-新聞晚報(2012.09.04), 「50后到90后收入差異 首份工資折射時代變遷」; 龚倩·徐宁(2011.07.28), 「当躁动的青春期撞上焦虑的更年期 : 代沟,两代人的文化交锋」, 『新华日报』.

11) 邓崎凡(2011.11.22), 「"代际冲突"成为离职突出原因」, 『工人日報』; 邓崎凡(2011.11.12), 「"代际冲突"成为"千禧一代"离职突出原因: 专家建议,要像对待客户那样对待员工」, 『工人日報』; 陈毅朝(2008.11.22), 「浅谈代际冲突的表现和原因」, 『陇南报』.

1953년 이전에 태어난 "산업화세대", 1953~1969년에 태어난 "민주화세대"(민주화 1세대: 1953~1960년; 민주화 2세대: 1961~1969년 출생), 1970년 이후에 태어난 정보화세대로 구분하고 있다. 박재홍(2005)은 식민지 · 전쟁체험세대, 산업화 · 민주화운동세대, 486세대, 탈이념 · 정보화세대로 구분하고 있다.[12)]

중국에서는 정치적으로 1~5세대 지도부라는 표현이 빈번히 사용된다. 일반적으로 중국 내에서 가장 많이 사용하는 세대구분은 우링허우(50後), 류링허우(60後), 치링허우(70後), 바링허우(80後), 지우링허우(90後)이다. 이는 10년을 단위로 하여 세대를 구분하는 방식이다. 한국이 20대, 30대 등 현재의 연령대를 주로 사용하는 반면, 중국은 80년대생, 90년대생 등 출생 시기를 주로 사용한다.[13)] 한국에서는 정치여론조사가 빈번하고 여기서 각 연령대별로 의식조사를 한다. 중국에서는 정치여론조사가 적거나 공표하지 않는다. 따라서 연령대에서 나타나는 의식차이를 알기 어렵고 편의상 출생 시기에 따라 세대를 구분한다. 10년을 한 세대로 하는 세대 구분은 참고할 만하지만 과학적 세대구분이라 보기는 어렵다.

2. 중국의 세대구분

세대구분의 기준은 연령과 역사적 사건이다. 박재홍[14)]은 한국의 세대구분을 위해서 10~25세의 경험이 인생을 가장 좌우한다는 관점에 서 있다. 이러한 관점이 크게 무리는 없기 때문에 본 연구에서는 한중 간의 비

---

12) 본 연구에서는 박재홍의 세대구분과 중국을 비교한다.
13) 崔烨 · 腾芙勤 · 王毅鹏 · 任萍(2012.9.4), 「"从"50后"到"90后"：首份工资的集体记忆」, 『解放日报』；「90后,80后,70后,60后,50后特征」,(2009.9.21.), http://bbs.dongfeng.net/thread-464577-1-1.html.
14) 박재홍(2005), 앞의 글, p.58.

교를 위해서 이 관점을 따른다. 또 하나 중요한 것은 어떤 역사적 사건을 판단기준으로 삼느냐 하는 것이다. 〈표 3-1〉는 한국과 중국에서 세대구분에 중요한 역사적 사건 혹은 변동을 정리한 것이다.

〈표 3-1〉 세대구분에 중요한 역사적 사건 혹은 변동

	한국	중국
정치	한국전쟁, 60·70년대 민주화운동, 80년대 민주화운동	1949년 혁명, 문화대혁명
경제	압축성장(60·70년대)	개혁개방, 체제전환, 압축성장(80·90년대), 1자녀정책(1980)
문화	디지털미디어(정보화)	디지털미디어(정보화)

첫째, 1949년 국공내전 경험여부와 1949년 공산국가 수립 경험여부가 중요한 기준이다. 1949년 공산국가 수립은 한국전쟁과 비슷한 시기이다. 1940년 이전에 출생한 사람들은 대체로 10세 이후에 국공내전과 공산국가수립을 경험하였다. 이는 한국전쟁 경험여부를 중시하는 박재흥(2005)의 관점과 유사하다.

둘째, 10년간의 문화대혁명(1966~1976년)이다. 문혁이란 극좌파적 실험은 이 당시 살았던 모든 세대에 큰 영향을 주는 역사적 사건이었다.[15] 사실 문화대혁명 전에도 중국공산당 정부가 본격적으로 수립된 1949년

---

15) 라이더(Ryder, Norman B.(1965), "The Cohort as a Concept in the Study of Social Change", American Sociological Review 30(6), p.851)는 전쟁이나 혁명은 그것을 겪은 "코호트의 심성을 결정화(結晶化)하는 핵심"이 되며, 그러한 충격은 그들을 "사고와 행위의 실질적 공동체"로 통합시킨다고 한다(박재흥(2005), 위의 글, p.156).

에서 문혁이 시작된 1966년 사이에도 중요한 역사적 사건이 있었다. 예컨대 과도기총노선시기(1953~1957), 대약진시기(1958~1960), 조정시기(1961~1965) 등이 그것이다. 하지만 이러한 역사적 사건들이 문혁만큼 강한 체험을 준 역사적 사건은 아니다. 사회주의 정부 수립(1949)부터 개혁개방(1979)사이에 문혁은 심지어 일부 사람에게는 외상적(traumatic) 사건으로 기억될 가장 중요한 사건임에 틀림없다. 특히 1941년 출생자는 1966년에 25세가 되고 1967년 출생자는 1976년에 10세가 된다. 1968년이란 출생시점은 중요한 분기점이다. 문혁기간 소년·청소년은 상당부분 홍위병이 되었다. 그들 가운데 상당부분은 하방 경험을 갖고 있다. 더욱이 문혁기간 심각한 경제정체 체험도 중요하다. 문화대혁명은 경험자와 비경험자를 뚜렷이 구분해주는 역사적 대사건이었음이 틀림없다. 문화대혁명은 한국에는 없었던 중국의 고유한 세대구분의 핵심적 기준이다. 한국은 이 시기에 자본주의적 압축성장이 시작되었다.

셋째, 인구정책변화, 개혁개방, 압축성장의 시작점이 중첩되는 1979~1980년이 가장 중요한 분기점 가운데 하나이다. 개혁개방과 1자녀정책의 개시시기가 중첩되고 있다는 점에서 가장 중요한 분기점이다. 1979년 시작된 개혁개방과 1980년 시작된 1자녀정책과 시기적으로 거의 일치한다. 각각 살펴보면 다음과 같다.

먼저 개혁개방을 보자. 개혁개방은 압축 성장을 의미할 뿐만 아니라 사회주의 계획경제로부터 자본주의 시장경제로의 체제전환도 의미한다. 1979년을 분기점으로 자본주의 시장경제와 사회주의 계획경제의 차이점이 나타난다. 중국에서는 1949년부터 사회주의 계획경제를 시도하였다. 한국의 경우 처음부터 자본주의적 시장경제체제를 지향하였다. 중국에서는 자본주의적 시장경제를 한국보다 훨씬 늦게 도입하기 시작한 셈이다. 10년간의 문혁기간은 정치투쟁을 중시한 결과 경제적으로 심각한 정체

상태에 있었다. 문혁이 종료되고 1979년부터 압축성장기간으로 전환하였다. 1966~1976년의 문혁기간과 개혁개방이후는 뚜렷한 대비가 된다. 체제전환요인과 압축성장요인은 세대 차이를 강화하는 주요 요인이다.

다음으로 인구정책요인을 보자. 중국에서는 한국에 비해 인구정책의 영향력이 더 크다. 1980년의 1자녀정책이 핵심 분기점이다. 국가의 강력한 인구정책이 미시적 수준의 가족구조를 변화시켰기 때문이다. 중국의 경우 미시적 수준의 인구구조의 변화가 한국보다 더 큰 세대 차이를 가져왔다. 한국은 1955년부터 1963년 사이의 출생자가 1차 베이비붐 세대이다. 그 후 2차 베이비붐도 있었다. 한국의 저출산은 1980년대 후반부터 국가주도가 아니라 자생적으로 나타나기 시작했다. 한국에도 다출산을 특성으로 하는 베이비붐 세대(1955~1963년)가 있었지만 이것은 486세대의 일부일 뿐 세대구분의 대분류는 아니다. 한국에서는 인구정책요인이나 출산특성이 세대구분의 핵심기준이 되지는 못했다. 이는 한국에서는 인구정책이 중국처럼 강제적이지 않았기 때문이다.

넷째, 정보화는 각국에서 세대구분의 중요한 기준이다. 박재홍[16]은 한국의 정보화세대의 출생시점을 1970년으로 보고 있다. 하지만 중국은 한국보다 정보화가 지체되었던 것으로 판단된다. 〈표 3-2〉는 한국과 중국의 인터넷 이용자 수 및 인터넷 보급률 추이를 나타낸 것이다. 한국의 경우 2000년에 인터넷 보급률이 이미 44.7%에 이른 반면, 중국의 경우 2011년이 되어도 인터넷 보급률이 38.3%에 불과하다. 따라서 중국의 경우 출생시점이 1970년이 아니라 1980년이 정보화란 기준에서 세대구분이 이루어지는 분기점이다.

---

16) 박재홍(2005), 앞의 글, p.60.

<표 3-2> 인터넷 이용자 수 및 인터넷 보급률 추이

단위: 만 명

		1997. 9	2000. 12	2002. 12	2004. 6	2007. 12	2011
중국	인터넷 이용자수	62	2,250	–	8,700	21,000	51,300**
	보급률	–	–	4.6%	6.7%	16.0%	38.3%
한국	인터넷 이용자수		1,904	2,627	3,158*	3,482	3,718***
	보급률		44.7%	59.4%	70.2%	76.3%	78.0%

주: * 2004년12월: 한국은 만6세 이상의 인구를 대상으로 함. ** 2011년 12월 기준. *** 2011년 7월 기준.
출처: CNNIC(각년도), 한국인터넷진흥원(2008.1:2), 한국인터넷진흥원 · 방송통신위원회(2011.7:2).

다섯째, 박재홍(2005)은 한국에서 민주화운동 요인이 식민지 · 전쟁체
험세대로부터 산업화 · 민주화운동세대와 486세대를 구분하는 요인으로
평가한다. 한국의 경우 민주화 운동요인이 세대구분에 큰 영향을 미치는
요인이다. 중국에서도 민주화운동이 존재했다. 민주화운동 가운데 가장
큰 역사적 사건은 천안문사건이었다. 하지만 이 사건도 대도시의 일부
젊은 층에게 강한 체험을 주었지만 그 영향범위가 좁았다. 당시 10~25세
연령집단의 일부에게만 영향을 미쳤다. 기간도 단기에 그치고 있다. 중국
에서는 한국의 1980년대 이후 민주화운동에 비교할 만큼 민주화운동의
범위와 파급력이 아직 크지 않기 때문에 민주화운동이 세대구분의 분기
점이 되지 못한다.
    전술한 중국의 핵심적 역사적 사건을 고려하여 독생 · 정보화세대
(1980~1990년대 출생자), 개혁개방세대(1968~1979년 출생자), 문화혁명 2

세대(1953~1967년 출생자), 문화혁명 1세대(1940~1952년 출생자), 반식민지 · 내전체험세대(1939년 이전 출생자)[17]로 세대 구분한다.

〈표 3-3〉 한중 비교

한국		중국	
세대	출생시기	출생시기	세대
식민지 · 전쟁체험세대	1940년 이전	1939년 이전	반식민지 · 내전체험 세대
산업화 · 민주화운동세대	1941~1950년대 중반	1940~1952년	문혁 1세대
486세대	1950년대 말~ 60년대 말	1953~1967년	문혁 2세대
탈이념 · 정보화세대	1970년 이후	1968~1979년	개혁개방 세대
		1980~1990년대	독생 · 정보화세대

주: 한국의 세대는 박재흥(2005)을 따름

Ⅳ. 세대별 특성

한국과 중국을 비교하기 위해서 편의상 4개의 세대로 나누어 비교한다. 중국의 개혁개방세대와 독생 · 정보화세대는 묶어서 한국의 탈이념 · 정보화세대와 비교하는 것이 적절하다. 중국의 식민지 · 전쟁체험세대는 1940년 이전 출생자이다. 이들은 국공내전과 공산정부수립을 경험한 세대이다. 지금은 거의 은퇴한 세대이며, 제1~3세대 지도부가 여기에 속한

---

17) 중국에서는 내전혁명시대, 문혁시대, 개혁개방시대와 같은 용어는 사용하나 '세대'를 붙여서는 사용하지 않는 편이다.

다. 한국의 경우 식민지와 한국전쟁을 경험한 세대이다. 1940년 이전 출생자이며 일제 식민지 경험자는 거의 사망하였다. 한국의 전쟁체험세대와 중국의 내전체험세대는 출생 시기도 동일하고 전쟁을 경험했다는 점에서 유사하다. 기존 체제에 대해서 보수적 성향을 보인다는 점에서도 유사하다. 한국과 중국에서 이 세대는 거의 사망한 실정이기 때문에 여기서는 따로 다루지 않는다.

1. 산업화 · 민주화운동세대와 문혁 1세대

문혁 1세대는 1940~1952년에 출생한 세대이다. 대약진기의 마이너스 성장과 참담한 생활을 체험하고 이후 문화대혁명의 경제적 정체와 생활 수준의 하락도 체험한 세대이다. 이들은 개혁개방에 대해서 긍정적 태도를 가지는 경향이다. 또한 사회주의 계획경제체제하에서 시장경제교육을 받지 못했을 뿐만 아니라 연령도 높다. 다시 말하면 지식이나 체력 면에서 개혁개방세대/독생 · 정보화세대에 비해 이들의 경쟁력은 약한 편이다. 도시에서는 1990년대 이후 급증한 샤강(下崗)의 대상은 대부분 이 세대였다. 농촌의 이 세대는 도농격차의 심화에 따른 상대적 박탈감을 체험하고 있다.

이 세대와 비교할 만한 한국의 산업화 · 민주화운동세대는 10~25세 사이에 고도성장시대에 살았다. 한국의 산업화 · 민주화운동세대는 고도성장시대인 박정희시대의 향수를 갖고 있다. 역설적으로 중국의 문혁 1세대의 일부는 저성장시대이지만 개혁개방시대보다 불평등수준이 낮았던 마오쩌둥시대에 대한 향수를 갖고 있다.

<表 4-1> 경제 성장과 국민소득 지표(1952~1978)

기간	GDP	국민소득
1 · 5기간(1953~1957)	9.1	8.9
2 · 5기간(1957~1962)	-2.2	-3.1
1963~1965(3년조정기)	14.9	14.7
3 · 5기간(1966~1970)	6.9	8.3
4 · 5기간(1971~1975)	5.5	5.5
1976~1978	5.8	5.6
1953~1978	6.0	6.0

자료: 린이푸(2001), p.92.

문혁 1세대와 문혁 2세대의 구분에는 라오산지에(老三届)를 고려하였
다. 라오산지에는 1966~1968년에 중고등학교 졸업생을 지칭하며 출생
시기로는 1947~1952년 사이에 출생한 자를 지칭하는 세대명칭이다. 〈표
4-2〉에서 보듯이 이는 세대명칭의 소분류에 해당한다. 라오산지에는 졸
업 후 모두 거의 대부분 홍위병이 되었다는 점에서 이들을 포함하여 문
혁 1세대로 보는 것이 타당하다.[18]

2. 486세대와 문혁 2세대

1967년 출생자는 문혁이 끝나는 1976년에 10세가 되었다.[19] 이들 세대
다수가 문혁기간에 홍위병이 되거나 하방되었다. 경제적으로는 침체기

---

18) Stanat, Michael(2006), China's Y Generation. Homa & Sekey Books.
19) 동일년도 출생이라도 한국은 중국에 비해 연령이 1-2세 많은데 여기서는 한국식 연령표
기에 따른다.

<표 4-2> 중국의 세대구분과 세대명칭

출생시기	대분류	소분류
1939년 이전	반식민지·내전체험 세대	
1940~1952	문혁 1세대	老三届(1947~1952)
1953~1967	문혁 2세대	新三届, 毛分子(50후), 狼一代 (50후), F40(60후)
1968~1979	개혁개방세대	尴尬的世代(70후)
1980~90년대	독생·정보화세대/신세대	신생대, 바링허우, 最没出息的一代, 小皇帝, ATM世代, 피(被)재촉세대(80후), 신신인류, QQ족, Y세대(81~95)
		지우링허우, 牌子世代(90후)

혹은 저성장기에 속한다. 1976년에 이르러 국민경제가 최악의 수준에 이르렀다. 1976년에 국민총생산액(GNP)의 증가율은 1.7%에 불과하며, 평균국민소득은 오히려 -2.3%이었다. 1976년에 국민의 생활수준도 이전에 비해 크게 떨어졌다.[20] 또한 이후 세대와 비교해서 정상적인 교육을 받지 못한 세대이다. 개혁개방의 필요성을 더욱 뼈저리게 느끼는 세대이다. 일부는 개혁개방이후 시장경제하에서 부유층이나 중산층으로 계층이동에 성공하기도 했다.

전술한 문혁 1세대처럼 시장경제교육을 제대로 받지 못했을 뿐만 아니라 연령도 높은 편이다. 문혁 1세대처럼 이 세대는 개혁개방시기 시장경제하에서 개혁개방세대/독생·정보화세대에 비해서 경쟁력이 약하다. 문

---

20) 1976년의 1인당 주거면적, 노동자의 연평균임금, 1인당 식량소비량이 20년 전 수준에도 못 미친다(권선주·김종문(2008), 『현대 중국경제의 이해』, 대명출판사).

혁 1세대처럼 이 세대의 일부는 1990년대 이후 급증한 샤강의 대상이 되었다. 문혁 1세대처럼 농촌의 문혁 2세대는 도농격차로 인해 상대적 박탈감을 체험하고 있다. 문혁 2세대와 개혁개방세대는 농민공 1세대이다. 도시로 나간 농민공도 도시에서 상대적 박탈감을 체험하고 있다.

시기적으로 한국의 486세대와 겹치는 문혁 2세대는 한국의 486세대처럼 이념에 편향된 시대에 살았던 세대이다. 하지만 한국의 486세대는 고도성장시대에 살고 생활수준의 향상을 체험했지만, 중국의 문혁 2세대는 경제성장의 정체와 생활수준의 하락을 체험하였다는 점에서 대비된다.

〈표 4-3〉 개혁개방이후 GDP와 1인당 GDP

기간	GDP		1인당 GDP	
	최고	최저	최고	최저
1978~1980	11.7	7.6	10.2	6.1
1981~1985	15.2	5.2	13.7	3.9
1986~1990	11.6	3.8	9.8	2.3
1991~1995	14.2	9.2	12.8	7.7
1996~2000	10.0	7.6	8.9	6.7
2001~2005	11.3	8.3	10.7	7.5
2006~2010	14.2	9.2	13.6	8.7
2011	9.2		8.7	

자료: 國家統計局(2012), 『中國統計摘要』, 中國統計出版社, p 23에서 재작성

3. 탈이념정보화세대와 개혁개방세대/독생 · 정보화세대

1) 탈이념정보화세대와 개혁개방세대

중국의 개혁개방세대는 1968년에서 1979년 사이에 출생한 세대이다. 시기적으로 치링허우(1970~1979년 출생자)와 거의 겹친다. 이 세대는 풍요의 시대에만 살았던 독생 · 정보화세대에 비해 빈곤과 풍요를 모두 경험한 세대로 평가받고 있다. 이전세대에 비해 이 세대는 정상적인 교육을 받았다. 〈표 4-4〉 입학률과 대학원졸업생 · 유학생 수에 따르면 이 세대의 학력수준도 향상되고 있다. 이 세대는 시장경제교육도 습득하였다. 개혁개방 이후 시장경제하에서 부유층이나 중산층으로 계층이동에 성공한 다수는 개혁개방세대이다. 개혁개방세대의 다수는 막 시작된 고도성장시대에 진출하여 부를 축적하였다.

2) 탈이념정보화세대와 독생 · 정보화세대

독생 · 정보화세대는 바링허우와 지우링허우이다.[21] 이 세대의 주요한 특징은 다음과 같다. 첫째, 1자녀정책이 1980년에 본격적으로 시작되었다. 가족 내 1자녀로서 동일한 경험을 하는 세대이다. 둘째, 디지털세대이다. SNS 등 인터넷을 사용하는 비율에서 이 세대는 이전세대보다 압도적으로 높다. 이전세대보다 이 세대는 풍요로운 생활과 정상적 교육 등 개혁개방의 과실을 향유하는 세대이다. 〈표 4-4〉에 따르면 이 세대의 학력수준도 급격히 향상되고 있다. 물론 이들 세대가 교육받은 내용도 시

---

21) 중국에서 신세대를 뜻하는 용어는 크게 "신인류", "신신인류", "QQ족" 및 "바링허우"(80後) 등이 있다. 신인류는 전통인류와 대비되는 용어이다. 신인류의 연령범위는 1970년대 후반에 출생하고 1980년대와 1990년대에 성장한 세대이다(張魯卿 · 孟昭强 等(2004), 『新人類:酷的一代』, 民主與建設出版社). 신신인류와 QQ족은 80년대 생을 의미한다(張紅博(2007), 『財富新生代』, 中國友誼出版公社, p.1).

〈표 4-4〉입학률과 대학원졸업생 · 유학생 수

연도	입학률		대학원졸업생 (천명)	유학생 수 (천명)
	고등학교 (15~17세)	전문대이상 (18~22세)		
1978			(9명)	1
1980			(476명)	2
1985			17	5
1990		3.4	35	3
1995	33.6	7.2	32	20
1996	38.0	8.3	40	21
1997	40.6	9.1	47	22
1998	40.7	9.8	47	18
1999	41.0	10.5	55	24
2000	42.8	12.5	59	40
2001	42.8	13.3	68	84
2002	42.8	15.0	81	125
2003	43.8	17.0	111	117
2004	48.1	19.0	151	115
2005	52.7	21.0	190	119
2006	59.8	22.0	256	134
2007	66.0	23.0	312	144
2008	74.0	23.3	345	180
2009	79.2	24.2	371	229
2010	82.5	26.5	384	285
2011	84.5	26.9	430	340

주: 입학율=재학생총수/정부규정의 각급학령인구총수
자료: 國家統計局(2012), 『中國統計摘要』, 中國統計出版社, p.166, p.170.

장경제교육이다.

중국에서는 민감한 정치여론조사가 허용되지 않거나 정치여론조사가 있어도 공표가 허용되지 않기 때문에 세대별 정치성향을 알기 어렵다. 하지만 다양한 징후로 추론이 가능하다. 한국에서는 2030이 5060보다 진보적인 것으로 조사된다. 중국에서도 독생·정보화세대가 이전세대보다 정치적으로 진보적일 것으로 추론된다. 예컨대 바링허우 농민공이 최근의 집단노동쟁의를 주도한 점이 이들의 진보성을 입증한다. 한국의 88만원세대[22]에 비교할 만한 개미족의 불만도 또 다른 사례이다. SNS 등을 통해서 현실을 비판하고 심지어 진보적 의견을 주도하는 네티즌 가운데 이들 세대에 속한 사람이 많다. 반면 사이버민족주의에서 나타나듯이 일부 독생·정보화세대는 한국처럼 보수적이다. 하지만 한국처럼 독생·정보화세대는 진보적 성향을 가진 사람이 다수일 것으로 추론된다.

세대갈등을 보면 기성세대와 독생·정보화세대 간에 세대갈등이 가장 심하다. 기성세대는 바링허우를 "일그러진 세대"로 비판한다. 다시 말하면 이들은 부모에 의존적이며 이기적이라 는 것이다. 하지만 바링허우를 대변하는 지식인들은 부모에 의존할 수밖에 없는 경제적 상황을 강조한다. 주택가격이 폭등하고 경제가 어려운 상황에서 좋은 일자리를 찾기 어려운 상황을 강조한다.[23]

중국의 세대 간 갈등의 중심축은 독생·정보화세대와 나머지 세대이다. 한국에서도 2012년 대선에서 보였던 세대 간 갈등은 2030과 5060이다. 한국의 세대구분에 의하면 탈이념정보화세대와 이전세대와의 갈등이라 할 수 있다. 중국에서도 독생·정보화세대가 성장할수록 이전세대와의 차이 때문에 이들 간 갈등이 존재하고 더욱 확대될 가능성이 높다.

---

22) 우석훈·박권일(2007), 『88만원 세대』 레디앙.
23) 伏建全(2010), 『80後集體奔三』, 中國言實出版社.

V. 결론

지금까지 연구결과를 요약하면 다음과 같다. 중국의 세대 차이와 갈등은 한국과 달리 직접 표출되지는 않지만, 향후 한국 못지않게 세대 차이와 갈등이 중요한 사회 갈등으로 부상할 것으로 보인다. 이러한 중요성에도 불구하고 중국의 세대 현상에 대한 연구는 대단히 미흡한 실정이다. 본 연구는 세대 연구에 기초가 되는 세대구분 연구부터 시도하자는 취지에서 이루어졌다. 본 연구에서 중시한 중국의 세대구분 기준은 다음과 같다.

첫째, 중국에서는 10년간의 문화대혁명(1966~1976년)과 인구정책·개혁개방이 세대구분에서 가장 중요한 역사적 사건이다. 문화대혁명은 당시 살았던 모든 세대에 큰 영향을 주는 역사적 사건이었다. 중국 내에서도 라오산지에(老三屆) 등 문혁세대 관련 명칭이 많다. 문혁 1세대와 문혁 2세대가 대분류라면, 라오산지에(老三屆) 등은 소분류에 해당한다. 문혁은 10년에 걸친 역사적 대사건이기 때문에 본 연구에서는 문혁세대는 문혁 1세대와 문혁 2세대로 구분했다.

둘째, 1자녀정책과 개혁개방이 세대구분의 주요한 분기점이다. 1자녀정책과 개혁개방의 개시시기가 1979~1980년으로 겹친다. 이 점에서 1979~1980년은 더욱 중요한 분기점이다. 중국에서 개혁개방은 압축 성장을 의미할 뿐만 아니라 자본주의 시장경제로의 체제전환도 의미한다는 점에서 중요하다. 인구정책 요인의 영향력은 한국보다 중국에서 크다. 1980년에 시작된 1자녀정책은 중요한 분기점이다. 국가가 강력하게 주도한 1자녀정책은 신세대를 가르는 중요한 기준이 된다.

셋째, 한국의 경우 민주화운동의 원인이 세대구분의 중요한 기준인 반면, 중국에서는 민주화운동이 세대구분의 중요한 기준이 되지 못하고 있다. 중국에서도 민주화운동이 있었지만 한국에 비해 영향력이 미미하다.

중국의 세대구분에 관한 본 연구는 세대연구의 기초 연구에 해당한다. 중국은 2000년대에 접어들어 고성장체제에서 중성장체제로 전환하였을 뿐만 아니라 심지어 발전의 둔화현상이 곳곳에서 보이고 있다. 발전의 둔화가 나타남에 따라 신세대와 기성세대 간의 차이와 갈등이 더욱 부각될 것이다. 이는 전 세계적으로 나타나는 추세이기도 하다. 이러한 상황에서 중국의 세대연구는 더욱 중시될 것이다.

참고문헌

권선주 · 김종문(2008), 『현대 중국경제의 이해』, 대명출판사.

린이푸 외(2001), 『중국의 개혁과 발전전략』, 서울: 백산서당, 한동훈 외 옮김.

전상진(2002), 「세대사회학의 가능성과 한계: 세대개념의 분석적 구분」, 『한국인구학』 25(2).

_____(2004), 「세대 개념의 과잉, 세대연구의 빈곤」, 『한국사회학』 38(5).

한국인터넷진흥원 · 방송통신위원회(2011.7) 『2011년한국인터넷백서』.

한국인터넷진흥원(2008.1), 『2007년하반기정보화실태조사요약보고서』.

Mannheim, Karl(1952), "The Problem of Generations", in Essays on the *Sociology of Knowledge*. New York: Oxford Univ. Press.

Ryder, Norman B.(1965), "The Cohort as a Concept in the Study of Social Change", *American Sociological Review* 30(6): 843-861.

Stanat, Michael(2006), *China's Y Generation*. Homa & Sekey Books.

CNNIC(各年度), 『中國互聯網絡發展狀況統計報告』 中國互聯網絡信息中心

劉德寰(2007), 『年齡論』, 中華工商聯合出版社.

釋珖(2007), 『80后惹誰了』, 中國時代經濟出版社.

楊東平 編(2002),『社會圓卓』,廣東人民出版社.

張魯卿 · 孟昭強 等(2004),『新人類:酷的一代』,民主與建設出版社.

張紅博(2007),『財富新生代』,中國友誼出版公社.

張正萍 · 周志坤(2004),『時尚寶典』,華文出版社.

陳建強 · 陸林森(2006),『獨生父母』,上海辭書出版社.

李敍(2003),『BOBOS的7聲驚嘆』,二十一世紀出版社.

國家統計局(各年度),『中國統計年鑒』,中國統計出版社.

國家統計局(各年度),『中國統計摘要』,中國統計出版社.

陈毅朝(2008.11.22),「浅谈代际冲突的表现和原因」,『陇南报』.

成伟 · 陈婷婷(2009),「代际差异与冲突之分析」,『长白学刊』总第150期.

邓崎凡(2011.11.22),「"代际冲突"成为离职突出原因」,『工人日报』.

邓崎凡(2011.11.12),「"代际冲突"成为"千禧一代"离职突出原因: 专家建议,要像对待客户那样对待员工」,『工人日报』.

「90后 , 80后 , 70后 , 60后 , 50后特征」,(2009.09.21), http://bbs.dongfeng.net/thread-464577-1- 1.html.

龚倩 · 徐宁(2011.07.28),「当躁动的青春期撞上焦虑的更年期: 代沟,两代人的文化交锋」,『新华日报』.

解放网-新闻晚报(2012.09.04),「50后到90后收入差異 首份工资折射时代變遷」.

李逸浩(2011),「代际关系演变下的就业矛盾」,『民生民意』.

李红芳(1999),「"代沟"问题研究简述」,『青年研究』8期.

雷淑芳 · 任新亭(2013),「消费者行为的代际差异述评」,『经管研究』1期.

刘长军(2012.09.06),「基层党组织建设中的代际问题研究」,『人民网-理论频道』.

卢君(2011),「代沟:一个微观层面的社会研究」,『理论探讨』第9期.

木遥(2010.05.31),「互联网时代的代沟」,『电脑报』.

王馨 · 周丽霞 · 刘佳(2013),「代际知识转移研究述评:一个新兴领域的现状和走向」,『情报科学』31 (1).

徐世立(2012.02.14),「关于代沟」,『光明日报』.

徐雪野(2011),「"80后","90后"被标签化与代际差异」,『社会工作 社会视野』91.

闫肖锋(2008),「≪新周刊≫的世代观—为新人类画像,给"飘一代"立传」,『青年记者』6月.

杨黎明(2012),「如何跨越"职场代沟"」,『劳动保障世界』.

「中国消费者世代划分」, http://wenku.baidu.com/view/21331882b9d528ea81c7797 a.html.

崔烨‧腾芙勤‧王毅鹏‧任萍(2012.09.04),「"从"50后"到"90后": 首份工资的集体记忆"」,
    『解放日报』.

周明宝(2012),「社会转型期代际关系嬗变」,『社会问题研究』2期.

伏建全(2010),『80後集體奔三』, 中國言實出版社.

2

중국 '민공황(民工荒)'의
쟁점 및 원인과 영향 분석

서 석 흥 · 김 경 환

중국 '민공황(民工荒)'의 쟁점 및 원인과 영향 분석[1]

서석흥 · 김경환

Ⅰ. 서론

농민공은 자신이 태어난 농촌의 토지를 벗어나 도시에서 제조업, 건축업, 서비스업 등 다양한 비농산업에 종사하는 농촌 호구 노동자를 가리킨다. 중국의 농민공은 1980년대 말부터 일자리를 찾아 동부지역의 대도시로 몰려들기 시작하였다. 이들은 낮은 임금과 열악한 노동환경도 마다하지 않고 제조업 생산과 도시 건설에서 핵심적 역할을 담당하였다. 2011년 말 중국의 전체 농민공 수는 2.53억 명으로, 이 중 0.94억 명은 본지농민공이고 1.59억 명은 외지농민공이다.[2] 농민공은 농업을 포함한 전체 취업자 수의 33.1%, 2차 산업 취업자의 57.6%, 3차 산업 취업자의

---

1) 본고는 동북아시아문화학회 「동북아문화연구」 제33집 (2012)에 게재된 논문을 토대로 작성되었음.

2) 본지농민공이란 자신의 원적지 향진(鄉鎮) 내에서 6개월 이상 비농산업에 취업한 농민공을 말하며, 외지농민공이란 원적지 향진 이외의 지역에서 6개월 이상 취업한 농민공을 말한다(国家統計局(2012.4.27), 「統計局: 農民工數量繼續增長 2011年總量超2.5億人」, 『中国網』).

52.0%를 각각 차지하고 있다.[3] 이러한 방대한 규모와 염가의 노동력은 농민공의 중요한 특징이자, 그간 중국경제 고도성장의 중요한 원동력이었다.

중국은 2001년 WTO 가입 이후 연평균 10% 대의 고성장을 계속하여, 2010년에는 일본을 제치고 세계 제2의 경제대국으로 부상하였다.[4] 그러나 이러한 부상과 함께 중국의 사회와 경제는 다양한 모순에 직면하게 되었다. 그중의 하나가 민공황(民工荒)[5]의 출현이다. 민공황은 2004년 초에 처음 출현하기 시작하여, 매년 춘절(음력 1월 1일)을 전후해 나타남으로써 연례행사가 되었다.[6]

글로벌 금융위기로 잠시 주춤했던 민공황은 2009년 하반기부터 재차 출현하였다. 이번 민공황은 농민공 이전과 다른 뚜렷한 차이점을 보이고 있다. 이번 민공황은 동부 연안지역뿐만 아니라 중·서부 내륙지역으로 확대되었으며, 1선 도시만이 아니라 2~3선 도시에서도 동시다발적으로 출현하고 있다. 또한 부족한 농민공을 둘러싸고 동부와 중·서부지역 간, 그리고 같은 지역 내 기업 간에 치열한 쟁탈전이 벌어지고 있다. 학계, 정부, 평론가들은 이번 민공황이 참(眞)명제인가 거짓(僞)명제인가, 중국은 '루이스전환점'을 통과했느냐 아니냐 하는 논쟁이 벌어지고 있다. 일부는 농민공의 규모가 여전히 방대한 상황에서 일부 산업, 일부 지역에서 출현한 구조적인 현상이라고 주장하며, 일부는 농민공의 공급 감

---

3) 汪孝宗(2011.5.3),「中西部"民工荒"調查 缺工人源於缺待遇」,『中国經濟周刊』.

4) 이은지(2012.11.9),「[시진핑 시대] 앞선 10년 경제적 성장, 지속될까」,『뉴스핌』.

5) 민공황이란 농민 노동자의 부족을 의미한다. 중국에서는 '민공황'이란 용어와 함께 '용공황(用工荒)', '용공난(用工難)', '초공난(招工難)' 등이 노동력 부족의 개념으로 사용되고 있다. 이 용어들은 민공황과 달리 100% 농민공 부족을 의미하는 것이 아니기 때문에 본고에서는 민공황을 사용하였다.

6) 글로벌 금융위기의 여파로 2009년 춘절에만은 민공황이 나타나지 않았다. 당시 많은 기업들의 생산 감축과 조업 중단으로 2,000만 명의 농민공이 일자리를 잃고 귀향하였다.

소와 중서부발전으로 인한 전면적이고 장기적인 현상이라고 주장한다. 이러한 논쟁을 벌어지는 이유는 민공황이 중국경제의 거시적, 미시적 부분 모두에 미치는 영향이 크기 때문이다.

본고는 민공황을 둘러싼 쟁점과 원인을 고찰 분석함으로써 현 단계 민공황이 처한 상황을 이해하고, 민공황이 중국경제에 미치는 영향을 파악하는데 목적이 있다. 이와 함께 한국기업에 대한 간략한 시사점도 제시하겠다. 이 점은 민공황의 현황과 원인을 중심으로 연구한 기존의 지성태·황경진(2011), 오승열(2011), 김경환·이중희(2012) 등의 논문과 본고의 차이점이다.

Ⅱ. 민공황의 현상과 쟁점

1. 현상

구직난이 지속되던 중국의 노동시장에는 2009년 말부터 구인난이 나타나기 시작하였다. 〈그림 1〉의 노동시장 분기별 상황을 보면, 동부지역은 2009년 4분기 1.00을 초과한 이후 계속해서 1.00을 초과하고 있다. 중부지역은 2010년 4분기 이후, 서부지역은 2011년 1분기 이후 본격적으로 구인난이 나타나고 있다. 특히 중부지역의 구인난은 동부지역을 제치고 가장 심각하다.

농민공이 부족하자 기업들은 농민공 확보를 위해 임금인상뿐만 아니라 다양한 복지확대정책을 시행하고 있다. 지방정부도 당지에 위치한 기업의 농민공 채용을 위해 노력하고 있다.

농민공 확보를 위한 지역별 대응을 보면 다음과 같다. 첫째 중서부지

역은 귀향 농민공을 본지에 붙잡아두기 위해 임금을 인상시키고 가족이
함께 생활하는 장점을 적극적으로 활용하고 있다. 충칭시(重慶市)와 청
두시(成都市) 기업들은 춘절을 이용해 기차역, 버스터미널, 부두 등에 귀
향 농민공 채용부스를 설치하거나 플랜카드와 전단지를 이용해 취업을
홍보하고 있다. 폭스콘(富士康科技集團) 충칭공장은 기존에 유료였던 작
업복을 무상으로 제공하고, 상여금, 장려금, 직업교육, 공공임대주택 제
공 등을 채용조건으로 내걸고 있다. 잉예다(英業達) 충칭공장도 기숙사
무료, 식비 무료, 의료보건 서비스 무료 등의 조건으로 농민공을 모집하
고 있다.[7] 지방정부도 농민공 확보에 정책적, 재정적 지원을 하고 있다.
청두시 인적자원과 사회보장국(人力資源和社会保障局)은 외지에서 일하
는 청두시 호적 농민공을 확보하기 위해 팀을 짜서 상하이시(上海市), 장
수성(江蘇省) 등으로 파견하였고, 40만 개 일자리 확보를 위해 공무원에
게 취업할당을 지시하기도 하였다. 안후이성(安徽省) 지방정부도 공무원
이 직접 기차역, 버스터미널 등지로 가서 춘절을 보내러 온 당지 농민공
을 확보하라고 지시하였다.[8]

둘째, 동부지역의 기업도 기존 노동자를 붙잡아두기 위해 임금을 인상
하고 각종 장려금 등을 지급하고 있다. 그리고 채용박람회를 통해 농민
공 확보에 주력하고 있다. 2011년 1월 주강삼각주지역(珠江三角洲, 이하
'주삼각')의 30여 개 기업은 충칭시, 쓰촨성(四川省), 산시성(陝西省) 등 전
통적인 농민공 유출지에서 농민공 채용박람회를 개최하였다. 그러나 이
전에 농민공 채용에 적극적으로 협조하던 중서부 지방정부도 농민공 유
출을 막기 위해 노력하고 있다. 저장성(浙江省) 사오싱시(紹興市) 취업관
리국 부국장인 장하오(張浩)는 중서부지역 지방정부에 2011년 춘절 후

---

7) 張桂林·李松(2011.3.7),「招工難向中西部地區深入蔓延 勞動力爭奪加劇」,『半月談』.
8) 晏琴(2011.3.6),「用工荒後的民工爭奪戰」,『中国經濟新聞報』.

농민공의 공급을 희망했으나 지방정부가 거부하였다고 밝혔다.[9] 기존에 농민공 유출을 장려하던 중서부 지방정부가 최근에는 농민공 확보에 노력하고 있는 것이다.

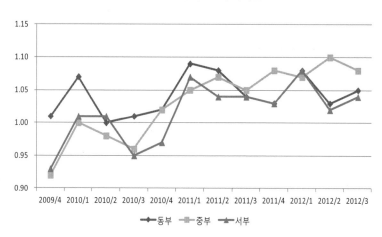

〈그림 1〉 분기별 구인-구직비율[10]

출처: 中国人力资源市场信息监测中心, 각 분기별「部分城市公共就业服务机构市场供求状况分析」, http://www.chinajob.gov.cn/DataAnalysis/node_1041.htm(검색: 2012.11.10).

2. 쟁점

1) 민공황은 참명제인가 거짓명제인가?

민공황이 참명제인가 거짓명제인가를 결정하는 기본 요소는 농민공 부족이 구조적인 현상인가 전면적인 현상인가이다. 민공황을 거짓명제

---

9) 張桂林·李松(2011.3.7), 위의 글.

10) 구인-구직비율은 구인자 수/구직자 수로 계산한다. 이 값이 1.00을 초과하면 노동시장에서 구인난이 나타나고 있음을, 1.00 미만이면 구직난이 나타나고 있음을 의미한다(김경환·이중희(2012).「중국 노동시장에 나타난 민공황과 농민공 회류의 원인분석과 영향」, 『한중사회과학연구』제10권 제3호, p.99)..

라고 주장하는 측의 근거는 다음과 같다.

첫째, 중국에 존재하는 방대한 노동력이다. 북경대학과 중국사회과학원 교수인 판강(樊綱)은 2010년 '12 · 5 도시발전 포럼'에서 중국인구의 최고점은 2030년 정도에 도달할 것이며, 매년 1,000만 명의 새로운 노동력 공급이 가능하기 때문에 민공황은 거짓명제라고 주장하였다.[11] 중국인민대학 농업과 농촌발전학원 교수인 바이난성(白南星)은 농촌 노동력 6억 명 가운데 농업에 필요한 노동력은 단지 1억 명이며 나머지 5억 명은 잉여 노동력이라 주장하였다.[12]

둘째, 일부 시기 즉, 춘절 전후에만 농민공이 부족하다는 것이다. 남방주말(南方週末)의 조사에 의하면, 2011년 음력 정월 6일 광둥성(廣東省) 둥관시(東莞市)와 저장성 이우시(义乌市)의 채용박람회는 썰렁한 분위기였다. 그러나 정월 8일이 되자 구직자가 늘면서 채용박람회도 활기를 띠기 시작하였다. 중화과기대학(中華科技大學) 교수인 허쉐펑(賀雪峰)은 춘절 직후는 농민공은 일할 곳을 고르는 시기이고, 기업은 공장 가동을 위해 농민공 수요가 몰리는 시기이기 때문에 농민공 부족이 나타난다고 하였다. 그러나 이 시기가 지나면 민공황은 사라진다고 주장하였다.[13]

셋째, 일부 기업의 부족이라는 것이다. 일부 기업이란 일부 가공제조기업, 노동집약적 기업 그리고 일부 기술노동자가 필요한 기업을 말한다. 가공제조기업과 노동집약적 기업은 단순 노동이 대부분이기 때문에 16~24세의 청년 노동력을 선호한다. 그러나 청년 농민공은 단순 업무를 꺼리기 때문에 이들을 필요로 한 기업들만이 민공황을 겪고 있다는 것이다. 특히 여성 노동력은 남성 노동력보다 관리가 용이하고 임금이 낮

---

11) 郭文娟(2011.3.29), 「樊綱 : 我國勞動人口比例與西方相比還處於較高水平」, 『中國經濟網』.

12) 周偉建(2010.3.19), 「珠三角民工荒眞相調査: 三問民工荒眞相」, 『廣州日報』.

13) (2011.3.7), 「民工荒眞相調査」, 『南方週末』.

고 섬세하기 때문에 이들 기업은 여성 농민공을 선호한다. 즉, 일부 청년 농민공 혹은 여성 농민공이 부족하기 때문에 발생한 민공황이라는 것이다. 또한 기계가공, 선반, 용접 등 일부 기계가공 업종만이 농민공이 부족한 것이라 주장한다. 산업화가 진행되면서 새로운 산업기술이 도입되고 혁신적인 기술이 개발되고 있으나 농민공은 기술을 습득할 기회가 적다. 따라서 이들이 부족해서 민공황이 나타난다는 것이다.

넷째, 민공황은 농민공의 심리적인 원인으로 인한 '민공황(民工慌)'에 불과하다는 것이다. 금융위기 이후 동부 연해지역 대도시의 주택가격과 임대료가 폭등하고 식료품 등 생활 물가가 급등하면서 도시에서의 생존과 발전전망에 대한 불안으로 인한 심리황(心慌)이라는 것이다.[14] 게다가 주거비용과 의료비 등도 오르면서 농민공의 도시생활 비용이 급등하고 있다. 이것이 동부 연해지역의 기업들이 겪는 민공황의 실태라는 것이다.

다음, 민공황을 참명제라고 보는 측의 근거는 다음과 같다.

첫째, 농촌의 노동력 가운데 비농업에 취업할 수 있는 잉여 노동력은 제한적이라는 것이다. 국무원 발전연구센터 사회발전부(国务院发展研究中心社会发展部) 부부장인 공선(贡森)의 조사에서, 2.4억 명의 농촌 경제활동인구 가운데 50~64세가 1.3억 명, 부녀자가 0.5억 명, 환자 0.5억 명, 장애인 0.2억 명, 외지노동이 불가능한 소수민족 0.3억 명이다. 중복계산임을 감안하더라도 비농업에 종사할 수 있는 인구가 대단히 제한적임을 알 수 있다. 국가발전개혁위원회 도시와 소도시개혁발전센터(國家發展改革委員會 城市和小城鎭改革發展中心) 부주임 펑쿠이(冯奎)의 조사에서도 2011년 현재 농촌에 남아 있는 노동력의 평균연령은 50세이며, 부녀자가

---

14) (2011.2.2), 「外媒 : 中国农村劳动力仍过剩 民工荒源于民工慌」, 『联合早报』

가장 많은 것으로 나타났다.[15] 즉 농촌의 잉여 노동력은 총량은 적지 않으나 비농업으로 이전 가능한 노동력은 많지 않다.

둘째, 중국 노동시장에서 구인난을 겪는 연령대가 청년 노동력만이 아니라는 것이다. 2011년 노동시장의 연령별 구인-구직비율을 보면, 16~24세는 1.00으로 거의 균형을 이루고 있으나, 25~34세는 1.18, 35~44세는 1.06으로 노동력부족이 나타나고 있다. 즉 청년노동력만이 부족한 것이 아니라 노동력 부족이 연령대별로 광범위하게 나타나고 있다.[16] 이들 16~44세는 노동시장 구인비중의 81.2%를 차지하기 때문에 노동력 부족이 청년노동력에만 집중된 것이 아님을 알 수 있다.

넷째, 구인난이 기술노동자보다 일반노동자가 더 심각하다는 것이다. 중국 국무원발전연구센터 인적자원훈련센터의 2010~2011년 조사에서 기술노동자보다 일반노동자의 부족이 더 심각한 것으로 나타났다.[17]

다섯째, 기업들의 기계설비 도입이 증가하고 있다는 것이다. 세계 최대 OEM기업인 폭스콘은 3년 내 100만대의 자동화 기계를 도입할 것이라 발표하였다. 광둥성 포산시(佛山市) 경제학회 이사이자 신리(信理) 컨설팅 회장인 리사오쿠이(李少魁)는 주삼각지역은 생산자동화 기계의 도입이 증가하면서 후기공업화시대가 도래하였다고 주장하였다.[18]

이러한 다양한 현상을 종합해볼 때 민공황은 거짓명제가 아닌 실제로 존재하는 참명제임을 알 수 있다.

---

15) 王佳(2011.2.19),「人口紅利結束」,『中國經營報』; 馮奎(2012.3.14),「以城鎭化發展促進 農業勞動力轉移」,『國發展觀察』; 김경환·이중희(2012), 앞의 글, p.107에서 재인용.

16) 中國人力資源市場信息監測中心(2012.4.7.), 위의 글.

17) 魏輝淸(2012.3.29),「未來全局性民工荒將成常態」,『中國經濟導報』.

18) 朱衛衛(2012.5.24),「株三角工廠開啓機器人時代」,『贏周刊』.

2) 중국은 '루이스전환점'을 통과했는가?

미국의 경제학자인 아서 루이스(William Arthur Lewis)는 개발도상국의 제조업은 생계비에 가까운 임금수준을 유지한 채, 발전에 따라 고용을 지속적으로 늘리게 된다. 이 과정 중에 농촌의 잉여 노동력이 감소하게 되고, 기업은 임금을 인상시키지 않으면 노동력을 구할 수 없게 되는데 이를 '루이스전환점(Lewisian Turningpoint)'이라 불렀다. 기업의 입장에서 보면 루이스전환점의 도달은 중장기적으로 투자를 감소시키며, 특히 염가의 노동력에 의지한 노동집약적 기업은 기업의 생존에 큰 영향을 받게 된다.[19]

2009년 이후 민공황이 심화되고 인건비가 상승하자 중국의 루이스전환점 도달 여부를 두고 중국 내부에서는 찬반양론이 출현하였다. 먼저 반대론자를 보면, 앞서 지적한 북경대학 교수인 판강, 중국인민대학 교수인 바이난성, 인적자원과 사회보장부 부장인 인웨이민(尹蔚民), 중국 사회과학원 금융연구소의 류위후이(劉煜輝), 삼농문제 전문가인 리창핑(李昌平) 등이 있다.

인웨이민은 중국은 12·5계획 기간 중 노동시장은 여전히 공급이 우위를 유지할 것이라 주장하였다. 이 기간 중 매년 도시에 취업하려는 농촌 노동력은 약 2,500만 명으로 예측되나 도시의 일자리는 약 1,200만 명에 불과해 1,000만 명 이상이 일자리를 구하지 못할 것이라고 하였다.[20]

류위후이는 루이스전환점의 전제와 중국의 상황은 맞지 않기 때문에 여전히 공급이 우위를 차지한다고 하였다. 그 근거는, 루이스전환점은 농촌에서 도시로 이주한 노동력이 충분히 도시에 취업한 것을 전제로 하는데 중국은 농촌 노동력의 도시취업이 충분치 않다. 또한 루이스전환점

---

19) 김명신(2011.2.24), 「중국, 중서부지역도 인력난 있어」, 『코트라 상하이KBC』.
20) 衆石(2011.3.30), 「"拐點論"困擾中國經濟」, 『中國靑年報』.

은 현대 공업과 전통 농업 간의 노동생산성 격차가 감소하여 도시취업의 흡인력이 상실된 것이 전제이나 중국은 도농이원구조하에 도시와 농촌의 격차가 여전히 크기 때문에 도시취업의 흡인력이 떨어지지 않았다. 따라서 그는 중국의 농민공 부족은 단지 구조적인 부족일 뿐이라고 지적하였다.[21]

리창핑은 선진국이 루이스전환점에 도달했을 때는 공업화의 중후기로 도시화율이 85%에 이르렀으며 사회보험, 의료, 교육 등이 잘 갖추어져 있었다. 반면 중국은 개혁·개방 30여 년간 공업화는 중후기에 도달하였으나 도시화율은 50%에도 미치지 못하고(2010년 현재) 있으며, 사회보험, 교육 등 사회지표는 여전히 선진국에 크게 미치지 못하고 있다. 따라서 중국은 루이스전환점에 도달하지 못했다고 주장하였다.[22]

다음으로 찬성론자를 보면, 중국사회과학원 인구연구소 연구원인 차이팡(蔡昉), 전 초상은행(招商银行) 회장(董事长)인 친샤오(秦晓), 북경대학 광화관리학원 교수인 장정(章铮) 등이 있다.

차이팡은 2007년 5월 10일 중국사회과학원 개원 30주년 기념 강화에서 "농촌의 잉여 노동력은 농촌 노동인구의 약 1/3인 1억~1억 5천만 명으로 알려져 있는데 실제 40세 이하는 5천만 명에 불과하다"고 지적하였다. 또한 2009년 이후 나타난 민공황은 인구구조 변화로 인한 장기적 추세이며, 농민공 임금의 지속적인 인상이 이를 증명한다고 밝혔다.[23]

친샤오는 노동인구 증가율의 감소, 농민공의 도시취업 증가율 감소, 농민공 임금의 지속적인 인상 등을 근거로 중국의 루이스전환점 도달을 주장하였다. 중국의 노동인구증가율은 2000년부터 감소하기 시작하였

---

21) 棗石(2011.3.30), 위의 글.

22) 棗石(2011.3.30), 위의 글.

23) 이영준(2007.11.12), 「中, 13억의 인구와 노동력 부족 현상」, 『코트라 청두KBC』.

고, 외지 농민공이 도시 전체 노동력에 차지하는 비중도 2007년부터 감소하기 시작하여 이미 농민공의 공급이 감소하고 있다고 그는 보았다. 또한 2004년에서 2007년까지 연평균 7%씩 인상되던 농민공의 임금은 2008년 19% 인상되어 저임금으로는 농민공 구하기가 힘들다고 주장하였다.[24]

장정은 중국의 현 상황은 아서 루이스가 주장한 루이스전환점이론과 차이가 있는데 그 원인은 중국의 이원적 호구제도라고 주장하였다.[25] 루이스전환점이론은 농촌노동력과 그 가족의 도시이민을 전제로 하는데, 중국의 경우 호구제도로 인해 가족 전체가 도시로 이주하는 경우가 드물고, 도시에 정착하기도 힘들다. 또한 중국의 기업은 저임금하에 생산성 높은 청년 농민공만을 선호하기 때문에 루이스전환점 도달 여부는 중국 농촌의 전체 노동력이 얼마인가에 달려 있는 것이 아니라 농촌에 돌아가지 않고 도시에 살기를 원하는 청년농민공이 얼마나 있느냐에 달려 있다.[26]

중국의 '루이스전환점'의 핵심은 농민공의 공급 지속 여부이다. 반대론자의 논리는 전체 농민공의 규모가 방대하고 도시 유입의 견인효과가 여전히 충분하다는 것이다. 그러나 실제 중국의 농촌에는 비농업으로 전환될 수 있는 노동력은 제한적이며, 최근 임금인상 없이 농민공을 구하지 못하는 현상이 중국 전역에서 나타나고 있다. 이것이 중국에 도래한 루이스전환점의 정의이며, 농민공이 절대적 풍부에서 상대적 부족으로 전환된 것을 의미한다.

---

24) 秦晓(2011.2.11), 「人口红利衰竭 未来经济增长须依靠制度红利」, 『中国改革』.

25) 王羚(2011.3.22), 「章铮 : 35岁以下劳力总体枯竭 民工荒提前10年」, 『第一财经日报』.

26) (2012.2.8), 「中国的"刘易斯拐点"是否到来—我国农业剩余劳动力供给争议综述」, 『慈溪社科網』.

Ⅲ. 민공황 발생의 원인

1. 민공황 발생의 일반 원인

1) 중서부 진흥정책과 투자 증대

중국은 지역균형발전전략의 일환으로 2000년 서부대개발, 2003년 동북지역 노(老)공업기지 진흥정책, 2006년 중부굴기정책을 시행하였다. 중국은 개혁·개방 이후 동부지역 우선 발전전략을 채택함으로써 1952~1978년 중국 전체 GDP의 43%를 차지했던 동부지역은 2011년 52%로 증가하였다.[27] 이러한 불균형발전 전략은 중서부지역 경제의 상대적 낙후, 인재와 자본의 동부지역 집중을 가져왔다. 이로 인해 중서부지역은 산업과 인구의 공동화(空洞化)가 출현하였다.[28] 이에 중국정부는 지역 간 불균형발전을 축소하고 계층 간 격차를 해소하기 위해 중서부지역 발전전략을 추진하게 되었다. 최초의 국가급 산업이전 유치시범구인 "완장(皖江)도시벨트 산업이전 유치 시범구"가 위치한 안후이성(安徽省)에는 동부지역 기업뿐만 아니라 홍콩, 타이완, 일본, 프랑스 등의 외자기업 이전이 증가하고 있다.[29]

쓰촨성(四川省)의 청두시도 폭스콘, 델, 렌샹(聯想), 런바오(仁寶), 웨이창(偉創) 등 대형 전자산업 기업들의 투자가 확대되고 있다. 청두시에 공장을 건설한 폭스콘, 런바오, 웨이창 세 기업에서만 2011년 기준 40만 명

---

27) 馬妶暉(2012.2.8),「중국경제의 '쌍둥이 불균형' 문제 해결 방안」,『SERICHINA Review』 제12-2호; 國家統計局(2012),『中國統計摘要2012』, 北京: 中國統計出版社, p.16.

28) 馬妶暉(2012.2.8), 위의 글.

29) 정지현(2010.7.8),「중부 안후이성으로의 산업이전 현황 및 시사점」,『중국 성(省)별 동향 브리프』, 대외경제정책연구원.

의 노동력 수요가 발생하였다.[30] 충칭시에는 폭스콘, HP, 하이얼 등 대형 기업들이 공장을 건설하고 있다. 또한 충칭시의 노트북기지 프로젝트도 2011년 50만 개의 일자리를 창출하였다.[31] 그 밖에 우한시(武漢市), 정저우시(鄭州市), 허페이시(合肥市), 시안시(西安市) 등지에서도 중대형 프로젝트 투자가 행해지면서 대량의 노동력 수요가 발생하였다.[32]

중서부지역으로의 기업이전은 동부지역의 산업고도화와도 밀접한 관련을 가지고 있다. 2000년대 중반부터 동부 연해 일부 성(省)들은 노동집약적, 에너지 고소모기업 등을 미발달지역으로 이전시키고 하이테크기업을 유치하는 '등롱환조(騰笼換鸟)'정책을[33] 시행하고 있다. 광둥성은 2008년 '광둥성위원회, 광둥성인민정부의 산업이전과 노동력이전에 관한 결정(中共廣東省委, 廣東省人民政府關於推進産業轉移和勞動力轉移的決定)'을 통해 주삼각지역에 밀집된 노동집약적 기업을 광둥성의 동서지역과 북부의 산악지역으로 이전시키려는 전략을 시행하고 있다.[34] 저장성도 2012년 '등롱환조를 촉진하여 산업고도화를 가속화하는 것에 관한 약간의 의견(關於加快"騰籠換鳥"促進經濟轉型升級的若幹意見)'을 제정하여 산업고도화를 추진하고 있다.[35] 이로 인해 많은 노동집약적 기업들이 같은 지역의 미발달지역이나 중서부로 생산라인이나 기업을 이전시키고 있다.

---

30) 彭戈(2011.2.12), 「政府助力富士康招工大戰」, 『中國經營報』.

31) 李波 · 禹偉良 · 劉裕國 · 鄧圩 · 王偉健 · 錢偉 · 劉志强(2011.3.25), 「招工難倒逼産業協調發展 部分企業提高待遇招人」, 『人民日報』.

32) 중서부지역 기업의 이전에 관한 내용은 썬쟈(2011.5.25), 「달리 봐야 할 중국의 내륙시장」, 『LG Business Insight』를 참조할 것.

33) 등롱환조란 원래 새장을 올려 기존의 새를 날려 보내고 새로운 새를 받아들인다는 의미이다.

34) 李躍群(2011.1.20), 「廣東"騰籠換鳥"」, 『東方早報』.

35) 陳自芳(2012.8.30), 「浙江再推"騰籠換鳥"」, 『東方財富網』.

이와 함께 글로벌 금융 위기 이후 중국은 2009년 '保八(8% 성장)' 목표 달성을 위해 4조 위안의 경기부양자금을 투입하였다. 이러한 경기부양 자금은 중서부지역 발전에 유리한 기초를 제공하였다. 중서부 지방정부 는 자금의 지원을 통해 기반시설을 확충하고 동부지역의 기업이전과 투자를 확대해나가고 있다.

이러한 기반하에 농민공의 유동 방향은 기존의 동부지역 단방향에서 중서부지역으로 확대되었고, 이는 노동력의 분산을 초래하였다.

2) 정부의 농업지원과 농촌경제 진흥

2004년 처음으로 삼농문제가 중앙 1호 문건을 통해 최우선 국정 과제로 선정된 이후 농촌에 대한 지원이 증가하였다. 2006년 이후 농업세가 폐지되었고, 식량생산에 대한 보조금 지급이 증가하였고, 농기계 구매에 대한 보조가 이루어졌다. 중국정부의 농촌에 대한 정책적 지원은 농민의 소득을 향상시켰고 상대적으로 도시의 물가와 생활비용 상승은 농민공이 외지에서 일하는 기회비용을 크게 증가시켰다.[36]

먼저 1958년 제1기 전인대 상무위원회(第一届全国人大常委会) 제96차 회의부터 실시된 농업세가 폐지되었다.[37] 농업세 폐지는 2000년 안후이성의 실험을 바탕으로 2006년 전 지역으로 확대되었다. 이에 따라 농민의 부담해야 하는 부담이 연 1,335억 위안이나 줄어들었다.[38]

다음, 세금부담의 감소와 함께 농업에 대한 보조금 지급도 확대되었

---

36) 夏土(2011.3.17), 「寻找荒'源」, 『新财經』.

37) 농업세는 2600여 년 전 춘추전국시대 노나라에서 시행되었으나 현재의 모습은 1958년에 완성되었다. 〈http://baike.baidu.com/view/36332.htm〉(검색: 2012.12.9). 这一古老的税种, 已延续了2600年的历史° 历史上, "皇粮国税"一直牵动着中国的兴衰.

38) 李晓啸 · 沈剑(2012.8.17), 「农业税取消致全国农民每年减轻负担1335亿元」, 『人民日報』.

다. 중국정부는 농업보조금(农资综合直补),[39] 식량직접보조금(粮食直补), 농기계구입보조금(农机购置补贴), 우량품종보조금(良种补贴) 등에 대해 2002년부터 10년간 약 7,631억 위안을 지원하였다.[40]

〈그림 2〉 도농 주민 일인당 소득 증가 비교

단위: 위안

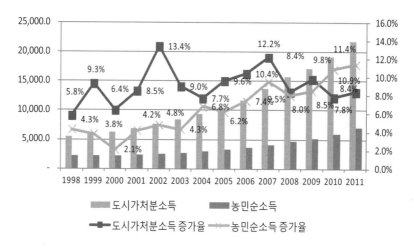

출처: 國家統計局(2011), 앞의 책, p.103.

이로 인해 농민의 순소득은 빠르게 증가하였다. 〈그림 2〉를 보면, 2010년에는 1998년 이래 처음으로 농민 순소득 증가율이 도시 가처분소득 증가율을 초과하였으며, 2011년에도 농민의 소득 증가가 도시주민을 앞질렀다. 비록 외지 농민공의 노동소득이 농업소득보다 여전히 높지만,

---

39) 농업보조금이란 농업생산에 직접적으로 지출되는 유류, 비료, 농약 등에 대한 보조금을 말한다. 중국정부는 2006년부터 재정을 통해 이 보조금을 지급하고 있다(任前臻(2012.9.17), 「粮食直补和农资综合直补政策解读」, 『荆州新闻网』).

40) 李晓啸·沈剑(2012.8.17), 위의 글.

그 격차가 축소되고 있다. 또한 외지 노동의 기회비용이 높아지고 있기 때문에 농민공의 중서부지역으로의 유동이 확대되고 있다. 더욱이 고향 근처의 노동은 어린 자녀와 부모를 부양할 수 있기 때문에 농민공의 외지노동 동인이 점차 약화되고 있다.

3) 동부 대도시의 호적차별과 생활비용 급증

중국은 여전히 이원적 호구제도가 존재한다. 2000년대 이후 중국정부는 호구제도 개혁에 관한 실험을 진행하고 있으나 기본적인 구조는 변하지 않고 있다. 비록 많은 지역에서 호적제도 개혁에 관한 실험을 진행 중이나 실제 혜택을 받는 농민공의 수는 많지 않다.[41] 게다가 동부 대도시 지역의 물가와 주택가격이 상승하면서 농민공의 동부지역 도시 정착은 더욱 힘들어지고 있다. 이와 대비하여 중서부지역은 일자리가 늘고 임금이 상승하고 있다.

2008년 전국을 기준(100)으로 했을 때 동부지역의 소득은 100.9, 중부지역은 95.1, 서부지역은 95.0이었으나 2011년 각각 100.2, 97.9, 97.1로 중서부지역의 소득 상승폭이 동부지역보다 크다. 따라서 5년 전 15%였던 동부지역과 중서부지역의 소득격차가 2011년에는 5% 내외로 축소되었다.

게다가 중서부지역의 상대적으로 저렴한 생활비(물가와 주거비 등)와 춘절 여비 등을 고려하면 실제 임금격차는 거의 없다. 그리고 중서부지역에 취업하면 부모와 자식을 돌볼 수 있기 때문에 삶의 행복감은 오히려 증가하고 있다.

---

41) 농민공의 호적제도 개혁에 관한 내용은 이상숙(2012), 「중국의 호적제도 개혁에 관한 연구」, 부산외대 박사학위 논문을 참조할 것.

〈표 1〉 지역별 외지 농민공 소득 변화

단위: 위안

연도	2008		2009		2010		2011	
구분	소득	a=100	소득	a=100	소득	a=100	소득	a=100
전국a	1,340	100	1,417	100	1,690	100	2,049	100
동부	1,352	100.9	1,422	100.4	1,696	100.4	2,053	100.2
중부	1,275	95.1	1,350	95.3	1,659	98.2	2,006	97.9
서부	1,273	95.0	1,378	97.2	1,643	97.2	1,990	97.1

출처: 國家統計局農村司(2010.3.19),「2009年農民工監測調査報告」,〈http://www.stats.gov.cn〉(검색: 2012. 9.21); 國家統計局(2012.4.27),「2011年我國農民工調査監測報告」,〈http://www.stats.gov.cn〉(검색: 2012.9.21).

2. 인구 구조적 원인

중국은 1970년대 말 엄격한 산아제한정책을 실시함으로써 노동력 공급에 변화가 나타났다. 산아제한정책 이후 출생한 인구가 노동적령연령에 이르자 중국의 노동력 공급이 점차 감소하고 있는 것이다. 2005년 이전 매년 500만 명씩 증가하던 새로운 노동력은 2009년 200~300만 명으로 감소하였다. 이 시기는 중국의 경제가 매년 9% 이상 성장하던 때였다. 조사에 따르면, 중국은 GDP가 1%가 증가할 때마다 도시의 일자리는 50~100만 개가 생겨나고, 만약 GDP에서 노동집약적 기업의 증가치가 차지하는 비중이 크면 매년 1000만 개의 일자리가 생겨난다.[42] 그 가운데 농촌의 노동적령인구(15~64세)의 감소와 농민공 공급의 감소가 출현하였다.

---

42) 方曉林(2011.3.4),「破解"民工荒"」,『廣州昭報』.

1) 연도별 출생자 수의 변화 추이

1978년 1.82%였던 출생률은 1987년 2.33%로 정점을 찍은 후 계속 하락하여 2011년에는 1.19%가 되었다.[43] 이에 따라 0~14세인구도 지속적으로 감소하고 있다. 〈그림 3〉은 전체 인구 가운데 0~14세 인구의 변화 추이이다. 1982년 3.41억 명이던 0~14세 인구는 2011년에는 2.22억 명으로 감소하였다. 같은 기간 전체 인구가 10.17억 명에서 13.47억 명으로 증가한 것을 감안하면 0~14세 인구의 감소가 상당히 빠르게 진행되고 있음을 알 수 있다. 전체 인구에서 0~14세 인구가 차지하는 비중도 1982년 33.6%에서 2011년 16.5%로 떨어졌다. 특히 1999년 3.20억 명이었던 0~14세 인구는 2000년 2.90억 명으로 3천만 명이나 감소하였다. 전체 인구에서 차지하는 비중도 25.4%에서 22.9%로 2.5%p 떨어졌다. 이 시기는 산아제한정책 이후 출생한 인구가 노동적령인구에 접어드는 시기로, 이는 노동력 공급의 감소를 의미한다.

2) 농촌 노동력의 변화 추이

중국의 전체 인구 가운데 노동적령인구인 15~64세 인구는 계속해서 상승하고 있지만 증가폭은 감소하고 있다. 국가통계국의 자료에 따르면, 1982년에서 1990년까지 연평균 1,724만 명씩 증가하던 노동적령인구는 1991년부터 2000년까지는 1,260만 명씩 증가하였고, 2001년부터 2010년까지는 1,103만 명씩 증가하였다. 특히 2011년에는 겨우 305만 명이 증가하였을 뿐이다.[44] 더욱이 노동집약적기업의 주 노동연령대인 15~34세 인구 비중은 2000년대 들어 이미 감소하고 있다. 2000년 35.6%였던 이

---

43) 國家統計局(2012), 앞의 책, p.41.

44) 國家統計局(2012), p.39.

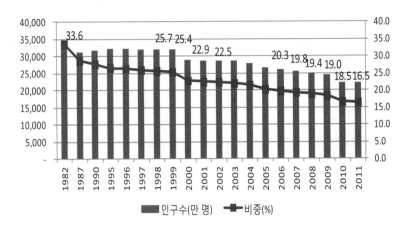

〈그림 3〉 연도별 0-14세 인구변화 추이

출처: 國家統計局(2011),「中國統計年鑑 2011」, 北京: 中國統計出版社, p. ; 國家統計局
(2012),「中國統計摘要 2012」, 北京: 中國統計出版社, p.39.

연령대의 인구는 2009년 27.9%로 감소하였다.[45] 농촌의 노동적령인구도
이러한 영향으로 2006년 이후 매년 400~600만 명씩 감소하고 있다.[46]

또 한 가지 농촌의 인구구조에서 살펴보아야 하는 것이 농민공의 도시
공급 변화이다. 2010년 2.42억 명이었던 농민공 총수는 2011년 2.53억 명
으로 연간 1,055만 명 증가하였다. 이는 전년대비 15.3% 감소한 수치이
다. 그 가운데 도시로 유동한 외지 농민공은 1.53억 명에서 1.59억 명으
로, 연간 528만 명 증가하여 전년대비 34.2% 감소하였다. 이는 본지 농
민공이 전년대비 19.0% 증가한 것과 대조를 이룬다.[47] 즉 농촌 노동력의

---

45) 각 연도『中國統計年鑑』, 〈http://www.stats.gov.cn/tjsj/nndsj/〉(검색일: 2012.9.18).

46) 李牧群(2010.4.14),「2010年"民工荒"新蹊蹺 五大弊端需解除」,『中国三星经济研究院』.

47) 國家統計局(2012.4.27),「國家統計局發布2011年我國農民工調查監測報告」, 〈http//
www.stats.gov.cn/tjfx/fxbg/t20120427_402801903.htm〉(검색일:2012.9.27); 國家統計局
農村司(2010.3.19),「2009年農民工監測調查報告」, 〈http://www.stats.gov.cn//tjfx/fxbg/

도시 공급이 농촌 노동적령인구의 감소와 본지 취업의 확대로 감소하고 있음을 알 수 있다.

3) 초 · 중학교의 연도별 졸업생 수 변동

노동력 공급의 감소는 초 · 중학교 졸업생 수의 변화를 통해서도 알 수 있다.

〈그림 4〉 연도별 초 · 중학교 졸업생 변화 추이

단위: 만 명

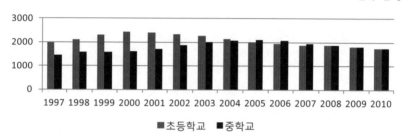

■초등학교   ■중학교

출처: 國家統計局(2012), 앞의 책, p.753.

〈그림 4〉를 보면, 2000년대 들어 초등학교 졸업생 수가 하락하고 있다. 2000년 2,419만 명이었던 초등학교 졸업생 수는 2010년 1,740만 명으로 10년 간 679만 명이 감소하였다. 2000년에서 2002년 초등학교 졸업생은 2004년 만16세의 노동적령연령에 진입하는 시기여서 농민공 부족과 일정한 관련을 가지고 있다. 중학교 졸업생 수는 2005년까지 증가하였다가 그 후 완만하게 하락하고 있다. 2005년 2,106만 명이었던 중학교 졸업생 수도 2010년 1749만 명으로 5년간 357만 명이 감소하였다.

---

t20100319_402628281.htm〉(검색일: 2012.9.11).

4) 대학 입학 정원의 확대

중국은 개혁·개방 이후 인재육성을 위해 대학정원 확대 정책을 시행하였다. 이는 경제가 발전하면서 인재에 대한 수요가 크게 증가하였기 때문이다. 1980년 14.7만 명이었던 대학졸업생 수는 2000년 95.0만 명으로 20년 간 80.3만 명 증가하였으나 2011년에는 608.2만 명으로 11년 간 527.9만 명이 증가하여 거의 6.5배가 증가하였다.[48]

대학에 진학하는 비율이 높아짐에 따라 농민공의 공급에도 일정한 영향을 미치고 있다. 이는 농민공의 학력 변화를 통해 일정 부분 확인할 수 있다. 국가통계국 가구조사실의 조사에 의하면, 1세대 농민공은 고등학교와 대학 졸업 학력을 가진 사람이 전체 1세대 농민공 가운데 각각 14.5%, 1.4%였으나 신세대 농민공은[49] 각각 22.5%, 6.4%로 고학력자의 비중이 증가한 것을 알 수 있다.[50]

또한 신세대 농민공의 부모들은 이들이 자신과 같은 길을 가기를 원하지 않는다. 즉 대학 진학 등 교육을 통해 수직적 사회이동을 원하는 것이다. 조사에 의하면, 1990년대 말 5%에 불과하였던 대학진학률은 2008년 23%로 증가하였다. 이는 유효 노동력의 감소를 의미한다.[51]

5) 신생아 남녀 성비의 불균형

중국은 외자기업과 노동집약적 기업을 중심으로 18~25세의 여성 농

48) 國家統計局(2012), 앞의 책, p.166.

49) 여기서 말하는 신세대 농민공은 1980년 이후 출생한 농민공을 말하며, 1세대 농민공은 그 이전에 출생한 농민공을 말한다. 자세한 농민공의 세대 구분은 김경환(2012), 「중국 신세대 농민공의 상태와 사회갈등」, 부경대 박사학위논문, pp.12-15를 참조할 것.

50) 国家统计局住户调查办公室(2011.3.11.), 「新生代農民工的數量, 结构和特点」, 〈http://www.stats.gov.cn/tjfx/fxbg/t20110310_402710032.htm〉(검색일: 2012.10.2).

51) 方曉林(2011.3.4.), 앞의 글.

민공에 대한 수요가 증가하였다. 기업들은 관리가 용이하고, 남성 노동력보다 인건비가 저렴하고, 섬세하고 민첩한 몸놀림으로 단순가공 업무에 적합한 여성 농민공을 선호한다. 국무원과 국가통계국의 조사에 의하면, 1991년 전체 농민공 가운데 23.7%를 차지하던 여성 농민공은 2009년 34.9%로 증가하였다.[52] 특히 16~20세는 거의 절반이 여성 농민공이다.[53]

그러나 성비 불균형으로 여성 농민공의 공급은 감소하고 있다. 여성 100명 당 남성 인구수는 1982년 108.47에서 계속 상승하여 2008년에는 120.56까지 이르렀다가 2011년에는 117.78을 기록하고 있다. 이는 총 인구 성별비가 105.18인 데 비해 대단히 높은 수치이다.[54] 그 원인은 1자녀정책으로 인한 남아선호사상과 초음파 태아감별 검사의 기술발달로 인한 낮은 검사비용 때문이다. 1자녀정책의 시행은 중국의 전통적인 남아선호사상을 더욱 고취하는 결과를 초래하였다. 특히 개혁·개방 이후 태아감별 기술의 발달은 신생아 남녀 성별비의 왜곡을 더욱 심화시켰다. 그 결과 여성 농민공의 부족이 남성 농민공 부족보다 더욱 심각하게 나타나고 있다.

52) 国家统计局农村司(2010.3.19), 앞의 글; 國務院硏究室課題組(2006),「中國農民工調硏報告」, 北京: 中國言實出版社, p.352.

53) 김경환(2012), 위의 글, p.43.

54) 马常艳(2012.1.18),「统计局:2011我国出生人口性别比117.78 下降0.16」, 『中国经济網』.

Ⅳ. 민공황의 영향

1. 농촌노동력 이동 구조의 변화

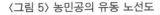

〈그림 5〉 농민공의 유동 노선도

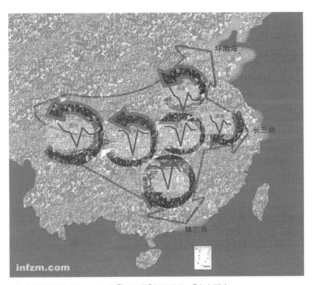

출처: 陳新焱杜蕾(2011.3.4), 「"民工荒"真相调查」, 『南方周末』.

민공황의 출현과 함께 농민공의 유동지역도 변화하고 있다. 구체적으로 살펴보면, 첫째, 동부지역의 유입 감소와 중서부지역의 유입 증가이다. 2004년 국가통계국의 조사에서 농민공의 70.0%가 동부지역으로 유동하였으나 2010년에는 66.9%로 감소하였고, 2011년에는 65.4%로 더욱 감소하였다. 반면 중부지역은 같은 기간 14.0%, 16.9%, 17.6%로 증가하였고, 서부지역은 16.0%, 15.9%, 16.7%로 증가하였다.[55]

---

55) 이민자(2007), 『중국 호구제도와 인구이동』, 서울: 폴리테이아, p.60; 國家統計局 (2012.4.27), 앞의 글.

둘째, 성내 취업 비중이 증가하고 있다. 2008년 농민공 가운데 46.7% 가 성내에 취업하였으나 2010년에는 49.7%, 2011년에는 52.9%로 승가하여 성내 취업과 성외 취업 비중이 역전되었다.[56]

셋째, 2008년 이후 전통적인 유입지인 주강삼각주지역의 비중은 감소하고 장감삼각주지역은 증가하고 있다. 국가통계국의 조사에 의하면, 주강삼각주지역의 농민공 유입 비중은 전체 농민공 가운데 30.2%였으나 2009년 22.6%, 2010년 20.9%, 2011년 20.1%로 감소하였다. 장강삼각주지역은 같은 기간 21.8%, 19.4%, 24.0%, 23.1%로 2011년 약간 하락하였지만 글로벌 금융위기 직후보다 증가하였다.[57] 주강삼각주지역의 경우 2008년부터 3년 만에 노동력 유입 비중이 10%p 이상 감소함으로써 민공황이 심각함을 알 수 있다.

2. 산업구조 전환의 가속화

민공황의 심화는 중앙정부와 지방정부의 산업고도화 정책 추진을 가속화시키고 있다. 앞서 살펴보았듯이 노동집약적 기업이 집중된 동부지역의 광둥성과 장수성 등은 '등롱환조' 정책을 통해 산업고도화를 추진하고 있다. 기업들은 인건비의 상승으로 인해 자동화설비와 산업용 로봇 등을 도입하여 기술집약적 기업으로 변신하고 있다. 또한 중서부지역에서 계속해서 산업이전 우대혜택이 시행됨에 따라 동부지역 기업의 중서부지역 이전이 가속화되고 있다.

지방정부의 노력뿐만 아니라 국가의 정책적인 지원도 증가하고 있다. 상무부는 2010년 4월 '중부지역 외국인 투자촉진 계획(中国中部地区外商

---

56) 國家統計局(2012.4.27), 앞의 글; 國家統計局農村司(2010.3.19), 앞의 글.

57) 國家統計局(2012.4.27), 앞의 글; 國家統計局農村司(2010.3.19), 앞의 글.

投资促进规划)'을 발표하여 외자기업의 중부지역 투자와 이전을 촉진하였으며, 국무원은 2010년 9월 '중서부지역 산업이전의 수용에 관한 지도의견(关于中西部地区承接产业转移的指导意见)'을 발표하여 동부기업의 중서부이전을 적극적으로 장려하였다.[58]

동부지역의 경제발전 속도가 하락하고 노동비용이 상승하고 농민공이 부족한 상황하에 중국정부는 동부지역 노동집약적 기업의 중서부이전을 가속화하여 산업구조 고도화를 더욱 심화시킬 것이다.

3. 노사관계의 역학관계 변화

민공황의 발생은 노동자의 임금결정권 강화, 복지 증진, 호구제도 개혁의 심화를 초래하고 있다. 이미 각 지방정부는 2010년 이후 노동자의 최저임금 기준을 매년 인상시키고 있다.

〈표 2〉를 보면, 2004~2008년 4년간보다 2010~2012년 3년 동안의 최저임금 인상률이 대체로 높게 나타나고 있다. 베이징시의 경우 4년간 46.8%가 인상된 데 비해 2010년 이후 3년간 최저임금이 57.5% 인상되었다. 상하이시도 4년간 51.2%가 증가하였는데 2010년 이후 3년간은 51.0% 인상되었다. 특히 쓰촨성과 안후이성은 지난 4년간 인상폭인 44.4%와 36.6%를 훨씬 초과하여 3년간 각각 61.6%, 68.3% 인상되었다. 다만 충칭시의 경우 2010년 이후 인상폭이 지난 4년을 밑돌고 있다. 2011년부터 시작된 12·5계획 기간 동안 최저임금을 매년 15% 이상, 5년간 100% 인상을 중국정부가 발표하였기 때문에 최저임금기준은 계속해서 인상될 것이다.

이와 함께 기업은 노동자의 복지 개선에도 주력하고 있다. 기존에 식비

58) 彭戈(2011.2.12), 앞의 글.

<표 2> 지역별 최저임금 변화

단위: 위안

지역	2004~2008	증가율	2010~2012	증가율
베이징시	545→800	46.8%	800→1,260	57.5%
상하이시	635→960	51.2%	960→1,450	51.0%
광둥성	510→860	68.6%	860→1,300	51.2%
그중 선전시	610→1,000	63.4%	1,000→1,500	50.0%
충칭시	400→680	70.0%	680→870	27.9%
쓰촨성	450→650	44.4%	650→1,050	61.6%
안후이성	410→600	36.6%	600→1,010	68.3%

주: 각 지역의 최저임금 기준 가운데 가장 높은 1급 지역을 기준으로 함. 2009년에는 최저임금 인상이 없었음.
출처: 〈http://www.ce.cn/law/bxgs/xfzx/200605/08/t20060508_6899130.shtml〉; 〈http://
money.163.com/08/1118/15/4R1ST2GC002532FK.html〉; 〈http://money.163.
com/12/0427/07/8034B7UV00253B0H.html〉(검색일: 2012.10.5).

와 기숙사비를 임금에서 공제하던 것을 무료로 제공하는 기업이 늘고 있으며, 부부숙사를 제공하는 기업도 늘고 있다. 그리고 장기근속 시 각종 장려금을 지급하고 있다. 임금체불도 감소하고 있다. 2008~2011년 농민공의 임금 체불율은 각각 4.1%, 1.8%, 1.4%, 0.8%로 매년 하락하고 있다. 2011년 노동계약 체결율도 전년대비 1.8%p 상승한 43.8%였다.[59]

중국정부도 임금단체협상제도를 통해 노동자의 임금협상력을 증가시키고 있다. 임금단체협상제도의 시행은 임금결정권을 기업에서 노사의 협상을 통해 결정하도록 하는 것을 의미한다. 즉 그동안 기업의 성과에 무관하게 기업이 책정한 임금을 받아들일 수밖에 없었던 노동자는 이 제도를 통해 성과에 맞는 임금인상을 기업과 협상할 수 있게 된 것이다.[60]

59) 國家統計局(2012.4.27), 앞의 글.
60) 杨文兵(2012.9.21), 「工资集体协商让员工企业双赢」, 『遂宁日报』.

일부 지방정부는 농민공의 본지 취업을 위해 호구제도를 개혁하고 있다. 충칭시와 청두시의 경우 사회보험, 자녀교육, 공공임대주택 제공 등의 조건으로 농민공에게 주민호구를 부여하여 농민공을 유치하려고 하고 있다.

이러한 농민공의 경제적 지위 향상은 노사관계의 역학 변화를 의미한다. 지금까지 노사관계에서 기업이 일방적 주도권을 가졌다면, 민공황은 일정 정도 노동자에게 협상력을 강화시켜주는 작용을 할 것이다.

V. 결론 및 시사점

이제 중국에서 상시적인 노동력 부족과 임금인상은 피할 수 없는 추세가 되었다. 중국정부는 12.5계획기간(2011~2015년) 동안 매년 노동자의 임금을 15%씩 인상시켜 5년간 소득을 2배로 증대시키겠다고 발표하였다. 각 지방정부도 앞다투어 20% 내외의 법정 최저임금 인상안을 속속 발표하고 있다.

이에 따른 노동자의 소득증대는 다양한 경제적 효과를 유발할 것이다. 첫째, 노동자의 가처분소득이 증가함으로써 식품 소비가 다양화되고, 브랜드 의류, 교육, 오락 및 관광에 대한 수요도 증가할 것으로 예상된다. 이는 중국정부가 추진하는 내수시장 중심으로의 성장방식 전환에 핵심 요인으로 작용할 것이다. 둘째, 일부 노동집약적 기업은 노동비용 절감을 위해 자동화 생산설비와 산업용 로봇을 도입하는 등 기술집약적 기업으로의 변신을 추구할 것이다.[61] 또한 기초건설, 채굴업 등에서는 건설

---

61) 국제로봇연합회에 따르면 중국의 산업용 로봇 개수는 2010년 45,800개에서 2013년 84,500개로 증가할 것으로 예측된다. 이제 중국은 전 세계에서 산업용 로봇 수요 예상성

기계, 특히 건설 중장비의 수요량이 대폭 증가할 것으로 예상된다. 기계화 설비는 초기 비용은 크나 노동생산성 향상과 노동비용의 절감을 감안하면 그 수요는 더욱 확대될 것이다.

민공황으로 인한 이러한 경제적 변화에 직면하여 우리 기업들은 어떠한 대중 투자전략의 변화가 필요한가?

첫째, 급성장하는 중국 내수시장 공략을 위한 노력이 더욱 절실히 요구된다. 이를 위해 중국의 다양한 지역과 소비 특성을 조사하여 맞춤형 마케팅 전략을 수립해야 한다. 특히 1선 도시와 고소득층을 대상으로 한 고급 프리미엄 제품뿐만 아니라, 2~3선 도시와 방대한 중간소득층을 대상으로 한 보급형 중급 제품을 구분하여 개발 출시할 필요가 있다. 둘째, 산업용 로봇과 중형 건설기계산업에 대한 투자진출과 부품수출을 통해 중국 산업구조 전환의 이익을 누리도록 해야 한다. 셋째, 중국에 투자한 한국기업은 노동환경 변화에 대응하여 온정적, 협조적인 노사관계를 수립해야 한다. 특히 노동력의 새로운 주체로 떠오른 신세대 농민공의 특성을 면밀히 파악하여 적합한 노동정책을 수립해야 한다. 이들에 대해서는 기업복지 확대와 노동환경의 개선뿐만 아니라 교육훈련을 실시하여 종업원 개인의 발전기회를 제공하는 것이 필요하다. 우수 인력에 대해서는 장기 노동계약 체결과 근속연수에 따른 연공임금제 도입도 고려할 필요가 있다. 이를 통해 노동자의 귀속감, 애사심, 충성도를 높이고 기업의 핵심이 되는 장기근속 기술자와 숙련공을 확보하는 것이 중요하기 때문이다.

장률이 가장 높은 국가가 되었다.

참고문헌

김경환(2012)「중국 신세대 농민공의 상태와 사회갈등」, 부경대 박사학위논문.

김경환·이중희(2012)「중국 노동시장에 나타난 민공황(民工荒)과 농민공 회류(回流)의 원인분석과 영향」, 『한중사회과학연구』 Vol.24.

오승열(2011)「중국 농민공 회류 및 민공황 병존 현상의 경제적 함의」, 『중소연구』 Vol.35 No.3.

이상숙(2012)「중국의 호적제도 개혁에 관한 연구」, 부산외대 박사학위논문.

지성태·황경진(2011)「중국 노동력 수급 불균형의 본질과 원인 분석-민공황 현상을 중심으로」, 『중국연구』 제52권.

陈新焱·杜蕾(2011.3.4)「"民工荒"真相调查」, 『南方周末』.

陳妍·胡琴琴(2011.3.24)「勞動輸出大省陷入'用工荒'迷局」, 『国際商報』.

国家統計局(2012.4.27)「統計局: 農民工數量繼續增長 2011年總量超2.5億人」, 『中國網』.

國家統計局(2012.4.27)「2011年我國農民工調查監測報告」, http://www.stats.gov.cn(검색:2012. 9.21).

國家統計局(2012)『中國統計摘要 2012』, 北京: 中國統計出版社.

國家統計局(2011)『中國統計年鑑 2011』, 北京: 中國統計出版社.

國家統計局農村司(2010.3.19)「2009年農民工監測調查報告」, http://www.stats.gov.cn(검색: 2012.9.21).

國務院研究室課題組(2006)「中國農民工調研報告」, 北京: 中國言實出版社.

馬常艶(2012.1.18)「統計局:2011我國出生人口性別比117.78 下降0.16」, 『中國經濟網』.

任前臻 (2012.9.17)「粮食直补和农资综合直补政策解读」, 『荆州新闻网』.

杨文兵(2012.9.21)「工资集体协商让员工企业双赢」, 『遂宁日报』.

中國人力資源市場信息監測中心(2012.4.7)「2011年度全国部分城市公共就业服务机构市场供求状况分析」, 『中國就業網』.

棠石(2011.3.30)「"拐點論"困擾中國經濟」, 『中國青年報』; (2012.6.5)「2012觀察: 中國發達地區出現用工荒」, 『參考消息網』.

3

중국 지역개발정책의
유형변화에 대한 연구

곽복선

중국 지역개발정책의 유형변화에 대한 연구[1]

곽복선

I. 서론

중국은 1978년 12월 덩샤오핑이 전 세계를 향해 개혁개방정책과 선부론(先富論)[2]을 표명한 이래 선전, 주하이, 샤먼, 산터우 등 경제특구(經濟特區)[3] 설치와 동부와 남부 지역에 위치한 14개 연해개방도시[4]를 지정하였고, 뒤이어 주요 지역별로 경제기술개발구(經濟技術開發區)와 첨단신

---

[1] 본고는 부산대학교 중국문제연구소, 「China연구」 제15집(2013)에 게재된 논문을 토대로 작성되었음.

[2] 일종의 지역불균형 성장론으로 중국의 광대한 면적과 인구를 고려할 때 전체를 동시에 발전시키는 것은 어렵다고 보고 우선 동남부 연해지역의 몇몇 지역을 선정(點)하여 발전시킨 후에, 이를 기반으로 이들 지역을 경제벨트화(線)하고, 나아가 이를 바탕으로 전국(面)의 경제발전을 이루겠다는 전략으로 속칭 점-선-면 발전 전략이라고도 한다.

[3] 경제특구는 1980년에 선전(深圳), 주하이(珠海), 샤먼(廈門), 산터우(汕頭)가 지정되었으며, 그 후에 하이난성(海南省)경제특구가 성립됨으로써 총 5개에 달하였다.

[4] 상하이(上海), 선전(深圳), 샤먼(廈門), 광저우(廣州), 칭다오(青島), 원저우(溫州), 톈진(天津), 다리엔(大連), 주하이(珠海), 닝보(寧波), 옌타이(烟台), 난통(南通), 푸저우(福州), 친황다오(秦皇島).

기술개발구(高新技術開發區)5)를 지속적으로 설립하면서 경제발전을 이룩해왔다. 이러한 지역개발정책은 중국경제의 고속성장을 이끄는 데 가장 핵심적인 역할을 하였으며, 중국정부는 기본적으로 이러한 기조를 현재까지 이어오고 있다. 그러나 개혁개방 이래 20여 년에 걸친 중국정부의 지역간 불균형발전정책은 연해개방도시를 중심으로 한 동남부 주요 성(省)과 시(市)지역의 급속한 경제발전을 가져온 반면, 중부지역과 서부지역의 상대적인 낙후를 불러와 동부와 내륙지역 간 심각한 경제격차를 가져왔다. 이러한 상황의 출현은 지역 간 불균형발전정책에 따른 결과로 어느 정도 예상된 것이긴 하였지만, 중서부 지역주민들의 불만과 박탈감이 커지고 일부 주민들이 항의행동으로 불만을 표출하는 사례가 늘어감에 따라 지역 불균형 해소가 중국정부의 시급히 해결해야 할 사회적인 문제로 부상하였다.

이에 따라 중국정부는 동서 간의 심각한 격차를 줄이고 전국적으로 균형적인 발전을 기한다는 방침 아래 그동안 동남부에 집중되었던 지역개발정책의 초점을 중서부로 전환하기 시작하였다. 중국정부는 2000년부터 서부대개발(西部大開發)정책, 동북지역노후공업기지진흥계획(東北地區等老工業基地振興規劃), 중부굴기(中部地區崛起)정책을 발표하고, 전국적인 범위로 지역개발을 실시하기 시작하였다. 이에 더하여 2009년 이후에는 앞의 정책보다는 좁은 범위이지만 각 지역별로 보다 세부적이며 구체적인 개발 정책을 추진하기 시작하였으며, 전체적인 국가의 발전계획에 지역개발정책을 주요 항목으로 포함시키고 있다. 중국정부는

---

5) 경제기술개발구와 첨단신기술개발구는 국가급, 성급(省級), 시급(市級), 현급(縣級) 등으로 나누어지며 급별로 입주기업에게 부여했던 세제혜택이나 인프라제공이 상이하였다. 입주기업혜택이 가장 많을 뿐만 아니라 중점적으로 육성하였던 국가급 경제기술개발구와 첨단신기술개발구는 대부분의 주요 도시에 설치되었으며 2012년 현재 각각, 56개, 59개에 달한다.

2011~2015년 기간 경제와 사회발전의 청사진을 담고 있는 '제12차 국민경제 및 사회발전규획(國民經濟和社會發展第十二個五年規劃, 이하 '12·5규획')의 중심 정책으로 지역개발정책을 내세우고 있을 뿐만 아니라, 2012년 11월 개최되었던 중국공산당 제18차 전국대표대회에서도 후진타오의 보고[6]를 통해 미래 중국경제 발전의 주요한 성장동력으로 지역개발을 들고 있다.

이에 이 글에서는 2000년 이후에 발표된 대규모 지역개발정책은 물론, 제11차 국민경제 및 사회발전규획(國民經濟和社會發展第十一個五年規劃 2006~2010년, 이하 '11·5규획') 후반기부터 집중적으로 발표되고 있는 보다 좁은 지역범위의 지역개발정책들을 대상으로 정책유형과 단계별 변화를 정리 분석하여 중국의 지역개발정책의 전체적인 모습을 파악하고자 한다. 특히 이러한 지역개발정책들은 중국자체의 정책으로 끝나는 것이 아니라 우리기업의 입장에서도 시장적 함의가 있기 때문에 전체적인 지역개발정책의 추진상황과 유형을 연구하는 것이 의미가 있다고 할 수 있다.

중국정부가 2000년부터 추진한 지역개발정책은 크게 나누면 광대역개발정책, 권역개발정책, 도시개발정책의 세 유형으로 나누어 생각할 수 있다. 이 세 가지 지역개발정책 중 가장 먼저 추진된 것이 서부대개발정책과 같은 광대역개발정책이었다.

광대역개발정책의 추진으로 지역별로 어느 정도 기본적인 사회간접자

---

6) 후진타오는 2012년 11월 8일 중국공산당 제18차 전국대표대회 보고에서 사회주의시장경제체제의 개선가속화 및 경제발전방식의 전환가속(四,加快完善社會主義市場經濟體制和加快轉換經濟發展方式)과 관련하여 "세 번째, 경제구조의 전략적 조정 추진. 이것은 경제발전방식의 전환을 가속화하기 위해서 주로 공략해야 하는 부분이다. 수요구조의 개선, 산업구조의 고도화, 지역 간 협력발전의 촉진, 도시화추진을 중점으로 삼아 경제의 지속적이며 건강한 발전을 막는 중대한 구조적 문제를 반드시 힘을 다해 해결해야 한다.(이하 중략)"고 차세대 지도자와 국민들에게 요청하였다.

본이 중서부지역에 형성되기 시작하자 중국정부는 보다 세밀하며 구체적인 지역과 지역을 묶는 권역개발정책을 내놓기 시작하였으며, 광대역개발정책의 주요 내용도 권역개발(중점지역개발)로 변화되고 있을 정도로 권역개발이 지역개발정책의 중심으로 자리 잡았다.

기존의 발표된 중국지역개발에 관한 자료는 서부대개발, 중부굴기 같은 단일 지역개발정책에 대한 분석이 많으며, 최근 새로운 유형으로 발표되고 있는 중국의 지역개발정책을 통시적인 관점에서 정리한 자료는 적은 상황이다. 이 글에서는 2000년대 들어 본격적인 지역개발정책으로 제시되었던 서부대개발정책을 기점으로 2012년까지 유형의 변화를 보이며 발표되고 있는 지역개발정책을 정리 분석하였으며, 지역개발의 특성상 정부의 계획이 중심을 이루는 점을 감안, 중국정부가 발표한 자료들을 중심으로 연구하였다. 또한, 서부대개발정책 같은 경우는 정책실시 10년이 넘어서면서 활발한 연구가 이루어지고 정책 성과와 문제점에 대한 다양한 분석도 이루어지고 있지만, 근년 발표되고 있는 대부분의 지역개발정책들은 추진을 시작한 단계여서 이들 정책들의 성과와 문제점을 분석하기는 어려운 상황이기에 주로 지역개발정책들의 유형변화와 특징에 분석초점을 두었다.

Ⅱ. 지역개발과 관련 정책의 유형변화

1. 지역개발 단계

중국의 지역개발단계는 정책적인 관점에서 보면 동서지역 간 격차를 해소하기 위해 2000년 공표한 서부대개발정책을 기점으로 개혁개방부터 서부대개발 바로 전인 1990년대 말까지의 초기단계와 서부대개발 발표 이후 다양한 형태의 지역개발정책이 발표되고 있는 심화단계로 나누어진다. 이는 서부대개발정책을 기점으로 지역개발정책의 성격이 특정한 지역만을 개발하는 비교적 단순한 정책에서 보다 광범위한 지역개발과 지역과 지역을 벨트화하며 전국적인 지역기능의 배치를 고려하는 방향으로 지역개발정책의 방향이 전환되었기 때문이다.

초기단계 즉, 개혁개방부터 1990년대 말까지의 중국정부 지역개발정책은 주로 동부와 남부 연해지역 중심으로 5대 경제특구, 14개 연해개방도시, 푸동신구, 100여 개 국가급 경제기술개발구와 첨단신기술개발구, 각 지역의 성급(또는 시급, 현급)개발구, 수출가공구, 보세가공구 등 일정지역을 지정하여 이를 개발하는 방식, 소위 '점(點)' 차원의 지역개발을 추진하였다. 이 기간 지역개발의 초점은 지역적으로는 창장(長江)삼각주, 주장(珠江)삼각주, 환발해 지역을 중심으로 한 동부와 남부 연해지역에 맞춰졌다.[7]

이러한 동남부 연해지역에 집중된 초기단계의 지역개발은 중국경제가 고속성장을 하는 데 중요한 역할을 하였지만, 한편으론 동남부지역과 중서부지역 간의 경제발전의 불균형을 가져왔다. 개혁개방 20년이 지난 1998년 서부지역의 인구가 중국전체에서 약 27%를 차지한 데 반해, 그해 서부 12개성 GDP는 14,647억 위안으로 당시 중국 GDP의 17.4%에 불과하였고, 동부와 서부지역 간의 일인당 GDP도 2.43:1의 격차를 보였

---

7) 중국의 개방전략적 차원에서 일반적으로 점(1978~1983)-선(1984~1987)-면 (1988~1991)-전방위 개방(1992년 이후)로 구분하고 있기도 하지만 이 글에서는 중국의 '지역개발정책'의 유형별 차이와 실제 진행상황을 기준으로 점-선-면 전략을 고찰하였으며, 지역개발정책의 획을 그은 서부대개발정책 발표 이후 중국의 지역개발정책이 일정지역을 넘어 전국적인 차원으로 다양하게 이루어지고 있기 때문에 2000년을 기점으로 점의 시대와 선-면의 시대로 나누었다.

다는 데서도 이러한 지역 간 불균형이 잘 드러난다.[8]

이와 같이 동남부 연해지역과 중서부 간의 경제격차가 계속해서 커지자 중국정부는 2000년 들어 서부대개발정책을 발표하고 전국을 지역별로 고르게 발전시킨다는 균형개발전략으로 전환하였으며, 보다 광범위하고 다양한 지역을 대상으로 한 지역개발정책을 연이어 발표하고 이를 추진하고 있다.[9] 따라서 2000년 이후 즉, 서부대개발정책 추진 이후의 지역개발은 2000년 이전의 초기단계 지역개발과 달리 지역개발 방식을 그동안의 특정된 지역(點) 중심의 개발에서, 기 개발된 특정지역과 인근 지역들을 경제벨트화(以點串線)하는 방식과 발달된 지역을 통해 전 지역을 발전시키는(以點帶面) 방식으로 심화하는 단계라고 할 수 있다. 심화단계의 주요 지역개발정책은 국무원(國務院)이나 국가발전개혁위원회(國家發展和改革委員會)의 승인을 통해 발표되고 있을 뿐만 아니라, 5년마다 작성하여 추진하고 있는 중앙정부와 각 지방정부의 국민경제 및 사회발전규획(國民經濟和社會發展規劃)에도 적극적으로 반영되어 추진되고 있다.[10]

---

8) 中서부대개발 실시 5년, 지역격차 심화(www.globalwindow.org 2004.7.8.). 최성일·조준현 (2013)의 최근 연구에서도 서부대개발정책 실시이전의 동서격차와 정책도입 배경을 논하고 있다.

9) 불균형발전에서 균형발전으로의 국가발전전략 전환은 2003년 후진타오가 집권하면서 내세운 조화로운 사회(和諧社會)가 국정목표가 된 때부터였다고 볼 수도 있지만, 실천적인 의미에서는 이보다 앞서 2000년 서부대개발 정책이 발표되고 당시 국무원 총리였던 주룽지가 서부대개발영도소조를 이끌면서 시작되었다고 할 수 있다.

10) 중국정부의 12·5규획 18, 19, 20장에 지역발전 종합전략 추진(새로운 단계의 서부대개발 추진, 동북지구 등 노후공업기지 진흥, 중부굴기 적극 추진, 동부지구의 선도적 발전 적극 지지, 옛 혁명지역, 소수민족지역, 변경지역 및 빈곤지역 지원 확대), 주체 기능구역전략 추진(국토공간개발 구조개선, 지역정책의 분류관리 실시, 지역별 중점사항에 대한 실적평가실시, 지역 간 협력발전 메커니즘 구축) 및 적극적이며 적절한 도시화 추진(도시화의 전략적 구조 형성, 농업에서 이전하는 인구의 도시주민화 추진, 도시의 종합적인 기능 증대) 항목을 설정하고 있다. 이와 관련해서 지방 정부들도 지방정부대로 각 지역별 5개년 발전계획에 각 성(省), 시(市)의 주요한 정책목표로 지역개발을 반영하여 추진하고 있다. 예를 들어 동부와 남부 연해지역에서 가장 발달한 성(省)이라 할 수 있는 광둥성(廣

<표 1> 지역개발 단계의 구분

구분	시기	지역개발 형식	특징
초기단계	개혁개방초기 ~ 1999년	특구, 개발구	특정 지역(點)의 개발
심화단계	2000년 ~ 11·5규획 초기	서부대개발, 동북진흥, 중부굴기	광범위한 지역의 개발
	11·5규획 중후반기 ~ 현재	지역연합개발, 도시종합개발, 신도시	지역간 벨트화, 도시화

특히 시기적으로는 11·5규획기간(2006~2010) 중반부에 접어들면서부터 전국, 중서부나 동북부 지역, 여러 개의 성이 연계된 지역, 일개 성지역의 일정 지역, 주요 지급도시 등 다양한 차원의 지역개발계획이 집중적으로 발표되었으며, 12·5규획기간(2011~2015)에도 지속적으로 지역개발계획들이 발표되고 있다.

위에서 기술한 중국의 지역개발단계를 정리하면 〈표 1〉과 같으며, 광

東省)과 장수성(江蘇省), 중부굴기의 주력지역인 허난성(河南省)과 후베이성(湖北省)의 12·5규획의 편제 내용을 보면 이러한 상황을 쉽게 알 수 있다.

*광둥성: 제6편 도시화 발전 수준제고(도시화 품질제고, 중심도시의 집중 및 확산 기능 강화, 규모가 큰 현(縣)지역의 경제발전, 도시와 농촌 일체화 관리 추진), 제7편 지역간 협력발전의 새로운 구조 구축(주체 기능구역 전략 실시, 주장델타지역 경제일체화 추진, 광둥성 동서북부 지역 축약적 발전 촉진, 해양경제종합개발 시범구역 건설)

*장수성: 제5편 전면적인 고려; 도시와 농촌 간 협력발전 추진(도시와 농촌 발전 일체화 가속화, 지역간 상호 협력발전 촉진, 주체 기능구 전략 실시)

*후베이성: 제4편 도시와 농촌의 전체를 고려한 발전(도시화건설, 신농촌건설, 도시와 농촌 일체화 추진), 제5편 지역 간 협력발전 촉진(주체 기능구역 형성추진, 현(縣)지역 경제, 옛 혁명지역, 소수민족지역, 빈곤지역, 개발구, 자원고갈형 도시의 구조전환 발전)

*허난성: 제3편 신형 도시화 가속 및 현대적 도시시스템 구축(도시화 배치 개선, 중유엔도시군 발전 가속화, 도시기능 개선, 도시 신구(新區)건설 가속화, 산업클러스터 발전 가속화, 현(縣)지역 경제발전, 도시화발전 체제 메커니즘 개선)

범위한 지역에 걸쳐 진행되면서도 보다 세분화된 개발이 추진되고 있음을 알 수 있다.

2. 개발정책의 유형변화

지역개발 심화단계에 접어든 중국이 지속적으로 발표하고 있는 지역개발정책들은 무엇보다도 해당 계획들이 포괄하는 지역범위에 있어 다양한 변화를 보이고 있다.

우선, 동남부 연해지역과 여타 지역과의 격차를 줄이려는 광범위한 지역을 대상으로 한 대규모의 정책들이 2000~2006년 시기에 발표되면서 지역개발정책의 유형변화를 가져왔다.

중국정부는 2000년에 중국 전체 면적의 2/3, 행정적으로 12개 성, 직할시, 자치구를 포함하는 광대한 지역에 대한 서부대개발정책을 발표하였으며, 뒤이어 중국 초기 중공업기지였던 동북지역의 노후화된 공업기지를 진흥하려는 동북노후공업기지진흥계획을 2003년에 발표하였다. 또한 서부와 같이 낙후되어 있었지만 상대적으로 주목을 덜 받던 중부 6개 성에 대한 지역개발 계획인 중부굴기정책도 다양한 의견수렴을 거쳐 2006년에 발표하였다. 이들 정책의 공통점은 〈표 2〉의 지역 구분에서 쉽게 알 수 있듯이 그 이전에 추진되었던 개발구나 일정지역에 대한 좁은 범위의 지역개발이 아니라 중국의 서부, 중부, 동북을 전부 포괄하는 지역에 대한 개발, 즉 대단히 넓은 지역에 대한 개발이라 할 수 있다. 이러한 공통점을 가진 개발을 지역범위가 작은 다른 지역개발 유형과 구분하여 '광대역 개발'이라 할 수 있다.

<표 2> 광대역 개발정책 대상지역(비준기준)

명칭	관련 공문	대상지역
서부대개발 (西部大开发)	国务院关於实施西部大开发 若干政策措施的通知(国发 [2000]33號)	충칭(重慶), 쓰촨(四川), 구이저우(貴州), 윈난(雲南), 샨시(陝西), 간수(甘肅), 칭하이(青海), 닝샤(寧夏回族自治區), 신장(新疆維吾爾自治區), 네이멍구(內蒙古自治區), 광시(廣西自治區), 시장(西藏自治區)
동북진흥 (东北振兴)	中共中央, 国务院关於实施东 北地区等老工业基地振兴战略 的若干意见(中发 [2003] 11 號)	랴오닝(遼寧), 지린(吉林), 헤이룽장(黑龍江)
중부굴기 (中部崛起)	中共中央国务院关於促进中 部地区崛起的若干意见(中发 [2006]10號)	허난(河南), 산시(山西), 안후이(安徽), 후베이(湖北), 후난(湖南), 장시(江西)

자료: 국가발전개혁위원회 홈페이지(www.ndrc.gov.cn)

한편, 이들 광대역정책별로 12 · 5규획(2011~2015)이나 관련 계획에 나타난 지역개발정책의 초점을 정리하면 〈표 3〉과 같은데, 세 정책 모두 중요한 발전방향으로 중점지역의 개발과 도시군 형성에 역점을 두고 있음을 알 수 있다.

<표 3> 광대역개발정책의 향후 정책초점

구분	향후 정책초점
서부대개발	·11개 중점 권역개발 / 사회간접자본 지속건설 · 생태환경보호 / 지역별 특화산업 육성 · 도시화 및 도농(都農)일체화
동북노후공업기지 진흥	·5개 중점권역개발 및 5개 도시군 형성 · 산업구조개선 · 자원형도시 건설/ 도시화율 제고 · 생태환경보호
중부굴기	· 산업기지건설(식량, 에너지원료, 현대장비제조 및 첨단고신 기술산업 등) · 중점권역개발 및 6대 도시군 형성, 신구건설

자료: 西部大开发十二五规划(2012.2, 国家发展改革委), 东北振兴"十二五"规划的通知,发改东北[2012]641號),
     國務院關於大力實施促進中部地區崛起戰略的若干意見(國發[2012]43號)

　　광대역개발이 지속 추진되고 있는 상황 속에서 11 · 5규획기간
(2006~2010) 중반 이후부터 성, 직할시, 자치구 같은 광역행정단위의 몇
개 지역을 묶거나, 광역행정단위와 광역행정단위 간의 개발지역을 벨트
화하는 개발계획이 추진되면서 지역개발의 새로운 유형이 등장하였다.
중국의 각 지방정부들은 중앙정부의 비준을 거쳐 관련 정책들을 <표 4>
와 같이 속속 발표하기 시작하였는데 이들 지역개발계획들은 앞에서 언
급한 광대역개발보다는 범위가 상대적으로 좁으나, 2000년 이전의 특정
지역에 대한 개발보다는 범위가 훨씬 넓은 지역을 대상으로 하여 지역개
발을 추진하고 있는데, 이러한 공통점을 '권역개발'이라 할 수 있다.
　　이러한 권역개발 방식은 2010년 말에 중국중앙정부가 국토를 기능별
로 구분하여 개발 및 관리하려고 발표한 전국주체기능구역계획(全国主体
功能区规划)에 이들 지역개발계획을 대부분 포함시킴으로써 주요한 지역

〈표 4〉 11·5규획 중반 이후 발표된 주요 권역개발계획

발표	지역개발명칭	비준공문
2009.01	주장델타지구개발(珠江三角洲地区)	廣东省人民政府 珠江三角洲地区改革发展 規劃要(2008~2020年)
2009.06	관중-톈수이경제구(关中—天水经济区发展规劃)	国家发展改革委关於印发关中—天水经济区发展规劃的通知(发改西部[2009]1500號)
2009.08	투먼장개발-창지투(图们江区域合作开发规劃)	中国图们江区域合作开发规劃纲要(以长吉图为开发开放先导区)
2010.01	완장도시벨트산업이전시범구계획(皖江城市带承接产业转移示范区规劃)	国务院关於皖江城市带承接产业转移示范区规劃的批復(国函[2010] 5號)
2010.05	간수성경제발전(甘肃经济社会发展)	国务院办公厅关於进一步支持甘肃经济社会发展的若干意见 国办发[2010]29號
2010.06	창장델타경제구역(长江三角洲地区区域规劃)	国务院关於长江三角洲地区区域规劃的批復 (国函[2010]38號)
2010.12	전국주체기능구역계획(全国主体功能区规劃)	國務院關於印發全國主體功能區規劃的通知(國發[2010]46號)
2011.05	청두-충칭경제구(成渝经济区区域规劃)	国务院关於成渝经济区区域规劃的批復 (国函[2011]48號)
2012.08	치엔중경제구(黔中经济区发展规劃)	国家发展改革委关於黔中经济区发展规劃的批復 (发改西部[2012]2446號)
2012.12	중유엔경제구(中原經濟區)	国务院关於支持河南省加快建设中原经济区的指导意见 (国发[2011]32號)

자료: 중국정부 홈페이지(www.gov.cn), 국가발전개혁위원회 홈페이지(www.ndrc.gov.cn)

개발방식이 되었다. 또한, 중앙정부 및 각 지방정부의 국민경제 및 사회발전 5개년규획에도 이들 지역개발정책을 포함시켜 지역별 중점사업으로 추진하고 있어, 권역개발은 중국정부의 중심적인 지역개발유형으로 자리 잡게 되었다.[11]

광대역개발이나 권역개발과는 차별되는 지역개발유형은 중국정부의 도시화 정책과 연계되어 있으며, 동전의 양면처럼 권역개발정책과 동시에 추진되고 있는 도시개발정책이라고 할 수 있다. 이러한 도시개발정책은 기존도시의 기능 확대와 발전을 추구하는 도시종합개발계획과 신도시 건설에 주안점이 주어진 신구(新區)건설계획으로 나누어진다. 도시종합개발은 기존 도시의 내부정비와 도시와 농촌의 경계지역을 도시화하는 지역개발 유형이다. 최근에 중국정부나 언론에 많이 거론되는 신구의 경우 일종의 신도시 개발로 볼 수 있는데 첨단기술개발구, 수출가공구, 보세구, 금융무역구 등 다양한 기능을 복합적으로 갖춘 도시건설이라고 할 수 있다. 신구는 지역별로 일개 성이나 직할시 내에 설치되고 있으며, 여러 도시를 한 지역으로 묶는 경우도 있어 권역개발의 일종으로 볼 수도 있지만, 일반적으로 단일도시 개발형태를 취하기 때문에 이 글에서는 도시개발의 유형에 포함시켰다.

이상에서 살펴본 대로 중국의 지역개발정책은 2000년 이전의 특정된 지역의 개발에서 서부대개발정책 발표를 기점으로 하여 동북지역, 중부지역을 대상으로 한 광대역개발로 변화를 보였으며, 11 · 5규획기간의 중

---

11) 중국정부는 2012년 10월 11월 바다와 접한 11개 성, 시, 자치구 지역에 대해 해양기능구역 개발계획(海洋功能区規劃(2011~2020年)을 승인해주고 있는데, 일부 연해도시나 지역의 개발이 포함되어 있기는 하지만, 주로 근해 해양지역의 발전에 초점이 맞추어져 있어 본 논문에서는 분석에서 제외하였다. 관련 해양기능구계획 해당지역은 톈진, 허베이(河北), 랴오닝(辽宁), 장수(江苏), 저장(浙江), 푸젠(福建), 산둥(山东), 광시장족자치구(廣西壮族自治区), 상하이, 하이난, 광둥 11개 지역이다.

<표 5> 11·5규획 중반 이후 발표된 주요 도시개발계획

구분	도시(지역)
도시종합개발계획 (城市总體規劃)	우한(武汉, '10.03), 선전(深圳, '10.08), 싼야(三亚, '10.08), 화이난(淮南 '10.10), 리우저우(柳州, '10.11), 타이안(泰安, '11.01), 탕산(唐山, '11.03), 쟝먼(江门, '11.05), 징저우(荆州, '11.05), 하얼빈(哈尔滨, '11.05), 하이커우(海口, '11.05), 난닝(南寧, '11.10), 충칭(重庆, '11.11), 샤오싱(紹興, '12.11), 창춘(長春, '12.12), 난창(南昌, '12.12)
신구(新区)	충칭량쟝신구(重庆两江新区, '10.05), 시셴신구(西咸新区, '11.06), 란저우신구(兰州新区, '12.08), 광저우난사신구(廣州南沙新区, '12.09)

자료: 상동
주: 괄호 안의 시기 표시는 중국정부의 비준시기임.

반 이후부터는 권역개발, 도시개발의 형태로 정책의 유형이 변화하고 있음을 알 수 있다. 또한, 중국중앙정부가 직접 관할하고 있는 광대역개발정책의 향후 추진방향도 기존의 사회간접자본건설 중심에서 광대역 안의 중점권역개발과 도시군의 형성으로 초점이 모아지고 있음을 알 수 있다. 이와 동시에 각 성의 주요 도시별로도 도시범위를 확대하는 종합개발계획이 추진되고 있고, 신규 도시(신구)의 건설도 활발히 추진되고 있음을 알 수 있다.

지역개발정책의 유형변화를 종합적으로 판단해보면 중국의 지역개발정책은 일정지역을 지정하여 개발하던 점(點)의 개발 방식에서 2000년을 기점으로 광대역개발에 들어간 후에 이제는 점을 연결하여 벨트를 형성하는 권역개발로 지역개발 중심축이 옮겨졌음을 알 수 있다.

Ⅲ. 지역개발의 중점유형

1. 정책방향

위에서 살펴본 대로 중국의 지역개발정책의 중심축은 특정지역개발에서 광대역개발로, 다시 광대역개발에서 권역개발 및 도시개발로 옮겨갔음을 알 수 있다. 이와 관련하여 중국정부가 취한 정책내용은 11 · 5규획이나 12 · 5규획에 반영되었지만 가장 중요한 정책조치는 향후 지역개발정책의 추진 방향을 중앙정부 차원에서 종합적으로 정리하여 발표한 '전국주체기능구역계획(國務院關於印發全國主體功能區規劃的通知, 國發[2010]46號, 2010.12.21, 國務院, 이하 '주요기능구역계획')'이라고 할 수 있다.

동 계획의 주요 내용은 중국전체를 고도화개발구역, 중점개발구역, 제한개발구역, 개발금지구역의 네 가지 주요기능구역(主體功能區)[12]으로 나누고, 이 네 기능구역 안에서 지역적인 권역구분을 하고 있으며, 도시화 · 농업화 · 생태안전이라는 3대 지역 전략프레임에 따라 2020년까지 계획에 맞추어 지역개발정책을 추진한다는 것이다(〈표 6〉).

동 계획의 중점은 네 가지 주요기능구역 중에서 고도화개발구역과 중점개발구역을 대상으로 고도화개발구역 3개 권역과 중점개발구역 18개 권역을 개발하는 것이다(〈표 7〉). 이와 관련 중국정부가 각 지방정부들에게 권역별 세부계획을 작성하여 중앙정부의 비준을 받은 후에 실시하도록 요구하고 있다.

주요기능구역계획을 통해 확정되어 추진되고 있는 권역개발들을 살펴

---

12) 중국정부는 관련 계획에서 사용하는 주요기능구역(主體功能區)이란 용어를 '일정 토지(공간)가 다양한 기능을 가지고 있으면서, 핵심이 되는 주력 기능을 갖추고 있는 지역'으로 표시하고 있다.

보면 광대역개발인 서부대개발, 동북진흥, 중부굴기에 포함되어 있는 중점권역개발계획이 대부분 포함되어 있음을 알 수 있다. 이들 권역개발계획 중 상당수는 주요기능구역계획이 발표되기 전에 수립된 것들로 개별적으로 이미 국무원(또는 국가발전개혁위원회)의 비준을 받아 진행되고 있는 것들이다. 그러나 청위경제구(成渝经济区), 치엔중경제구(黔中经济区), 중유엔경제구(中原經濟區) 같은 계획들은 주요기능구역계획이 발표된 후에 중앙정부의 비준을 받은 계획들이다.

따라서, 주요기능구역계획은 진행되고 있는 권역개발들을 국가전체의 지역개발 틀 속에 넣고, 추진 중이거나 신규 계획들을 포함하여 작성된 것임을 알 수 있다.

〈표 6〉 중국 국토의 기능적 구분

구분	개념
고도화개발구역 (優化開發區域)	경제가 비교적 발달했고, 인구밀집도가 높으면서, 개발수준이 비교적 높을 뿐만 아니라, 자원·환경문제가 두드러져 공업화·도시화 개발을 높은 수준으로 추진해야 하는 도시화된 지역
중점개발구역 (重點開發區域)	경제기반과 자원환경 부담능력을 갖추고 있으며, 발전 잠재력이 비교적 크고, 인구와 경제 집약(集約)조건이 양호하여 공업화·도시화 개발을 중점적으로 추진해야 하는 도시화된 지역
개발제한구역 (限制開發區域)	농산품 주력 생산지역(农产品主产区)과 생태환경 중점기능지역(重点生态功能区)으로 나누어지며, 대규모·고강도의 공업화·도시화개발을 제한하는 지역.
개발금지구역 (禁止開發區域)	각 등급의 자연문화·자원보호구역, 기타 공업화·도시화 개발 진행을 금지하고 특수한 보호를 필요로 하는 생태기능 중점지역

자료: 國務院關於印發全國主體功能區規劃的通知, 國發[2010]46號, '10.12.21

〈표 7〉 주요기능구역계획에 제시된 중점 권역

구분	권역
고도화개발구역 (優化開發區域)	환발해지역(環渤海地區), 창장델타지역(長江三角洲地區), 주장델타지역(珠江三角洲地区)
중점개발구역 (重點開發區域)	지중난지역(冀中南地区), 타이유엔도시군(太原城市群), 후바오어위지역(呼包鄂榆地区), 하창지역(哈长地区), 동롱하이지역(东陇海地区), 장화이지역(江淮地区), 하이샤서안경제구(海峡西岸经济区), 중유엔경제구(中原经济区), 창장중류지역(长江中游地区), 베이부만지역(北部湾地区), 청위지역(成渝地区), 치엔중지역(黔中地区), 디엔중지역(滇中地区), 짱중난지역(藏中南地区), 관중-톈수이지역(关中-天水地区), 란저우--시닝 지역(兰州-西宁地区), 닝샤황하연안경제구(宁夏沿黄经济区), 톈산북록지역(天山北坡地区)

자료: 상동

2. 권역개발

20여 개의 권역개발을 전부 분석하여야 하겠지만 개발계획 간에 유사성이 있고, 또한 분석의 편리와 명확성을 확보하기 위해 개발지역의 유형차이를 비교적 두렷하게 보여주는 것으로 판단되는 계획들을 동부, 중부, 서부에서 각기 한 개씩 선정하여 그 내용을 살펴보고 이를 통해 권역개발의 특징을 살펴본다.

1) 동부지역 권역개발: 창장델타지역(長江三角洲地區)

중국에서 경제가 가장 발전한 지역이자 주장델타경제권, 환발해경제권과 함께 중국의 3대 경제블록을 형성하고 있는 지역으로 상하이, 우시(無錫), 수저우(蘇州) 같은 주요 도시들은 이미 2010년에 일인당 GDP 일만 달러를 넘어설 정도로 경제가 발달된 지역이다. 중국정부는 관련 지역을 선진국경제권으로 도약시키며 국제적인 경제-금융-무역-항운(航運)센터로 만들겠다는 장기적인 계획 아래 창장델타지역개발계획(长江三角洲地区区域规劃)을 2010년 6월 승인하였으며, 주요기능구역계획에도 '고도화개발구역'의 하나로 포함되었다.

동 지역의 전체 계획면적은 21.1만km²으로 한국의 두 배 면적에 해당되며, 상하이와 장수성(南京, 蘇州, 無錫, 常州, 鎮江, 揚州, 泰州, 南通), 저장성(杭州, 寧波, 湖州, 嘉興, 紹興, 舟山, 台州)의 16개 도시군을 포함하고 있는 지역으로 창장유역 대외개방 창구, 선진적 제조업기지 및 현대서비스업기지, 세계적 대도시군, 전국과학기술창조혁신 및 기술연구개발기지, 전국경제발전 중요 엔진, 창장유역발전을 이끄는 선도 지역으로 육성하겠다는 계획이다(〈표 8〉).

국민소득수준도 2020년까지 일인당 GDP 82,000위안을 달성하여 상하이, 장수, 저장 전 지역을 선진경제권으로 진입시키겠다는 계획이며, 3차 산업이 GDP에서 차지하는 비중을 48%로 올리고 R&D/GDP를 2.5%로 올려 산업구조를 고도화하고, 도시화수준도 67%로 전국 최고 수준으로 올릴 계획이다.

〈표 8〉 창장델타지역 도시개발 계획

도시	개발계획
상하이(上海)	창장델타지역의 핵심도시 역할, 국제경제·금융·무역·항운센터 및 국제적 대도시로 육성, 현대적서비스업과 선진제조업 발전, 창조혁신능력과 현대서비스기능 강화, 서비스경제 위주의 산업구조 형성, 창장델타 기타 지역의 발전을 선도하는 기능 구비
난징(南京)	금융·과학교육·비즈니스·물류·관광기능 강화, 창장 중하류지역 동서연결 중심도시 역할, 현대서비스업·선진제조업기지, 국가창조혁신도시, 지역 금융 및 교육문화 중심
항저우(杭州)	과학기술·문화·비즈니스·관광기능 강화, 국제적 관광레저도시·문화창의센터·과학기술창조혁신기지·현대서비스업센터 건설
닝보(寧波)	창장델타 남쪽날개 경제중심 및 국제항구도시
수저우(蘇州)	첨단신기술산업기지, 현대서비스업기지, 관광명승지
우시(無錫)	선진제조업기지, 국가센서정보네트웍(传感信息)센터, 비즈니스물류센터, 서비스 도급 및 창의 설계센터 설립
기타	창저우(常州), 난통(南通), 양저우(揚州), 전장(鎭江), 타이저우(太州), 후저우(湖州), 쟈싱(嘉興), 샤오싱(紹興), 타이저우(台州), 저우산(舟山) 등 도시의 역량증가 및 도시 간 기능 상호보완

자료: 国务院关於长江三角洲地区区域规劃的批復(国函〔2010〕38號)

2) 중부지역 권역개발: 중유엔경제구(中原经济区)

중유엔경제구는 중부굴기정책에 있어 중요한 축으로 12·5규획에도 포함되었을 뿐만 아니라 주요기능구역계획에 '중점개발구역'으로 포함되어 있으며 2012~2020년 기간 추진된다. 동 경제구는 도시화, 공업화, 농업현대화를[13] 동시에 달성하려는 시범권역으로, 2012년 말 국가발전개혁위원회에서 전체적인 추진 계획을 승인 공표하였다.

중유엔경제구는 허난성(河南省) 전체와 허베이성(河北省)의 싱타이(邢台), 한단(邯鄲), 산시성(山西省)의 창즈(長治), 진청(晋城), 윈청(運城), 안후이성(安徽省)의 수저우(宿州), 화이베이(淮北), 푸양(阜陽), 보저우(亳州), 벙부(蚌埠), 화이난(淮南) 일부, 산둥성(山東省)의 랴오청(聊城), 허저(荷澤), 타이안(泰安)의 일부 지역 등 허난성과 인근 5개 성의 일부 도시들을 포함하는 28.9만km²의 광대한 지역을 대상으로 하고 있다.

관련 개발계획의 초점은 허난성의 성 정부 소재지인 정저우(鄭州)를 핵심으로 하여 방사선 모양으로 뻗어나가는 도시군 형성에 중점을 둔 1핵 4축 2벨트(一核四軸兩帶)구조의 개발이며, 주요 내용은 다음과 같다.

---

13) 중국정부는 도시화(城鎭化), 공업화(工業化), 농업현대화(農業現代化)를 모든 지역개발의 주요 방향으로 제시하고 있는데 이를 이른바 '삼화(三化)'라고 한다.

구분	개발계획
1핵	정저우를 중심으로 정저우-카이펑(開封), 정저우-뤄양(洛陽), 정저우를 환상으로 둘러싼 도시들의 융합발전 • 정저우: 선진제조업, 비즈니스물류유통과 금융서비스기능 강화, 정비엔신구(鄭汴新区)건설, 전국 중요 교통허브 • 뤄양: 뤄양신구(洛阳新区)건설. 쉬창(许昌), 신샹(新乡), 자오주어(焦作) 등 주요 접점도시의 경제 및 인구 확대, 도시기능 상호 보완 촉진
4축	정저우를 중심으로 쌀미(米)자 형 중점지역 개발 • 롱하이발전축(沿隴海發展軸): 대륙횡단 육상연계통로 연접 지역 도시군 형성 • 징광발전축(沿京廣發展軸): 징광(北京-廣州) 축선상의 한단(邯鄲) 등 10대 도시 기능제고, 남북의 산업을 연결하는 도시와 읍 밀집지역 형성 • 지난(濟南)-정저우-충칭발전축: 축선상의 도시 발전을 통해 산동반도와 중국 서남지역과의 연결벨트 구축 • 타이유엔(太原)-정저우-허페이(合肥) 발전축: 축선상의 도시 발전을 통해 창장델타 방향 연계 확대 및 산시(山西), 샨시(陝西), 내몽고와 연계지역 발전
2벨트	중유엔경제구의 남부와 북부지역 경제벨트화 • 한단-창즈, 한단-지난경제벨트(沿邯長-邯濟經濟帶): 한단-창즈와 한단-지난 연결 철도, 산시, 허베이, 산동의 운송통로, 칭다오와 란저우 고속도로 연변의 공업도시발전촉진(북부경제벨트) • 화이허경제벨트(沿淮經濟帶): 화이허(淮河) 운송로와 연변 교통로의 자원개발, 신양(信陽) 등 9대 도시의 산업집약도와 도시발전수준제고(남부경제벨트)

자료: 国务院关於支持河南省加快建设中原经济区的指导意见(国发〔2011〕32號)

3) 서부지역 권역개발: 치엔중경제구(黔中經濟区)

치엔중경제구는 낙후된 서부에서도 낙후된 지역인 구이저우성(貴州省)의 중부지역을 개발하는 계획으로, 성 중심지인 구이양(贵阳)과 제2도시인 준이(遵义) 등 주요 도시가 포함되어 있으며 전체 개발대상면적은 53,802km²로 구이저우성 전체 면적의 31%를 차지하고 있다.

동 계획은 중앙정부의 12·5규획에는 물론 서부대개발 12·5규획에도 포함되었으며, 이를 근거로 2012년 8월에 전체적인 추진계획안이 확정 공표되었으며 2020년까지 추진된다. 관련 권역의 인구는 2011년 말 현재 1,571만 명으로 구이저우성 전체인구의 45%를 차지하고 있으며, GDP규모는 3,396억 위안으로 구이저우성 전체의 60%를 차지하고 있다.

치엔중경제구 개발계획 역시 중유엔경제구와 마찬가지로 개발의 초점은 핵심도시인 구이양을 중심으로 한 1핵 3대 벨트 다중심(一核三帶多中心)의 방사선 모양의 지역개발구조를 가지고 있으며, 주요 내용은 다음과 같다.

〈표 10〉 치엔중경제구 개발계획

구분	개발계획
1핵	구이양 - 안순(安順) 일체화를 통한 핵심지역 형성 • 구이양신구(貴安新區)건설 • 장비제조업(항공, 자동차, 부품 등), 전자정보통신, 바이오의약 등 산업발전 및 산업기지건설 • 상업물류, 생태환경관광산업 육성, 서남부지역 금융서비스센터설립
3대 벨트 및 다중심	구이양·준이 경제벨트 • 구이양-쭌이 고속도로, 충칭－구이저우 철로 등 교통간선 연변 지역을 따라 자원심가공, 장비제조, 자동차 및 부품, 신소재, 전자 정보통신, 신에너지, 생물의약 등 산업발전 추진 • 치엔중경제구와 청두-충칭 경제벨트의 연결지역인 쭌이의 특대 도시화 및 주변 소도시 육성 구이양·두원(都勻)·카이리(凱里) 경제벨트 • 구이저우-광저우 간 철도 및 고속도로, 창사(長沙)-쿤밍(昆明) 고속철도 등의 연변 지역을 따라 인(磷)화공, 특색경공업, 관광 등 산업 중점 육성 • 두원-마장(馬江)-카이리 도시군 육성. 주변 소도시 육성 구이양-비지에(畢節) 경제벨트 • 구이양-비지에 준고속도로, 청두(成都)-구이양 철로 등 교통간 선 연변 지역을 따라 화력발전 위주의 에너지공업, 석탄화공위주 의 자원심가공산업, 에너지광산기계 위주의 장비제조업 및 관광 업 중점 육성 • 비지에를 쓰촨(四川)남부, 윈난(雲南)북부, 치엔중경제구를 연결 하는 교통과 물류의 중심의 특대도시로 육성. 주변 소도시 육성

자료: 国家发展改革委关於黔中经济区发展规划的批復(发改西部[2012]2446號)

이상 간략히 소개한 각 지역의 권역개발 내용을 살펴보면 아래와 같은 몇 가지 특징을 찾아낼 수 있다.

경제가 발달된 창장델타지역의 경우 현재 형성된 주요 도시들의 기능 강화에 중점을 두면서 도시와 도시의 벨트화를 추진하고 있으며, 중유엔 경제구의 경우 교통축선을 따라 핵심도시를 중심으로 주변 도시의 발전과 도시군 형성 및 도시별 산업발전을 중점 추진하고 있다. 치엔중경제구 역시 교통축선을 따라 핵심도시를 중심으로 주요 도시의 특대도시화 및 주변 도시의 육성과 도시별 산업기능 제고를 중점 추진하고 있다. 이러한 상황을 보면 권역개발계획의 중점은 도시개발과 도시의 기능제고, 핵심도시를 중심으로 한 위성도시의 육성과 도시군 형성(벨트화)이라는 특징을 보이고 있다. 이러한 특징은 권역개발이 중국정부의 주요 지역개발 목표중의 하나로 추진되고 있는 도시화와 직접 연결되고 있음을 보여준다.

중국정부는 권역개발의 청사진인 주요기능구역계획에서 각 지역의 경제발전 상황에 따라 고도개발구역에 속한 권역(주로 동남부 10개 성시와 관련됨)과 중점개발구역에 속한 권역으로 권역을 분류하고 있지만, 이러한 분류만으로는 각 권역개발이 포괄하는 지역범위에 대한 구분이 쉽지 않은 상황이다. 위의 세 권역개발계획에서 나타난 대상지역범위를 살펴보면 권역의 유형이 단일지역(성, 직할시, 자치구) 내 권역개발, 2개 이상 지역(성, 직할시, 자치구)을 포함하는 권역개발로 나누어짐을 알 수 있다(〈표 11〉).[14]

---

14) 박상수·두헌(2011)에 따르면 창지투개발계획은 다른 개발계획들과 달리 중국내부적인 개발계획으로 그치지 않고 두만강지역배후계획과의 연계를 통한 대외연계개발까지 외연을 확대한 지역개발계획의 특징을 가지고 있다.

<표 11> 권역개발의 개발대상지역 범위

구분	개발계획 및 대상지역범위
단일지역 내 권역개발	· 간수성경제발전(甘肅经济社会发展): 간쑤성 · 완장도시산업이전시범구역개발(皖江城市带承接产业转移示范区规劃): 안후이성 · 치엔중경제구(黔中经济区发展规劃): 구이저우성 · 주장델타지구(珠江三角洲地区): 광둥성 · 투먼장개발-창지투(图们江区域合作开发规劃): 지린성
2개 이상 지역 포함 권역개발	· 창장델타경제구(长江三角洲地区区域规劃): 상하이시, 장쑤성, 저장성 · 청두-충칭경제구(成渝经济区区域规劃): 쓰촨성, 충칭시 · 관중-톈수이경제구(关中—天水经济区发展规劃): 산시성, 간쑤성 · 중유엔경제구(中原经济区规劃): 허난성, 허베이성, 산시성, 안후이성, 산둥성

　　단일지역 내 권역개발(앞의 예에서 치엔중경제구)은 그 개발지역범위가 비교적 좁고, 해당 지방정부가 일관적인 행정시스템을 통해 추진하는 것이 용이하다고 할 수 있다. 반면에 여러 지역이 포함된 권역개발의 경우는(앞의 예에서 창장델타지역, 중유엔경제구) 한반도의 면적을 넘는 지역을 다루는 경우가 있을 정도로 광범위한 지역을 대상으로 하고 있기 때문에 여러 행정단위(성, 시)가 연계되게 되어, 지역 상호 간에 실질적이며 효율적인 협력이 이루어져야만 제대로 추진이 된다는 난점을 가지고 있다고 할 수 있다.

　　이상에서 살펴본 것과 같이 권역개발유형의 지역개발정책의 특징은 첫째, 도시개발 및 도시군 형성(벨트화)에 초점을 맞춰 중국정부의 도시화 정책과 바로 맞닿아 있으며, 둘째, 개발대상지역의 포괄범위에 따라 추진이 비교적 용이한 단일지역 내 권역과 추진에 있어 여러 가지 행정상 난점이 예상되는 2개 이상 지역을 포함하는 권역개발로 나누어진다고 할 수 있다.

3. 도시개발

앞 절에서 지역개발정책의 중점 유형으로 부상한 권역개발에서 핵심을 이루는 내용이 도시개발과 도시군 형성임을 살펴보았다. 중국정부 역시 권역개발계획의 발표에 이어 주요 도시들의 개발과 관련된 정책을 지속 발표하고 있다.

중국의 도시개발정책 또는 도시화(城鎭化)정책을 살펴보기에 앞서 중국 도시의 특징적 구조에 대한 이해가 필요하다. 중국의 행정단위는 성급(省級), 지급(地級), 현급(縣級), 향진급(鄕鎭級) 등으로 세분되는데 중국에서 '시(市)'라고 이름이 붙은 곳은 직할시, 지급시, 현급시 포함하여 657개 지역이나 된다(〈표 12〉). 이렇게 많은 시(市)들의 기본적인 구조는 시의 급(級)에 관계없이 이들 도시 모두가 도시와 농촌이 혼합된 우리나라의 광역시 구조와 유사하며 농촌지역이 도시지역보다 훨씬 크다는 특징을 가지고 있다.[15]

---

15) 예를 들면 서울시(약 605km²)의 경우 면적의 대부분이 도심이라 할 정도로 도시화되어 있지만 서울의 27배 면적에 달하는 베이징시(약 16,808km²)의 경우는 그중 서울시의 26배에 달하는 면적 대부분이 농촌이거나 읍지역이다. 즉, 중국의 도시들 대부분은 직할시든 지급시든 현급시든 구분 없이 농촌지역이 광대한 면적을 차지하고 있다.

〈표 12〉 중국의 행정단위

구분	내용	우리나라와 비교
· 성급(省級) · 지급(地級) · 현급(縣級) · 향진급(鄕鎭級)	· 31(직할시 4, 성 22, 자치구 5) · 332(지급시 284) · 2,853(현급시 369, 시직할구 857) · 40,828	· 특별시, 직할시, 도 등 광역지자체 · 광역시 구, 지방의 시, 군 · 동, 읍, 면 · 리

자료: 中國統計摘要 2012
주1: 상기표의 성급에는 홍콩, 마카오 특별행정구와 대만이 포함되어 있지 않다.
주2: 지급(地級)에는 지급시 외에 지구(地區), 자치주(自治州), 맹(盟) 등이 있다.
주2: 현급(縣級)에는 현(縣), 기(旗), 자치기(自治旗), 특구(特區), 임구(林區) 등이 있다.

중국정부가 권역개발계획 내에 포함하거나 단독으로 추진하는 도시개발 또는 도시화는 기본적으로 이러한 광역개념의 시(市)의 농촌지역이나 도시외곽지역 개발과 연계되어 추진되고 있다고 할 수 있다. 중국정부는 중국의 12·5규획에 도시화 정책을 포함시켰을 뿐만 아니라, 중국의 도시화율을 2010년 47.5%에서 2015년 51.5%로 증가시킨다는 구체적인 목표를 제시하고 있다. 또한, 국가의 주요 인사들이 시간 날 때마다 중국경제발전의 주요 동력으로 도시화를 들고 있으며,[16] 지방정부들의 12·5규획들에도 예외 없이 도시화 정책이 반영될 정도로 도시개발정책은 권역개발과 더불어 중국의 중요한 지역개발정책이 되고 있다.

개혁개방 초기의 경제특구나 개발구를 통한 도시개발이 있기는 하였

---

16) 2012.12.15~16일 베이징에서 개최된 중국공산당 중앙경제공작회의에서도 2013년도 주요 6대 추진 임무 중 네 번째 임무로 '도시화의 적극적이며 안정적인 추진과 도시화의 품질(내용)을 제고하는 데 힘을 쏟을 것(積極穩妥推進城鎭化,着力提高城鎭化質量)'을 요구할 정도로 도시화가 중시되고 있다.(www.cei.gov.cn 2012.12.18 '六大經濟方略定調明年政策走向')

지만 전국적인 지역개발정책의 추진에 따른 도시개발정책은 신구(新區)나 개별 도시별 종합개발계획의 형태로 발표되기 시작하였으며, 권역개발정책의 본격적 추진과 시기적으로 동시기에 추진되고 있다.

　도시개발정책의 첫 유형은 신구(新區)라고 할 수 있다. 신구와 관련된 정책발표는 1990년대 상하이 푸동(浦東)신구, 2000년대 중반 톈진 빈하이(濱海)신구가 대표적이었으나, 11·5규획 후반기와 12·5규획 초반기에 충칭 량장신구(重庆兩江新区, 2010.5), 저장성(浙江省) 저우산군도신구(舟山群岛新区, 20011.6), 란저우신구(兰州新区, 2012.8), 광저우난사신구(廣州南沙新区, 2012.9)[17] 등이 연속으로 발표되면서 새로운 도시개발정책으로 주목을 받고 있다. 이들 외에도 샨시성(陝西省)의 시안-셴양(西咸)신구, 쓰촨성(四川省) 청두의 톈푸(天府)신구, 장수 우시(無锡)신구, 구이저우성 구이안(貴安)신구 등이 거론되고 있다.

　신구는 본래 선전, 샤먼 같은 경제특구의 개념으로 시작되었으나 푸동신구와 빈하이신구 모두 상하이, 톈진의 구도심과는 다른 신도시로 성공적으로 변화되면서 도시개발정책의 새로운 유형으로 등장하고 있다. 이와 관련 최근 중국에서는 국가급 신구의 추진계획이 승인·실시 되고 있으며, 지방정부들도 자체적으로 신구 설립 계획들을 계속 발표하고 있다. 현재 중국정부가 승인한 신구(新區)의 핵심구역 내용을 살펴보면 일산, 분당과 같이 주로 생활주거형의 형태로 추진된 우리나라의 신도시와 달리 중국의 신구는 다양한 기능과 산업적 기반을 갖춘 신도시의 형태로 추진되고 있음을 알 수 있다(〈표 13〉).

---

17) 저우산군도신구의 경우는 다른 신구와 달리 주요 항구와 어업지역을 형성하고 있는 동 지역의 특성을 살려 신구계획 중에는 독특하게 신도시 개발 외에 군도를 중심으로 한 해역의 해양경제발전이란 개념을 포함하고 있어 신도시 개발로만 보기에는 어려움이 있다. 저우산군도신구를 제외한 여타 신구는 모두 신도시 개발로 보아도 큰 무리가 없다고 할 수 있다.

<표 13> 주요 신구(新區)의 핵심구역 구성

신구	면적(km²)	인구 (만 명)	핵심구역
상하이 푸동신구	1,210	약 420	금융무역구, 종합보세구, 수출가공구, 현대서비스산업구 등
톈진 빈하이신구	2,270	약 250	선진제조산업구, 공항경제구, 첨단고기술개발구, 항구물류구 등
충칭 량장신구	1,200	약 160	상업무역중심지역, 보세항구, 현대제조물류원구, 생태산업구 등
샨시 시셴신구	882	약 90	공항산업구, 과학기술자원시범구, 문화전시구, 신흥산업기지 등
광저우 난샤신구	803	약 240	경제기술개발구, 첨단기술산업 개발구, 보세구역, 현대서비스산업기지, 공항건설 등

자료: '시셴신구 중국 서부 명품도시로 개발' 2011.6.23, www.globalwindow.org , '중국광저우 난샤신구, 대륙의 홍콩으로 탈바꿈한다.' 2012.10.29 www.globalwindow.org , 国務院关於廣州南沙新区发展規劃的批復 (国函(2012 128號) 2012.9.12

이러한 신구의 발표시기와 거의 같은 시기에 중국정부는 주요 도시 (주로 성정부 소재 도시, 지급시)별 종합개발계획들을 계속 발표하고 있다 (〈표 5〉 참조). 물론 이러한 도시별 종합개발계획은 이전에도 발표되었지만, 최근 '도시화'가 중국경제발전에서 가장 중요한 동력의 하나로 떠오르면서 12·5규획의 수립시기인 2010년경부터 관련 계획들의 비준승인이 증가하는 추세를 보이고 있다.

최근 발표되고 있는 도시별 종합개발계획은 대부분 12·5규획 기간을 넘어서 2020년까지 추진되며, 기존도시의 기능 확장과 도시-농촌의 일체화(城鄉一體化)발전을 기하되, 도시의 맹목적 확장의 제한(도시개발면적,

도심인구, 도시건설용 토지면적 등)에 중점을 두고 있다(〈표 14〉). 또한 도시의 기능성에 있어 자원절약 및 환경친화적 도시, 역사문화 및 지역별 특성을 감안한 도시, 사회간접자본이 완비된 도시, 주민거주가 편안한 도시 등에 초점을 맞추고 있다. 이러한 주요도시에 대한 개발 요구는 그동안 개별적으로 추진되었던 여러 형태의 환경친화형도시(Eco-City 生態城市)나 최첨단정보통신도시(U-City 無線城市) 등 간헐적으로 추진되어왔었으나, 이제는 중국 중앙정부 차원에서 주요 도시별로 이러한 모든 사항을 포함하여 도시와 인근 농촌을 하나로 묶어 종합적인 개발을 하도록 요구하고 있다는 데 도시종합개발계획의 특징이 있다고 할 수 있다.

〈표 14〉 도시개발의 제한적 지표

	행정면적 (km²)	시 전체인구 (만명)	계획면적 (km²)	비준도심인구 (만명)	도시건설용 토지제한(km²)
샤오싱	8,256	439	1,539	160	155
창춘	20,604	756	3,891	425	445
충칭시	82,400	2,884	5,473	700	561
난닝시	22,112	666	6,559	300	300
하얼빈	53,100	993	7,086	460	458
탕산시	13,472	737	6,918	220	210
정저우	7,446	863	7,446	450	400
우한시	8,467	831	8,494	502	450

자료: 각 도시별 도시종합개발계획(城市总體規劃)

Ⅳ. 지역개발정책의 시장적 함의

중국의 지역개발정책의 중점 유형이 권역개발로 변화되었으며, 권역개발의 핵심내용이 도시개발이나 도시군 형성으로 귀착되고, 권역개발과 동시에 신구나 주요 도시들의 종합개발계획들이 추진되고 있음을 살펴보았다. 즉, 중국의 지역개발정책은 광대역개발이든 권역개발이든 결국 도시의 개발과 도시군 형성이 그 핵심에 있음을 알 수 있다. 이러한 도시의 개발은 필연적으로 소비시장의 확대와 도시건설에 따른 프로젝트의 증가를 가져와 중국시장에 진입하려는 우리기업들에게 다양한 시장적 함의를 내포한다고 할 수 있다.[18]

우선, 권역개발과 도시개발에 초점이 모아지고 있는 중국의 지역개발정책은 핵심 도시의 발전과 주변 위성도시의 발전 및 도시 인근 농촌의 시장을 발전시킴으로써 지속적인 중국시장의 확장을 가져올 것이란 점이다.

중국의 전면적인 권역개발계획 및 도시개발정책 실시는 기존에 동남부 연해지역을 중심으로 형성되었던 내수시장의 주력을 중서부의 내륙지역으로 점진적으로 확대시키고 있다는 뜻이 된다. 광대역개발 정책이나 권역개발 정책의 내용 특히, 중점지역개발 내용을 보면 지역개발정책이 중서부와 동북부 내륙의 시장을 확대하리라는 것은 쉽게 짐작할 수 있다. 더욱이 가장 핵심적인 지역개발정책이라 할 수 있는 권역개발의 중점이 도시와 도시 간의 경제벨트(도시군)형성과 개별 도시들의 도시-

---

18) '중국의 新성장 동력, 도시화'(최명해, 삼성경제연구소, 2013. 2. 5)에서 도시화가 '투자 및 소비 수요의 확대를 가져올 것… 중국의 '시티노믹스(Citinomics)'로 인해 생성되는 방대한 사업기회에 주목할 필요… 중국의 도시건설이 제공하는 기회에 편승하기 위해서는 단일 기업의 개별적 접근보다는 정부-기업 간의 유기적 협력이 중요하다.'는 점을 언급하여 지역개발정책의 시장적 함의에 주의해야 함을 지적하고 있다.

농촌 일체화 발전이란 점을 감안하면, 그동안 잠재형으로만 존재하던 도시 인근시장들도 이제는 현실적인 시장으로 변화되고 있다고 할 수 있다. 최근에 발표되고 있는 도시별 종합개발계획대로 도시와 농촌의 일체화 발전이 순조롭게 이루어진다면 그동안 우리기업의 진출이 거의 없었던 중국의 농촌시장도 기업의 마케팅 관점에서 의미를 갖게 될 것이다.

또한, 지역개발정책은 시장의 지리적 확장뿐만 아니라 지속적인 질적 확대를 가져올 것이다. 지역개발정책 특히 도시개발은 소비수준의 제고를 가져올 것으로 예상되고 있으며,[19] 이러한 현상은 중서부 내륙지역의 주요 도시들에서도 중고급 제품에 대한 새로운 시장이 형성될 것이란 점을 시사한다. 동남부 연해지역의 발달한 10개 성시의 권역개발과 도시개발 심화는 관련 지역의 경제를 선진화하고 있으며,[20] 유명브랜드와 고가 제품에 대한 소비 증가, 프랜차이즈시장 증가, 문화컨텐츠 및 교육시장의 확대, 온라인마켓 확대 등 다양한 차원의 시장을 창출하고 있다.

이러한 소비시장의 다양화 및 질적 확대와 더불어 지역개발정책은 무엇보다도 관련 지역의 사회간접자본 건설을 비롯한 수많은 분야의 투자를 유발하고 있기 때문에 이들 프로젝트에 대한 시장을 창출하고 있다. 교통망, 통신망, 전력망, 환경처리시설, 주거 및 사무공간, 산업지역개발 등 기본적인 사회간접자본 구축은 물론 지능형전력망, 지능형교통망, 인

---

19) 2012년 9월 17일 런민르빠오(人民日報)의 보도(中国消费仍处高速增长区间扩大消费面临四大机遇) 내용 중 중국 상무부의 차관보인 팡아칭(房爱卿)이 밝힌 내용(도시화의 진전은 주민소득의 증가와 사회보장제도의 완비를 촉진할 것이며, 소비확대에 있어 유리한 조건을 마련해 줄 것이다. 통계에 따르면 농민 한 명이 도시주민으로 전환되면 소비가 3.1배 증가한다.(一是城镇化进程加快将促进居民收入提高和社会保障完善, 为扩大消费创造有利条件°据统计, 一个农民转化为市民, 消费将扩大3.1倍))에 따르면 도시화는 소비의 상당한 증가를 가져오고 있음을 알 수 있다.

20) 이미 상하이, 우시, 수저우, 항저우, 닝보, 톈진, 베이징, 칭다오, 광저우, 선전 등 수많은 도시들이 국민소득 1만 달러 시대를 구가하고 있을 정도로 동남부지역은 선진화되고 있다.

터넷기반의 스마트시티 같은 신개념 도시개발로 IT, 에너지, 환경, 자원 절약 등 분야의 시장이 확대될 것이며, 나아가 도시건설 경험의 수출, 정부조달 같은 시장들도 확대되고 있다.

또한, 이러한 중국의 다양한 지역개발정책 특히 권역개발을 중심으로 한 중점지역의 도시개발정책 추진에 따라 시장이 확대되는 현상은 그동안 우리기업이 취했던 '중국 전체' 또는 '몇 개 큰 지역'으로 나누어 접근하던 시장접근방식(개념)의 근본적인 전환을 요구하고 있다고 할 수 있다. 이는 현재 중국정부가 추진하는 지역개발정책이 점점 더 권역 내 도시군 형성으로 특징 지어지는 상황이므로, 향후 중국시장 접근방식(개념)도 '권역별' 또는 '도시별'로 세분될 필요가 있다는 점을 강력히 시사하고 있다. 중국의 지역개발이 점점 더 권역의 중점지역개발(도시와 도시의 경제벨트 형성)이나 도시별로 새로운 도시형태(그린시티, 스마트시티, 환경친화형도시, 저탄소도시 등)의 건설에 초점이 맞춰지면서 도시들이 특성화되고 있으며, 도시지역 자체가 확대되는 상황이 되면서 도시 자체를 다양하게 변화시키고 있기 때문이다. 이에 따라 주요 도시별로 도시 및 시장의 확대와 기능성이 강화되는 방향에 맞추어 우리기업의 중국시장 진출전략이 바뀌어야 할 것이다. 즉, 중국의 지역개발정책의 유형변화는 이전과 달리 보다 확장되면서도 세분화되고 질적으로 변화하는 중국시장의 출현을 가져오고 있으므로, 우리 기업 역시 이에 맞추어 시장진출 전략에 변화를 주어야 한다고 할 수 있다.

V. 결론 및 제언

이상에서 살펴본 바와 같이 중국의 지역개발정책은 서부대개발정책이 시작된 2000년을 분기점으로 유형의 변화를 보이기 시작했다. 개혁개방 초기부터 1999년 기간에는 주로 동부와 남부 연해 지역에 경제특구, 연해개방도시와 주요 지역의 경제기술개발구 형태의 점(點)의 개발이 지역개발의 중심을 형성하였다. 이러한 방식의 개발은 지정된 지역의 개발뿐만 아니라 동남부 연해지역 전체의 경제발전의 촉진제가 되었으며, 나아가 중국경제를 견인하는 데 상당한 성공을 거두었다. 그러나 이러한 지역불균형적 발전전략은 동-중-서 지역 간의 경제규모와 소득격차의 확대를 가져왔고, 중국은 정치적 경제적 필요성에 따라 이러한 지역 간 격차의 해소를 위해 중서부지역에 대한 지역개발정책을 추진하기 시작하였다.

중국정부의 발표 자료를 중심으로 앞에서 살펴본 것과 같이 중국의 지역개발정책의 유형이 2000년 이전의 점(點)차원 개발에서 광범위한 지역을 포괄하는 광대역개발의 유형으로 변화되었으며, 11·5규획 중후반기부터는 지역과 지역, 도시와 도시를 벨트화하는 권역개발 유형으로, 더 나아가 신구나 도시종합개발계획을 중심으로 하는 도시개발 유형으로 지역개발정책의 유형이 변화되고 있다. 12·5규획 중반기인 현재 시점의 중국의 지역개발정책은 광대역개발이든 권역개발이든 그 속 내용은 주요 도시의 개발과 도시군의 형성 내지 도시와 도시의 벨트화로 귀결된다고 할 수 있다.

중국의 지역개발정책의 유형변화는 우리의 입장에서는 중국의 주요 도시들이 시장적 관점에서 그 중요성이 빠른 속도로 커지고 있다는 것이므로, 이제는 중국의 주요 도시에 대해 산-관-학의 입체적이며 다차원적인 교류를 확대할 필요성이 커지고 있다. 우선 정부나 공공기관의 차원에서는 해당 도시들과 공식적 교류를 보다 확대하고 인적 네트워크 구축에 나서야 하며, 나아가 이러한 네트워크를 통해 도시별로 도시발전계획과 관련하여 정부나 민간 차원에서 협력 가능한 아이템들을 개발하고 이를 통해 우리기업들의 진출을 지원해주는 것이 필요하다. 학계는 학계 나름대로 포괄적 연구보다는 지역별로 지역개발정책의 내용에 대해 보다 세부적인 연구를 진행하여 정부와 기업에게 정보와 시장진입 차원의 보다 현실적인 대안들을 제공할 뿐만 아니라, 관련 도시의 학계와의 교류확대(교수와 학생의 상호 교환, 관련 지역개발 세미나 개최 등)를 통해 인적 네트워크 구성과 지속적인 교류 기반을 만들어야 한다. 개별 기업의 입장에서는 우후죽순처럼 생겨나는 신규 도시지역들과 주요 도시별 총체적 발전계획은 물론 도시개발에 따른 도시별 소비구조의 변화(소득수준 변화, 소비패턴변화, 신규시장 부상, 신규 마케팅 채널 및 수단의 등장 등)와 새로운 도시형태 건설과 관련된 프로젝트의 발굴 및 시장진출 협력 파트너(엔지니어링회사, 도매상, 수입상 등)의 조사 및 발굴 등 보다 세부적이며 미시적인 시장접근에 나서야 한다. 중국의 지역개발정책이 개별기업에게 가져오는 시장기회를 적극적으로 활용해야 한다.

중국정부는 새로운 유형의 지역개발 정책을 지금도 계속 내놓고 있다. 신구(新區)와 같은 신도시개발이나, 해양기능구역과 같은 해양-육지지역의 일체화 개발(해양, 해양인근 도시, 배후지역의 일체적 개발), 도시종합개발계획과 같은 도시-농촌 일체화 개발 등 중국전역에 걸쳐서 세부적인 형태의 지역개발정책들을 발표하고 있다. 이러한 지역개발정책들은 중국정부가 중국경제의 성장동력으로 내수확대정책을 내세우고 이를 추진하는 주요 수단으로 지역 간 협력발전과 도시화를 내세우고 있기 때문에 향후에도 다양한 내용과 형태로 발표되고 추진될 것이다. 따라서 새로이 발표되는 중국의 지역개발정책의 유형과 변화에 대한 지속적인 추적과 우리의 중국시장진출이라는 관점에서 이들 정책이 함의하는 것이 무엇인지에 대한 보다 광범위한 연구가 계속될 필요가 있다고 하겠다.

참고문헌

박상수 · 두헌, 2011, 「중국의 신 비즈니스 거점화 전략에 대한 연구(5점1선, 장길도지역개발 전략과 동북3성의 투자환경을 중심으로)」, 대한중국학회, 『중국학』, 제40집. pp.420-425.

최성일 · 조준현, 2013, 「서부대개발 사업 이후 중국서부지역 도농격차의 추이와 요인 분석」, 부산대학교 중국연구소, 『CHINA연구』, 제14집. pp.95-102.

최명해, 「중국의 新성장 동력, 도시화」, 삼성경제연구소, 2013.2.5

곽복선, 「中, 도시화를 알면 시장이 보인다」, KOTRA, 2009.12

곽복선 · 정다은, 「닻 올린 中 권역개발, 내수시장 진출 열쇠」, KOTRA, 2011.11

KOTRA, 「中 서부대개발 전략 실시 10년의 성과」, www.globalwindow.org, 2009.10.26

KOTRA, 「시셴신구 중국 서부 명품도시로 개발」, www.globalwindow.org, 2011.6.23

KOTRA, 「중국 광저우 난샤신구, 대륙의 홍콩으로 탈바꿈한다」, www.globalwindow.org, 2012.10.29

'中国消费仍处高速增长区间扩大消费面临四大机遇', 人民日報, 2012.9.17

'六大經濟方略定調明年政策走向', www.cei.gov.cn, 2012.12.18

2012中國統計摘要, 中國統計出版社, 2012.5

國務院, 西部大开发十一五規劃, 2007.1

國務院, 促进中部地区崛起規劃, 2009.9

國家發展和改革委員會, 東北振兴"十二五"規劃的通知(发改东北[2012]641號), 2012.3.18

國家發展和改革委員會, 西部大开发十二五規劃, 2012.2

國務院, 國務院關於印發全國主體功能區規劃的通知,國發[2010]46號 2010.12.21

國家發展和改革委員會, 中原經濟區規劃(2012-2020), 2012.12.3

國家發展和改革委員會, 黔中經濟區發展規劃, 2012.8.12

國務院, 中華人民共和國國民經濟和社會發展第十二個五年規劃綱要, 2012.3.16

廣東省人民政府, 廣東省國民經濟和社會發展第十二個五年規劃綱要, 2011.4.19

江蘇省人民政府, 江蘇省國民經濟和社會發展第十二個五年規劃綱要, 2011.3.8

河南省人民政府, 河南省國民經濟和社會發展第十二個五年規劃綱要, 2011.4.20

湖北省人民政府, 湖北省國民經濟和社會發展第十二個五年規劃綱要, 2011.3.27

胡錦濤, 中國共產黨第十八次全國代表大會上的報告, 2012.11.8

國務院, 國務院關於拉薩市城市總體規劃的批復(國函〔2009〕27號〕, 2009.3.12

國務院, 國務院關於武漢市城市總體規劃的批復(國函〔2010〕24號〕, 2010.3.8

國務院, 國務院關於深圳市城市總體規劃的批復(國函〔2010〕78號〕, 2010.8.16

國務院, 國務院關於鄭州市城市總體規劃的批復(國函〔2010〕80號〕, 2010.8.19

國務院, 國務院關於唐山市城市總體規劃的批復(國函〔2011〕29號〕, 2011.3.16

國務院, 國務院關於哈爾濱市城市總體規劃的批復(國函〔2011〕53號〕, 2011.5.17

國務院, 國務院關於海口市城市總體規劃的批復(國函〔2011〕54號〕, 2011.5.17

國務院, 國務院關於南寧市城市總體規劃的批復(國函〔2011〕121號〕, 2011.10.10

國務院, 國務院關於重慶市城市總體規劃的批復(國函〔2011〕123號〕, 2011.10.15

國務院, 國務院關於長春市城市總體規劃的批復(國函〔2011〕166號〕, 2011.12.26

國務院, 國務院關於重慶市城市總體規劃的批復(國函〔2011〕123號〕, 2011.10.15

國務院, 國務院辦公廳關於批准紹興市城市總體規劃的通知(國辦函〔2012〕194號〕
  2012.11.26

중국중앙정부 www.gov.cn

중국국가발전개혁위원회 www.ndrc.gov.cn

KOTRA www.globalwindow.org

4

중국 서삼각 경제권
물류산업 환경 분석에
관한 연구

김
형
근

중국 서삼각 경제권
물류산업 환경 분석에 관한 연구[1]

김형근

Ⅰ. 서론

중국의 서삼각 지역[2]은 매우 빠르게 변화하고 있다. 지난 10여 년간 정부가 집중적으로 자원을 투입하여 서부대개발을 시행한 것은 주지의 사실이다. 지금 서삼각 지역은 지난 10년의 서부대개발의 발전 동력을 마중물 삼아 새로운 성장 동력을 확보하기 위한 광역경제권 개발계획을 적극 추진하고 있다. 즉, '광시 베이부만경제구', '청위경제구', '관중-텐수이 경제구'를 중점 개발지역으로 선정하고 이들 3개 경제구를 기반으로 서부대개발의 영향력을 더욱 광역화하고 있다. 관중-텐수이 경제구는 샨시성의 시안, 바오지와 간쑤성 텐수이를 중심으로 하며, 청위경제구는 충칭, 청두를 중심으로, 광시 베이부만경제구는 난닝, 베이하이

---

1) 본고는 한중사회과학학회, 「한중사회과학연구」 27호(2013)에 게재된 논문을 토대로 작성되었음.

2) 서삼각 지역은 중국 정부가 대대적으로 시행하는 서부대개발의 주요 도시들을 묶은 편의상의 표현이며, 연구계 및 산업계에서 광범위하게 쓰이는 용어로서 청위경제구의 충칭과 청두 그리고 관중텐수이경제구의 시안을 묶어 지칭한 것이다.

를 중심으로 개발할 계획인데 이들 3개 지역의 총면적은 32만km²에 달한다.[3] 일부에서는 서부대개발 지역 중 주축이 되는 3대 도시가 창장삼각주, 주장삼각주, 환발해만지역에 이어 중국의 제4의 미래 경제 성장축으로 부상할 것으로 예상하고 있다.[4] 실제로 청위경제구의 중심 도시 중 하나인 청두시는 2012년 8월 독일의 뒤셀부르크와 직접 연결하는 철도블록트레인(Block Train Service)[5] 서비스를 시작하였다. 청두시 정부는 Deutsche Bahn AG와 합작을 통해 매주 1회 청두시를 출발하여 광위엔(广元), 란저우(兰州), 아라산커우, 중앙아시아를 거쳐 독일에 도착하는 블록트레인 서비스 개시를 공식 발표하였다. 이 노선이 상용화됨에 따라 중국 서삼각 지역에서 생산된 제품이 청두에서 출발하여 독일까지 소요되는 시간은 해상운송의 절반에 가까운 16일밖에 걸리지 않는다. 이에 따라 향후 중국 서삼각 지역과 유럽을 연결하는 철도블록트레인의 운송량은 증가할 것으로 예상된다. 특히 쓰촨성의 IT산업은 급속하게 발전하고 있으며, 충칭시와 쓰촨성이 IT산업클러스터 육성으로 생산원감 절감을 위한 글로벌 IT기업의 내륙 이전전략과 서로 맞물리면서 2009년 이후 IT기업의 진출이 급속히 진행되고 있는 것도 이들 서삼각 지역의 물류산업 환경이 개선되고 있음과 무관치 않다.

지금까지는 낙후한 '오지'로 인식되어온 중국 서삼각 지역은 최근 기업들의 투자열기로 활기를 띠고 있다. 빠른 생산원가 상승과 치열한 경쟁으로 중국 연해지역 기업들의 시름이 깊어지면서 중국 정부의 정책 혜택을 집중적으로 받고 빠른 성장세를 보이는 서삼각 지역으로 눈을 돌리는 경우가 많아지기 때문이다.

---

3) 박세근, '중국 정부의 서부대개발 추진계획', 한국수출입은행 해외경제연구소, 2009.12.16
4) KOTRA, '중국은 지금 광역경제권 전성시대', 2009.12
5) 블록트레인은 일반여객열차가 아닌 화물컨테이너 전용편성열차로 고객사가 원하는 시간대에 목적지까지 직통으로 운행되는 고객 맞춤형 컨테이너 열차를 말한다.

외국기업의 대(對)서부 지역 투자(실질 투자 금액 기준)가 전체 대중 투자에서 차지하는 비중이 2005년의 5.9%에서 2010년 7.4%로 상승한 반면 동부지역의 비중은 같은 기간 84.8%에서 79.2%로 감소했다.

〈그림 1〉 지역별 외자기업 투자액 증가율 추이(%)

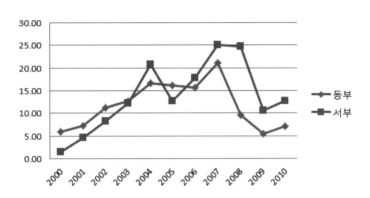

자료출처 : 중국통계연감 필자 정리

서삼각 지역에 대한 외자투자 증가율도 꾸준히 늘어나는 가운데 2006년이후 동부지역을 앞지르는 양상까지 나타났으며, 글로벌 금융위기가 벌어졌던 2008~2009년에도 동부지역과는 달리 두 자릿수의 외자투자 증가율을 기록했다. 특히 서삼각 지역의 유일한 직할시인 충칭의 외자기업 수가 2005년에서 2010년 동안 3.2배가량 늘어났고, 쓰촨성 청두(成都)에 입주한 글로벌 500대 기업은 2008년 말의 133개에서 2011년 말의 207개로 급증하는 등 일부 중핵도시에 투자가 몰리고 있다. HP, Dell, 폭스콘 등 글로벌 거물들뿐만 아니라 Haier, TCL, BOE(京東方) 등 대표 로컬 기업들의 잇따른 '서부행'도 눈길을 끌고 있다.

〈표 1〉 중국 서삼각 지역 진출 주요 기업 사례

구분	회사명	진출 지역	진출 시기	진출상황	투자액
글로벌	인텔	청두	2003	칩 밀봉재 공장 설립	6억 달러
	ProMOS	충칭	2007	8인치 칩 공장 이전	9.6억 달러
	폭스콘	청두	2007.1	청두 산업기지 건설 협의	10억 달러
		충칭	2009.9	폭스콘 과학기술 그룹 충칭 기지	10억 달러
	HP	충칭	2009.8	노트북 컴퓨터 수출제 조기지 협의	약 20억 달러
		충칭	2009.12	생산수출회사 및 결산 회사 설립	0.6억 달러
	폭스바겐	청두	2009	자동차 부품 생산설비 확충	3년간 24억 유로
	Dell	청두	2010.9	PC 생산기지, 판매, 서비스센터	-
	GE	충칭	2010.9	풍력발전기 기어 생산 공장	3억 달러
	BOSCH	시안	2010	컨벡터 공장 설립	1.45억 위안
로컬	HAIER	충칭	2007.1	HAIER 충칭 생산기지	28억 위안
	BOE	청두	2008.3	4.5세대 TFT-LCD 생산라인	30억 위안
	TCL	청두	2009.4	LCD TV 생산 공장	-
		후허하오터	2011.8	LCD 산업단지	12억 위안
	GREE	충칭	2009.12	대형 에어컨 생산기지	30억 위안
	BYD	시안	2009.12	완성차 및 부품 공장	50억 위안
	LENOVO	청두	2011	레노버 서부 PC 생산 기지	1억 달러

자료 : 현지 언론보도 종합 (2013)

서삼각 지역의 상대적으로 저렴한 생산비용을 바탕으로 경쟁력을 높이려는 원가절감형 생산지 이전이 상당부분이지만 서삼각 지역 주민들의 소득수준 향상과 경영환경 개선 등에 대한 기대감을 안고 잠재력이 클 것으로 예상되는 현지소비시장을 선점하려는 사례도 적지 않다. 자동차 판매 증가속도가 가장 빠른 서삼각 지역에서 공장을 설립하기로 한 폭스바겐, 동부연해지역인 훼저우(惠州), 우시(無錫)에 이어, 2009년 청두에서 LCD TV공장을 설립한 TCL, 서삼각 지역 핵심 도시에서 급증하고 있는 에어컨 수요를 착안해 충칭에서 에어컨 공장을 세운 GREE 등은 모두 서부 내수시장의 잠재력을 감지하고 선발자 이득(First mover's advantage)을 얻기 위해 발 빠르게 대응했다고 말할 수 있다. 최근 주목을 받고 있는 폭스콘의 대규모 내륙이전의 경우, 생산거점 분산을 통한 노무(인사) 리스크 줄이기, 비용절감 추구 등 전략적 의도도 크지만 다른 한편으로는 서삼각 지역 가전 시장의 폭발적 성장을 대비하여 기존 사업과의 시너지효과가 큰 유통사업의 기반을 마련하려는 측면도 없지 않다. 폭스콘은 연해지역에 밀집된 다른 유통 업체와는 달리 서부내륙지역에서 소규모 유통매장을 폭 넓게 세울 계획을 가지고 있다. 자신의 비교우위를 내세워 그동안 축적한 자본을 바탕으로 과감하게 '블루오션'을 향해 닻을 올린 것이다.

이처럼 서부대개발이 시작한 지 10년이 지난 지금, 인프라 개선, 도시현대화 등 상전벽해의 변화가 일어나면서 서삼각 지역이 또 하나의 황금시장, 미래 새로운 성장의 축이 될 것이라는 낙관적인 기대가 형성되고 있다. 여전히 불확실성이 매우 높은 시장이지만 기업들의 진출 증가세를 통해 서삼각 지역의 리스크가 과거보다 줄어들었다는 점을 엿볼 수 있다. 경영여건의 제고와 발 벗고 나서는 지방정부들의 '외자유치 경쟁'도 서삼각 지역의 매력도를 높이는 중요한 요인이지만 무엇보다도 중국 정부가 서부대개발을 추진하는 확고한 의지, 그리고 지난 10년간 이룬 가시적 성과가 기업들에게 서삼각 지역 미래 성장에 대한 믿음을 가져다주어 투자 열기를 불러일으킨 것이 아닌가 생각해볼 수 있다. 따라서 향후 빠른 발전이 예상되는 중국 서부내륙지역의 3대 주요 경제권, 즉 서삼각 주요 경제권 현황 파악과 더불어 현지 물류산업에 대한 운송수단별 검토가 필요하다는 데 본 연구의 목적이 있다.

Ⅱ. 선행연구 분석

중국 서삼각 지역 개발 및 우리기업의 진출에 관한 연구의 문헌 고찰 내용은 국내 연구와 중국 내 연구로 나누어 살펴보았다. 먼저 국내연구로 박장재(2000)는 '중국의 지역경제 발전 현황과 서부대개발 정책의 의의'[6]에서 중국은 사회간접자본 건설을 주축으로 하는 다양한 정책을 계획 추진하고 있으며 어느 정도의 성과도 있을 것으로 기대되나, 현실적 상황을 고려할 때, 단기적으로는 큰 성과를 거두기 어려울 것으로 전망하였다. 김정화(2002)는 '서부대개발을 위한 중국의 전략과 전망'[7]에서 중국정부가 서부대개발을 추진해갈 수밖에 없는 배경을 사상, 경제, 정치 분야로 나누어 살펴보고, 서부대개발의 추진체계와 구체적인 내용에 대해 기술하였다. 김성화(2004)는 '중국 서삼각 지역 개발을 위한 투자관련 법제의 연구'[8]에서 서부지역의 투자환경을 근본적으로 변화시켜야

---

6) 박장재, '중국의 지역경제 발전 현황과 서부대개발 정책의 의의', 한국외국어대학교 대학원, 석사학위논문, 2000

7) 김정화, '서부대개발을 위한 중국의 전략과 전망', 서강대학교 대학원, 석사학위논문, 2002

8) 김성화, '중국 서삼각 지역 개발을 위한 투자관련 법제의 연구', 경기대학교 대학원, 석사

하는 시급한 현실을 감안하여 새로운 투자전략과 투자환경에 관한 연구를 진행하였다. 손원재(2005)는 '중국 서부대개발과 한국기업 진출 전략'[9])에서 중국이 추진하고 있는 서부대개발에 대해 체계적인 분석이 절실히 필요하며, 구체적 서부대개발의 추진 배경과 경제, 정치, 사회 분야에서 전략적 배경 등을 살펴보고, 서부지역에 한국기업이 진출할 경우의 유불리를 살펴보았다. 김영국(2006)은 '중국 서부대개발과 한국기업 진출 전략에 관한 연구'[10])에서 중국의 지역경제 개발전략에서 나타난 지역 간의 불균형 상태를 개선하기 위해 추진하고 있는 서부대개발 전략에 대해 분석하고 서부지역의 발전 가능성을 파악해 한국기업의 진출 전략을 제시하였다. 맹연(2010)은 '칭짱철도가 서부대개발에 미치는 영향'[11])에서 중국 서부대개발 정책의 의미, 배경, 내용 및 중국 철도현황, 칭짱철도 현황을 분석하고, 칭짱철도 개통 전인 2005년과 개통 후인 2007년 데이터와 자료를 통하여 칭짱철도가 서부대개발에 경제, 사회, 국제무역에 미친 영향을 실증적으로 분석하였다. 중국 내 관련 연구로 쑨지우원(2003)은 '我国西部大开发战略重点的调整研究'[12])에서 지역학 이론을 근간으로 하여 서부대개발 전략의 조정에 관해 분석하고, 서부대개발 정책 시행 초기의 경제현황, 산업구조, 인프라 확충 등에 대한 실증분석을 통해 서부대개발의 파급효과를 도출하였다. 위장샤(2006)는 '中国西部公路网规模研究'[13])에서 서부대개발 도로건설에 관한 지리 환경, 인문사회요소,

---

학위논문, 2004

9) 손원재, '중국 서부대개발과 한국기업 진출 전략', 숭실대학교 대학원, 석사학위논문, 2005

10) 김영국, '중국 서부대개발과 한국기업 진출 전략에 관한 연구', 국민대학교 대학원, 석사학위논문, 2006

11) 맹연, '칭짱철도가 서부대개발에 미치는 영향', 중앙대학교 대학원, 석사학위논문, 2010

12) 孙久文, '我国西部大开发战略重点的调整研究', 中国人民大学 博士学位论文, 2003

13) 于江霞, '中国西部公路网规模研究', 长安大学 博士学位论文, 2006

경제적 기반, 교통 환경 등에 대해 조사 분석하여 서부대개발 도로건설과 서부경제발전의 관계를 도출하였다. 칭쏭(2005)은 '西部开发与资本市场'[14]에서 자본시장과 지역경제의 관계를 실증분석하였으며, 서부대개발의 문제점에 대한 분석을 통하여 자본시장이 서부대개발 중에서의 지위와 효과에 대한 연구를 진행하였다. 류젠원(2006)은 '中国西部大开发的政治经济分析'[15]에서 중국 개혁개방 이래 지역발전의 불균형이 지속적으로 확대됨에 따라 발생한 정치, 경제적 위험요소를 제시하고 서부대개발 전략의 성과를 분석하여 서삼각 지역 내부격차에 대해 전면적인 비교분석을 진행하였다. 또 경제적 시각에서 서부대개발 효과가 현저하지 못한 원인에 대해 분석하고 해결방안을 제시하였다. 차오방잉(2006)은 '产业集群成长与西部地区经济发展研究'[16]에서 서삼각 지역 현황에 비춰 산업클러스터의 성장요소를 통해 서삼각 지역 산업클러스터의 성장환경에 대해 객관적으로 분석하고, 실증분석을 통해 산업군이 서부 산업구조 조정과 경제 활성화에 미치는 효과에 대해 기술하였다.

선행연구 분석 결과 이전의 연구는 주로 권역 개발계획이 개발대상지역의 경제발전에 초점을 맞췄다면 최근의 광역경제권 개발계획은 인접 성시를 아우르는 소비시장 확대와 주변지역과의 경제통합(경제벨트화)과 분역을 동시에 추진하고 있다는 점을 알 수 있었다. 이에 본 연구는 향후 중국의 새로운 발전축이 되어 부상할 지역으로 예상되는 서삼각 지역 중 3대 경제구에 대한 기초 연구를 수행하였다. 특히 서삼각 지역 서삼각 경제권의 중심이 되는 청두, 충칭, 시안 지역을 중점적으로 보았으며, 그 지역의 물류환경에 대한 조사와 향후 전망 및 진출방안에 중점을 두었다.

---

14) 青松, '西部开发与资本市场', 西南财经大学 博士学位论文, 2005
15) 柳建文, '中国西部大开发的政治经济分析', 南开大学 博士学位论文, 2006
16) 曹邦英, '产业集群成长与西部地区经济发展研究', 四川大学 博士学位论文, 2006

본 연구는 서부 3대 경제권에 대한 현지 실사 내용과 보다 구체적인 진출 방안 도출을 위한 전망을 구체적으로 기술하였다는 데 기존의 연구와 구분되며, 연구의 의의가 있다.

Ⅲ. 서삼각 경제권 3대 주요 도시 물류여건 분석

서삼각 지역의 물류산업 수준은 아직 기초단계에 있다고 할 수 있다. 서삼각 지역의 기업들은 현대 물류서비스의 수요에 대한 인식이 부족하고, 현대 물류 관념이 기업에 보편화되지 못했다. 물류서비스 수준이 낮아 대부분의 기업들은 오직 한 가지 서비스 혹은 부가가치가 낮은 물류서비스를 제공할 뿐이다. 서삼각 지역의 자원 우위를 활용하지 못하고 있고, 기술적으로 제한이 있어 완전한 물류서비스와 물류해결방안을 내놓지 못하고 있다. 동시에 물류산업의 전체 시장 메커니즘이 불완전한 것도 물류산업 발전을 저해하는 중요한 원인이라고 볼 수 있다. 그러나 물류발전의 각종 지표로 판단할 경우, 서부대개발 시작부터 10여 년 동안 큰 발전을 가져왔다. 한 지역의 물류발전 수준은 일반적으로 지역의 물류량과 규모의 변화추이로 살펴볼 수 있다. 또한 한 지역의 물류발전은 물류량, 물류총생산액, 교통기초시설, 물류투자량, 물류기업의 규모와 물류네트워크 구성 등 지표로 가늠할 수 있다.

1. 서삼각 지역의 물동량 추이

중국 서삼각 지역의 국유기업 및 일정 규모 이상 비국유기업 공업생산액의 연평균 성장률은 2007년부터 2010년까지 연간 28.11%에 달하였다.

특히, 2010년 서삼각 지역은 공업생산액 28,013.5억 위안을 완성하여 전국의 17.5%를 차지하였다. 제조업이 서삼각 지역에서 빠르게 발전하며 서삼각 지역 경제성장의 견인차 역할을 하고 있으며, 동시에 생산물류 수요도 빠르게 증가하면서 서삼각 지역 물류산업 발전의 활력소가 되고 있다.

서삼각 지역의 2010년 사회소비재 도소매총액은 27,255.1억 위안으로 전국의 17.36%를 차지하였으며, 같은 기간 연평균 성장률은 20%를 웃돌았다. 서삼각 지역의 전체 화물 물동량의 증가도 눈부시다. 전년대비 성장률이 23.81%를 달성하여 전국의 화물물동량 증가율을 크게 상회하는 수준이었다. 이는 서삼각 지역의 화물물동량이 지속적이고 안정적으로 증가하고 있음을 증명한다. 2010년 서삼각 지역의 수출입상품 총액은 1,235.3억 위안으로 전국의 4.16%를 차지하였으며, 그 비중은 2009년 동시기에 비해 18.85%가 성장하였다.

이상 지표를 통해 전반적으로 판단하면, 서삼각 지역의 물류산업은 전 세계적인 금융위기의 영향을 이겨내고 지속적으로 발전하고 있음을 나타낸다.

2. 서삼각 지역의 물류 총생산액

물류산업이 날로 국민경제발전의 기초산업과 지주산업으로 자리매김을 해가고 있는 상황에서, 물류발전 수준이 한 국가의 현대화 수준과 종합적 경쟁력을 평가하는 중요한 지표 중 하나로 되고 있다. 물류산업은 서삼각 지역의 경제발전을 추진하고 다른 산업과의 시너지 효과를 발휘하는 데 중요한 역할을 하고 있다.

<표 2> 2007-2010년 서삼각 지역 물류량 추이

연도 /물류량	국유 및 규모이상 비국 유기업 공업생산액 (억 위안)	사회소비재 도소매총액 (억 위안)	사회화물순환량(억톤 * 킬로미터)	수출입 상품총액 (억 달러)
2007	14,223.8	15,730.7	10,867.6	785.9
2008	23,647.8	19,239.0	16,403.0	1,067.3
2009	24,212.2	23,039.0	17,732.6	915.0
2010	28,013.5	27,255.1	19,331.4	1,235.3
연평균 성장률(%)	28.11	20.12	23.81	18.85
2010년 전국총액	160,030	156,998	137,329	29,728
서삼각 지역 비중(%)	17.51	17.36	14.51	4.16

자료 : 2007-2011년 중국통계연감

물류총생산액이 지역생산총액에서 차지하는 비중으로 한 지역의 물류 수준을 평가할 수 있다. 중국물류통계연감에서는 한 지역의 물류총생산액은 교통운송업, 창고업, 우편배달업 등 세 개 부분의 생산액 합계로 구성된다고 정의하고 있다.

2010년 서삼각 지역의 사회적 물류비용은 4,393.76억 위안에 달하며 서삼각 지역 GDP의 5.96%를 차지하였다. 또, 2008년부터 2012년까지 서삼각 지역의 사회적 물류비용이 서삼각 지역 GDP에서 차지하는 비중은 매년 증가하는 추세를 나타냄으로써 물류산업이 서삼각 지역 경제발전에 있어서 중요한 요소로 부각되고 있음을 알 수 있다. 즉, 서삼각 지역 물류산업 발전을 추진하는 것은 서삼각 지역 경제발전 수준을 높이는 데 중요한 의의를 가진다고 할 수 있다.

<표 3> 2007~2010년 서삼각 지역 물류총생산 및 비중 추이

연도	서삼각 지역 물류총생산액 (억 위안)	서삼각 지역 GDP총생산액 (억 위안)	비중(%)
2007	2,764.24	47,864.14	5.76
2008	3,010.95	58,346.60	5.16
2009	3,631.21	66,861.28	5.43
2010	4,393.76	73,747.99	5.96

주 : 물류총생산액=교통운송총부가가치+창고업총부가가치+우편배달업 총부가가치
자료 : 2007-2011년 중국통계연감

1) 청두

"蜀道之難 難於上靑天"[17] 시선(詩仙) 이백(李白)이 지은 '촉도난(蜀道難)'의 한 구절이다. 산이 깊은 만큼 교통 발달이 더딜 수밖에 없는 환경에 속한 지역이 바로 쓰촨성 청두이다. 이처럼 불리한 천혜의 물류적 환경을 타개하고 경제발전의 원동력으로 삼는 것을 목적으로 쓰촨성 정부는 2008년 서부경제 발전 전략을 제시하였다. 쓰촨성은 '촉도 험난(蜀道險難)'의 속박에서 벗어나기 위하여 청두를 쓰촨성의 중심으로서 서부경제권을 육성하기 위한 지역물류센터 건립, 서부 최대 국제철도 허브, 중국 4대 여객, 화물 항공허브, 서부권 고속도로 허브 건설 프로젝트를 추진 중이다. 청두시는 청위(成渝)[18] 성정부의 강력한 지원하에서 종합 교통허브 및 지역물류센터에 대한 건설을 도시발전전략 및 투자환경개선

---

17) 촉나라 가는 길 어려워라. 푸른 하늘 오르기보다 더 어렵구나.
18) 청두와 충칭을 하나로 표현하는 경우 사용되는 어휘

이라는 확실한 목표를 설정하고 서삼각 지역 도시 중 가장 먼저 서삼각 지역 물류센터 건설에 박차를 가하고 있다.

중국 국무원은 청두시를 중국 서남지역의 과학기술, 경제, 문화의 중심(3개 중심)과 교통허브 및 통신허브(2개 허브)로 지정하여 현재 진행 중인 서부대개발의 전략적인 기지로 활용할 계획이다. 이에 따라 청두시에서는 '7대 중점 공업원구'를 개발·운영하고 있으며, 2012년까지 '4대 물류원구', '4대 물류센터', '50개 배송센터'를 구축하고자 계획을 수립하고, 현재 개발 사업을 한창 진행하고 있다.

① 철도

'촉도 험난(蜀道 險難)'의 변화는 철도에서 시작되었다. 2008년 이후 쓰촨성과 철도부는 4회에 걸쳐 MOU를 체결하였다. 쓰촨성에서 출발하는 노선은 기존 4개에서 12개로 증편되었으며, 특히 고속열차를 통해 베이징과 광저우까지는 6시간, 동북지역의 중심인 선양과 경제수도인 상하이까지는 8시간 내에 도착할 수 있는 철도노선을 운영할 계획이다. 뿐만 아니라, 중국 경제의 엔진 역할을 하고 있는 장강삼각주, 주강삼각주, 환발해 등 경제권인 연해지역에까지도 앞서 언급한 노선의 지선을 연결해 철도 물류의 획기적인 전기를 마련하고 있다.

청두시는 현재 청두철도컨테이너센터, 다완(大弯)철도센터 등이 포함되는 철도컨테이너물류구(區)와 철도 분산 화물센터를 운영하고 있는 등 15곳의 철도 컨테이너센터를 운영 중에 있으며 그중 1곳은 아시아 최대 규모를 자랑한다. 현재 중국 내 9개 도시로 향하는 철도 화물 노선을 개통하여 운영 중에 있으며 그중에서 상하이, 선전까지의 5정열차(五定班列)[19]는 이미 서삼각 지역에서 안정적으로 자리매김하였다.

---

19) 중국 철도부가 시장경제의 신속한 발전에 적응하고자 내놓은 쾌속 화물 운송열차로서,

청두시는 2015년까지 중국 서삼각 지역 제일의 철도화물허브를 구축할 예정이다. 서삼각 지역 제일의 철도허브가 구축되면 예상 컨테이너 처리량은 연간 100만 개에 달할 것이며, 화물전용 열차는 15편에 이를 것으로 전망된다.

〈표 4〉 청두시 교통 인프라 현황 및 투자 계획

철도 관련 투자 계획 (2015년)	2012년 항공 현황	항공 투자계획
○ 신설 철도 연장 : 4,900km ○ 투자 예산 : 3,100억 위안(약 52조원) ○ 철도 관련 프로젝트 : 15개 ○ 컨테이너 표준화 제작 : 250만 개	○ 여객처리량 : 2,264만 명/년 ○ 화물처리량(특송 포함) : 37.8만 톤/년 ○ 제1터미널 화물처리 능력 : 40만 톤 ○ 국내 연결도시 : 80여 개 ○ 국제 연결도시 : 37개	[제2터미널 개항 후] ○ 여객처리량 : 4,500만 명/년 ○ 화물처리량(특송 포함) : 120만 톤/년 ○ 제2터미널 화물처리 능력 : 50만 톤 ○ 국제 직항노선 : 20여 개

자료출처 : 청두시 물류판공실(2013)

2012년 1월 1일부로 청두발 화물운송 열차의 운행 속도를 상향 조정할 예정이다. 이렇게 되면 상하이, 션전까지의 운송시간이 60시간 이내로 단축될 것이다. 또한 2011년 연말까지 청두에서 출발하는 화물이 아라산커우(阿拉山口)에서 로테르담(Rotterdam)까지 직통하는 5정열차를 개통할 것이며, 현재 시범운행을 준비 중에 있다. 청두에서 유럽까지 직통열차가 개통되면 청두는 중국 서남지역의 물류허브로 확실한 고지를 점할 수 있을 것으로 예상된다.

5정은 定点(확정된 origin-destination), 定线(확정된 노선), 定车次(확정된 편수), 定时(확정된 운영시간), 定价(확정된 가격)의 특징을 줄여서 표현한 것임.

② 항공

청두의 쌍류(双流)국제공항은 중국 중서부에서 가장 큰 민간운영 공항이다. 2009년 여객과 화물 처리량 모두 서삼각 지역 제1위를 차지하였다. 2009년 9월, 청두시는 중국에서 4번째로 공항 제2 활주로를 건설하였으며, 세계에서 가장 큰 여객기인 Airbus A380도 이착륙이 가능한 활주로를 보유하고 있다. 또한, 청두 지역에 입주해 있는 다국적기업 및 IT기업의 항공물류 수요에 부응하기 위하여 제2터미널을 2011년 말까지 증설하여 운영에 투입되면 여객 및 화물 처리량의 비약적인 증가가 예상된다. 증설되는 제2터미널은 중서부 지역에서 가장 선진적이고 처리능력이 뛰어난 항공서비스를 제공하게 될 것이다.

쌍류(双流)국제공항은 현재 국내 노선 80여 개, 국제 노선 37개를 운영하고 있으며, 화물노선도 13개에 이른다. 가장 특징적인 것은 서삼각 지역에서 유럽으로 직항하는 화물노선으로, 이는 청두공항이 유일하다. 2012년까지 청두발 미국, 유럽, 일본, 중동까지의 화물직항로를 개설할 계획이다. 2015년까지 여객처리량은 4,500만 명, 화물(국제특송) 처리량은 10,000톤, 직항로 20개 노선으로 늘릴 계획을 가지고 있다. 계획이 순조롭게 진행되면 중국 제4대 항공허브 및 유럽으로 향하는 항공화물 허브로 부상할 것이다.

③ 도로(서삼각 지역 육상물류허브)

2011년 쓰촨성은 새롭게 6개 노선의 고속도로 건설 프로젝트를 시작했다. 건설 중인 고속도로 총연장은 중국 내 1위에 속한다. 중국 최대 육상운송 물류센터인 청두 전환형 물류기지(成都传化物流基地)[20]에서는 전

---

20) 청두 전환형 물류기지(成都传化物流基地)는 청두 물류센터의 핵심 프로젝트로 10억 위

국 각 도시로 향하는 200여 개의 노선이 현재 운영되고 있다. 청두의 화물정보시스템은 현재까지는 낮은 수준으로 운영되고 있다. 그러나 당국은 향후 시스템의 질적 향상을 통한 서삼각 지역 화물운송 허브로 부상시킬 계획이다.

한편, 청두시 남쪽에 위치한 롱촨 물류센터는 양자강을 활용한 수상운송 허브로 부상시키기 위한 건설에 박차를 가하고 있다. 조만간 루저우항(泸洲), 충칭항(重庆)까지 연결하는 정기 컨테이너선이 개통될 것이다. 청두에서 출발하는 화물이 양자강을 통해 상하이까지 연결되고 더 나아가 세계로 뻗어나가는 중국 서삼각 지역의 물류허브로 부상할 것이다.

④ 청두시 물류산업 발전 전망

청두시를 포함하여 쓰촨(四川)성의 교통운수, 창고 및 우체국업의 생산총액은 2008년 567.5억 위안으로 GDP(1조 2,506.3억위안)의 4.5%를 차지하고 있으며, 그 자체적으로 2005년 이후 연평균 14.3%의 높은 증가세를 보이고 있어 향후 물류시장 발전 가능성이 높은 지역으로 평가되고 있다. 이러한 이유로 청두시에는 세계 500대 기업 중 141개 기업이 진출해 있으며, 이들을 서비스하기 위해 TNT, Fedex, UPS 등 세계적인 물류전문 기업이 진출해 있다. 이렇듯 물류산업에 대한 지방정부의 강력한 육성의지로 단기간 내에 청두의 교통, 물류환경은 큰 변혁기를 거치고 있다. 서부물류판도를 완전히 뒤바꿔놓은 것이다.

안이 투자된 대형 프로젝트임. 2010년 말 동 물류기지에서의 매출액은 23.35억 위안에 달했음.

<표 5> 청두시 물류산업 발전 계획

구분	내용
7대 중점 공업원구	- 청두시 하이테크 신기술 개발구 우허우(武侯)과학기술 단지중국 서부 신발 공업원구 - 청두시 롱탄 도시공업 집중발전구 - 신 에너지 산업기능구 - 청두시 평저우 석유화학 산업기능구 - 신 원자재 산업기능구 - 자동차산업 종합기능구
4개 물류원구	- 청두 국제 항공 물류원구 - 청두 국제 컨테이너 물류원구(철도 컨테이너) - 청두 칭바이장 물류원구(철도 벌크화물) - 청두 신진 물류원구(철도 벌크화물)
4대 물류센터	- 신두 물류센터 - 롱취안 물류센터 - 쌍류 도로물류센터 - 청두 보세물류센터

자료출처 : 청두시 물류판공실(2013)

2) 충칭

국무원이 발표한 제3호와 제8호 문건에는 충칭시를 양자강 상류지역의 교통허브로 육성하여 국제통상의 관문도시로 성장시킬 것이 명시되어 있다. 장강삼각주, 주강삼각주, 환발해삼각주에 이은 전국적인 물류허브 도시로 육성시킴과 동시에 서남지역을 물류허브의 핵심도시로 성장시킨다는 계획이다. 충칭과 주요 국가 및 도시를 잇는 5대 주요노선(충칭-유럽, 충칭-동남아, 충칭-광저우, 충칭-상하이, 충칭-베이징, 천진)이라 일컫는 국제통상 대통로와 4개 중요도시(바오터우, 라싸, 난닝, 푸저우)와 연결되는 국가급 종합 운송 대통로 건설프로젝트(5+4 전략)가 2020년까지 계획되어 있다.

충칭시의 물류기업은 지역 물류산업의 발전에도 불구하고 장강 하류 지역과 비교하여 열악한 수준에 머물고 있다. 물류기업의 주요 특징을 살펴보면 우선, 기업의 규모, 서비스 수준, 경영수준 등이 장강 하류의 물류기업보다 낮고, 대부분이 성(省) 내부 및 주변 지역 화물 처리에 치중하고 있다. 또한 주로 단순 운송, 보관서비스 위주의 영업을 하고 있어 부가서비스 수준이 떨어지고, 설비 및 정보화 수준이 매우 낮은 실정이다. 이와 같은 충칭시 물류기업의 전반적 상황으로 A급 물류기업의 수도지역의 물류시장 성장 속도에 비해 뒤처지고 있다. 충칭시 A급 물류기업 중 5A급의 경우에는 장강 상류의 다른 지역에 비해 많이 분포되어 있으나, 전체적으로는 전국의 1.2%(11개) 수준에 머물고 있다. 이는 후베이(33개), 후난(55개), 쓰촨(28개) 등 장강 상류의 다른 지역에 비해서도 A급 물류기업이 부족한 실정[21]에 있다.

따라서 우수한 물류서비스와 시스템을 갖춘 우리 물류기업이 충칭지역에 진출한다면 성(省) 내부의 물류뿐만 아니라 해외 물류 분야까지도 충분한 서비스 경쟁력을 갖출 수 있을 것으로 판단된다.

충칭시 정부는 물류산업 육성을 위해 3개(항공, 철도, 육송) 물류기지를 건설하여 운영하고 있다. 충칭 장베이(江北)국제공항에 항공물류기지를 건설하여 운영하고 있으며, 충칭시 서삼각 지역에 철도 컨테이너 물류기지를 운영하고 있다. 충칭시 남부지역에 난펑(南彭)육송 물류기지를 건설하여 운영 중에 있다. 한편, 양자강 수계에 걸쳐 있는 충칭시는 4개의 항구(鱼嘴果园港, 南岸区东港, 江北寸滩港, 西彭黄谦港)를 건설하여 운영하고 있다.

한편, 충칭시는 물류정보화 건설에도 큰 관심을 보이고 있다. 공공 물류정보 플랫폼을 구축하여 항공, 철도, 수운 정보를 한곳에 집중시켜 관련 정보를 해당 기관 및 업체와 공유함으로써 물류 처리효율을 높인다

21) KMI, 한중 물류협력 연구 장강유역 물류세미나, 2010.10.27

는 계획을 가지고 있다. 이를 실천하기 위해 충칭시는 중국 내 100대 물류기업을 유치하여 선도기업으로 육성하고, 이들 기업이 전반적인 물류수준을 높일 수 있도록 각종 지원을 아끼지 않는 '규모화, 전문화, 네트워크화'라는 '3대공정'을 실시할 것이라 공언하고 있다.

① 철도

충칭시는 서삼각 지역의 최대 철도 허브 도시로서, 철도 연장이 1,394km에 이른다. 2010년 충칭시 철도운송량은 2,196만 톤이었으며, 2015년 예상 운송량은 5,000만 톤에 달할 것으로 전망된다. 현재 충칭시는 시 중심을 철도허브로 하여 5개 간선과 2개 지선으로 연결된 철도망이 구축되어 있다. 2020년까지 충칭시는 시를 중심으로 한 허브와 5개 간선, 4개 지선으로 철도망을 확장할 계획을 가지고 있다.

지난 2011년 3월 19일 중국 내륙(TCR)철도와 유라시아 대륙철도의 전구간이 연결되어 개통되었다. 동 노선은 아라산커우(阿拉山口)에서 로테르담(Rotterdam)까지 직통하는 것이며, 개통 4개월 만인 2011년 7월까지 40피트 컨테이너 200개를 운송하였다. 적재된 수출품목으로는 노트북 컴퓨터 약 26만 대와 모니터 약 7만 대이다. 앞서 언급했던 청두는 2011년말 시범운행을 준비 중이나 충칭시는 이미 운행에 들어갔다. 철도운송의 경우는 충칭시가 서삼각 지역에서 우위를 점하고 있는 것으로 볼 수 있다. 이는 중앙 및 지방정부의 서삼각 지역 물류산업 육성에 대한 강력한 의지가 그대로 반영된 것이라 짐작되며, 따라서 향후 발전 가능성도 매우 높다고 판단된다. 향후, 충칭시에 고속철도가 개통되면 베이징까지는 7시간대, 상하이까지는 8시간대, 광저우까지는 6시간대에 도착 가능해져 충칭시는 중국 대도시와 1일 생활권에 접어들게 된다.

② 복합운송(철도＋수로)

충칭은 양자강 수계에 걸쳐 있어 상하이와 선전을 거쳐 미주와 유럽으로의 수출도 가능하다. 그러나 이동시간이 철도나 육로운송에 비해 오래걸리는 단점으로 이용량이 그리 많지 않은 상황이나 점차 다양한 활용및 발전 방안이 나올 것으로 기대된다.

현재 운영되고 있는 충칭-상하이 노선은 2011년 6월 30일 시범 개통되었으며, 7월에는 쑤저우 노선도 추가되었다. 선전 노선의 경우 상하이노선보다 좀 더 일찍 운행이 시작되어 2011년 7월 현재 20피트 컨테이너1,043개를 운송하였으며, 이들 컨테이너를 통해 약 85만 대 노트북을 운송하였다. 충칭에서 상하이까지의 운행거리는 2,100km이며 운행시간은88시간이 소요되고 있다. 그러나, 2011년 9월 5정열차를 개통시켜 운행시간을 60시간대까지 단축시켰다. 충칭-선전 노선의 운영현황은 선전까지 운행거리가 1,867km이며 운행시간은 53.5시간이 소요되고 있다. 현재는 주 1회 정기노선이 운행 중이나 물동량에 따라 증편도 가능하다.

③ 항공

2010년 충칭의 항공화물(특송 포함) 처리량은 19.8만 톤이었으며, 2015년까지 계획 처리량은 100만 톤에 이를 것으로 전망하고 있다. 충칭공항은 2010년에 제2활주로를 완공하였다. 85대가 주기할 수 있는 공간을 확보하고 있으며, 8만㎡ 규모의 화물터미널을 운영하고 있다. 공항 내 보세창고는 1.2만㎡ 규모이다. 연간 여객처리량은 3,000만 명에 달하며, 화물처리 능력은 연간 100만 톤에 달한다.

현재 7개 항공사가 취항하고 있으며, 6개 화물노선이 운영되고 있다. 매주 20편의 화물기가 운행하고 있으며, 화물처리량은 주당 1,500톤이다. 중국국제항공이 가장 많은 주 3회 운항을 하고 있으며, 그다음으로는 타이항공이 주 2회 운항을 하고 있다. 그 밖에 동방항공, 양자강항공, 아틀라스항공이 주 1회 운항을 하고 있다. 충칭을 출발하는 여객기는 매주 46편에 이르며, 그중 절반은 홍콩과 대만 노선이다. 우리나라와도 주 2회 정기편이 운항 중이다. 여객기에도 약간의 화물이 실린다. 그러나 그 비중은 주당 260톤 정도로 미미하다.

④ 도로

2010년 말 기준 충칭시 영업용 차량 등록대수는 27만 대이다. 화물운송량은 6.9억 톤에 달했으며, 환적화물량은 589억 톤에 달했다. 2015년까지 충칭시 육로 운송량은 9.8억 톤에 이를 것으로 전망된다. 현재 충칭시는 '2환 8사(二环八射)'22)의 고속도로 골격을 갖추고 있다. 2020년까지 '3환 10사(三环十射)'23)의 고속도로망을 구축할 예정이다. '3환 10사' 계획이 순조롭게 진행되면 청두까지는 2시간대, 꾸이양까지는 4시간대, 시안·창샤·쿤밍까지는 6시간대, 우안·란저우·정저우까지는 8시간대에 연결이 가능해진다.

충칭시는 도로물류기지를 건설하여 서삼각 지역 최대규모의 물류기지로 육성시킬 원대한 계획을 가지고 있다. 동 프로젝트에 투자되는 금액은 100억 위안 이상이 될 것이며, 계획 면적은 21km²에 달한다. 충칭시는 동 프로젝트가 완성되면 '복합운송, 현대화 창고, 화물환적, 전시·전람회, 도시배송시스템, 고부가가치 가공' 등 기능을 통합한 육로운송의 허브로 자리매김할 것으로 예상하고 있다. 동 물류기지가 완공되면 연간 화물처리량은 9,800만 톤에 달할 것으로 전망된다.

---

22) '2환 8사(二环八射)'란 2개의 순환도로와 맞닿아 있는 8개 지선을 뜻함.

23) '3환 10사(三环十射)'란 3개의 순환도로와 맞닿아 있는 10개 지선을 뜻함.

⑤ 수로운송

2010년 양자강 수로를 이용한 화물처리량은 0.96억 톤이었으며, 2015년까지 예상 운송량은 2.2억 톤에 달할 것으로 전망된다. 충칭은 서삼각 지역에서 바다로 통하는 최대항을 보유하고 있으며, 1만 톤급 화물선이 충칭까지 들어올 수 있는 항만을 갖추고 있다. 특히, 충칭 장베이촌탄항(江北寸灘港)은 양자강 상류에서 가장 규모가 큰 부두를 갖추고 있으며, 최신 설비의 컨테이너 전용 부두를 보유하고 있다. 설계 화물처리능력은 105만TEU이며, 실제 운영능력은 140만TEU이다. 향후 7개까지 선석을 추가로 건설할 예정이며, 3,000톤급 선박은 상시 정박할 수 있는 규모를 갖추고 있다. 현재 5개 선석을 사용 중에 있으며, 화물처리 능력은 100만TEU이다.

3) 시안

① 철도

시안은 전국 중요한 철도중심도시일 뿐 아니라 전국 6개 철도망 여객 운수업무의 중심도시이다. 2015년까지 시안에서 발차하고 통과하는 여객열차가 매일 125편을 넘어설 것으로 예상된다. 시안 화물취급소는 전국특급화물취급소 중 하나이며 서북과 서남지구에서 제일 큰 화물집산지이기도 하다. 현재 섬서성 내에는 간선 및 지선 철도 총 18개가 있으며 남북, 동서로 뻗어나가며 '3종 3횡, 3개 허브'라는 기본구조를 형성하고 있다. 시안은 '루치아오(陆桥) 노선', '바오류(包柳) 노선'과 '닝샤(宁西) 노선'이 만나는 교차점에 위치하고 있고 서북지역에 가장 큰 철도허브 도시이다.

시안시는 '2종 5횡, 8방향으로 연장한, 1개 도시간' 네트워크 구축 계획을 체적으로 세우고 추진 중에 있다. 2종이란 바오터우(包头)−시안(西安)−충칭(重庆), 중웨이(中卫)−바오지(宝鸡)−청두(成都)를 잇는 종열의 철도라인을 뜻하며, 5횡은 선목(神木)−수저우(朔州), 타이위안(太原)−중웨이(中卫), 황링(黄陵)−한청(韩城), 롱하이(陇海), 양안랑투씨엔(阳安襄渝线)을 잇는 횡렬의 철도라인을 뜻한다. 8방향으로의 연장은 시안(西安)을 출발하여 정저우(郑州) 여객전용선, 시안(西安)−타이위안(太原) 여객전용선, 시안(西安)−청두(成都) 여객전용선, 시안(西安)−란저우(兰州) 여객전용선, 시안(西安)−후마(侯马), 시안(西安)−허페이(合肥), 시안에서 핑량(平凉), 시안에서 인촨(银川)까지 잇는 철도 등을 일컫는다.

1개 도시 간 철도는 시안을 중심으로 바오지, 셴양, 위난을 2개의 날개로 형성된 1자형의 선로를 주축으로 하여 시안(西安)−암량(阎良)−동촨(铜川)−한청(韩城)으로 된 ∨자형의 구조로 되어 관중북환과 진령 북파형의 환형 도시간 철도망으로 구성되어 있다. 동시에 10개 지방철도 전용지선 증설도 계획 중에 있다.

② 도로

산시성 전체 도로구조는 시안을 중심으로 4개 방향으로 뻗어나가는 구도로 형성되어 있다. 종적인 도로와 방사형의 도로가 서로 맞물려 있는 구조를 사용하여 '3종 4횡'의 고속도로망을 구축할 계획이다. 즉, 3개의 남북으로 종적인 도로와 4개의 동서로 뻗어나가는 횡적인 도로로 구성된다. 그리고 시안을 중심으로 한 5개의 방사형이 도로로 구성되어 전체 연장은 약 5,000km에 달한다.

3개의 남북으로 뻗은 종적인 도로는 유상선(榆商线), 유강선(榆康线), 용한선(陇汉线)이 포함되며 총 연장은 약 2,030km에 이른다. 4개의 동서로 뻗은 횡적인 도로는 오정선(吴定线), 이부선(宜富线), 동보선(潼宝线),

백약선(白略线) 등이 포함되며 총 연장은 약 1,370km이다.

5개의 방사형 도로에는 서우선(西禹线), 서상선(西商线), 서만선(西漫线), 서한선(西汉线), 서장선(西长线) 등이 포함되어 총연장은 약 1,233km에 달하며 5개 허브도로(순환선)에는 유가선(榆佳线), 연연선(延延线), 위포선(渭蒲线), 공항신선(机场新线), 서(안)함(양) 북환선 등을 포함하여 총연장은 약 369km이다.

시안은 중국의 지리적 중심에 위치하고 있으므로 전국 간선도로망이 가장 밀집된 중심 도시이다. 시안을 중심으로 1,000km를 반경으로 하는 지역 안에는 베이징(北京), 톈진(天津), 타이위안(太原), 스쟈좡(石家庄), 정저우(郑州), 우한(武汉), 허페이(合肥), 충칭(重庆), 청두(成都), 란저우(兰州), 인촨(银川), 바오터우(包头)등 10개의 중심도시가 있는데 시안과 일일교통권을 이루고 있으며 중국의 7억 인구에게 편리를 도모해주고 있다.

시안을 중심으로 한 미자형(米字形) 고속도로 건설도 신속하게 진행되고 있는데 2007년 2,000km, 2009년 3,000km 완공, 2012년 3,800km가 준공될 계획으로 전국고속도로 망중의 섬서부분 전체공사가 완공된다. 그리하여 시안으로부터 바오지(宝鸡, 섬서성의 두번째 큰 도시)까지 1시간, 정저우까지 2시간, 우한까지 3시간, 베이징까지 4시간, 상하이까지 5시간이 걸리는 쾌속교통망 건설을 완공한다.

시안 하이테크개발구는 시안시 남부 제2순환도로(南二环)에 인접되어 있어 개발구 내 도로가 도시 주간선(主干线)과 통하고 있다. 또한 시안 로우청(绕城) 고속도로와 시안시 제3순환도로(三环)가 시안 하이테크개발구를 가로지르고 있어 개발구로부터 25분 정도의 시간이면 공항에 도착할 수 있다.

③ 항공

시안은 중국 4대 항공 중심지의 하나이다. 산시성에서는 현재 민용 및 군용이 통합되어 사용하는 공항이 모두 5개가 있으며 '1개주요, 4개보조'의 구조로 되어 있다. 국내항공과 15개의 외국항공사들이 취항하고 있으며 52개 도시로 100여 개의 노선이 개통되어 국제노선은 11개 국가 및 지역의 19개 도시로 20여 개 항로를 운항하고 있다. 시안함양국제공항은 중국의 중요한 국내간선공항으로써, 서북지역의 가장 큰 항공교통 허브가 되며 각종 항공기의 이착륙이 가능하다. 현재 개통된 국내외 항공노선은 352개가 있으며 국내 129개 도시에 취항이 가능한 상황이다. 함양공항의 제2기 공사는 현재 공사 준비단계이며 2012년에까지 준공할 예정이다. 유림, 연안, 한중, 안강공항은 모두 소형공항이며 여객수요에 따라 이전 및 확장공사를 계획하고 있다.

④ 수로운송

산시성은 수로운송망이 없는 지역으로 수로운송체계가 없지만 섬서성 전체적으로 보면 양쯔강, 황하 2개의 강이 경유한다. 수로운송의 네트워크는 구축되어 있지 않다.

Ⅳ. 결론

중국 서삼각 지역 주요 경제권은 지금도 빠르게 발전 중이다. 그러나 아직도 우리나라의 여건과 비교하였을 때 여러모로 미흡한 것이 현실이다. 몇 해 전까지 중국에 진출한 우리 기업의 일반적인 비즈니스 패턴은 현지의 낮은 임금을 활용한 임가공 완제품 생산 및 제3국 수출이었다.

1999년 이후 추진된 중국 서부대개발 사업에도 불구하고 서삼각 지역은 제도, 물류, 통신 등에서 비즈니스 환경이 아직 열악하고, 항공운반을 이용할 수 있는 반도체 등 고부가가치 제품을 제외하고는 물류비가 높아 수출의 경우 채산성을 맞추기 어려운 상황이다. 따라서 서삼각 지역으로의 진출은 현지 내수시장 공략을 목표로 해야 성공 가능성이 높아지며, 품목에 따라 중국 전역을 대상으로 할 것인지, 서삼각 지역을 타켓으로 할 것인지를 감안하여 투자규모 및 진출 도시를 결정해야 한다.

서부대개발이라는 대형 국책 프로젝트와 연관되는 틈새시장을 공략하기 위한 전략적 접근도 필요하다. 철도, 고속도로, 공항 등 인프라 건설 프로젝트는 고속버스 및 터미널, 아스팔트, 공항, 승강기 사업 진출과도 연결될 수 있다. 이와 같이 교통망 확대 및 인프라 건설, 신흥도시들의 집중육성과 함께 우리기업들의 진출 가능한 틈새시장 공략 가능성이 대두된다.

서삼각 지역 및 중국 전역의 내수는 향후에도 확대될 것이므로, 내수시장 진출에 역점을 두어야 한다. 수출시장 악화, 농민공 실업문제, 지역 간 격차 완화 등을 위해 중국당국은 8% 이상 경제성장을 위한 내수경기 부양정책을 지속할 수밖에 없는 상황이다. 다른 국가와 달리 중국은 중앙정부의 재정이 넉넉하므로 글로벌 경제위기에 효과적인 대처가 가능하다. 예를 들어, 현재의 부동산 침체기를 타개하기 위해 2012년도에 3천만 호 건설을 추진 계획을 갖고 있다. 참고로, 2011년 10월 말 현재 중국은 지난해 수준의 재정수입을 확보하였고, 동년 연말까지는 지난해 대비 20% 높은 세수가 가능할 전망이다.

농촌이 대부분인 중국 서삼각 지역 개발과 관련하여, 최근 중국정부는 농업세 폐지, 농민양로보험(중국식 국민연금, 60세 이상 농민 대상)을 시행함에 따라 농민들이 노후대비 저축한 돈을 소비하기 시작하고 있으며,

주로 TV, 냉장고 등 생활가전과 주택 개조, 태양열 난방 등 주거환경 개선에 많은 지출이 이루어지고 있다. 따라서 현재에는 사업상 채산성이 낮더라도 향후 투자가치를 감안하고, 현지 내수활성화 품목에 대한 현지 진출 및 투자 결정이 필요하다.

한류의 친화적인 분위기를 이용하여 진출하고 철저한 현지화를 통해 시장을 선점해야 한다. 서삼각 지역은 전반적으로 한류에 대한 관심이 높고 한국의 호감도가 높기 때문에 우리 기업들이 빠르게 진출하여 시장을 선점하는 것이 향후 경쟁력 확보에 유리할 것으로 판단된다.

참고문헌

김창도(2011), 「중국 서부대개발 2라운드 시작」, 친디아, 2011년 2월.

박명희(2008), 「중국의 지역발전 불균형과 그 해소전력의 모색: 중서삼각 지역개발전략을 중심으로」, 국제지역연구 제12권 제1호.

박병광(1999), 「개혁시기 중국의 지역발전 불균형: 지역간 경제격차를 중심으로」, 중소연구 통권 82호.

박종국(2010), 「중국 서부대개발 진행과정의 문제점과 시사점」, 한국수출입은행.

신용태(2006), 「중국의 지역균형발전 전략과 성별 11·5 계획」, 산업연구원.

심승진(2005), 「중국의 성/시 간 소득수렴 가설의 검증」, 국제지역연구 제9권 제2호.

썬쟈(沈佳)(2011), 「달리 봐야 할 중국의 내륙시장」, LG Business Insight, 2011년 5월.

오종혁(2011), 「서부대개발 제2막 시작: 동부와 격차는 축소되지 않았다」, KIEP.

왕진자오(2010), 「서부대개발 10년 회고와 전망」, 중국경제정보망, 2010년 9월.

이만용(2010), 「새로운 기회, 서(西) 중국의 부상」, 현대경제연구원, 2010년 8월.

이중희(2003), 「장쩌민 시대의 소수민족 정책과 서부대개발」, 아시아연구 제6권 제2호.

이철용(2011), 「중국 서부대개발, 인프라 깔기 10년」, LG Business Insight

이철용(2011), 「중국 서부대개발」, LGERI 리포트.

중국통계연감 각호.

채화정(2209).「중국 서부대개발 개황과 시사점」, 한국수출입은행 해외경제연구소.

최성일(2010).「중국 서부대개발 10년의 성과와 과제」, 한국동북아논총 제55집.

KMI(2010).「한중 물류협력 연구」, 장강유역 물류세미나 자료.

KOTRA(2010).「10년의 대개발, Mega시장으로 떠오르는 中 서부」, KOCHI자료.

KOTRA(2009).「중국은 지금 광역경제권 전성시대」, 세미나 자료.

陈栋生(1991).「区域经济研究的新起点」, 经济管理出版社.

国务院发展研究中心课题组(1994),「中国区域协调发展战略」, 北京中国经济出版社.

胡大立(2006).「中国区域经济发展差距与民营经济发展差距的相关性分析」, 上海经济研究院.

李光勋(1998).「關餘少數民族地區區域經濟合作的區域」, 經濟研究, 第2期.

刘海涛·熊滨(2004),「中部地区发展优势与劣势的比较分析」, 江西行政学院学报.

吏樹和(1995).「中國經濟增長的源泉和潛力, 經濟學餘中國經題改革」, 上海人民出版社.

魏后凯(2000).「中西部工业与城市发展」, 北京:经济管理出版社.

谢伏儋(2004).「中国收入分配的现状与政策分析」, 管理世界 第2期.

袁海霞(2003).「我国地区经济发展差异研究一从生产力不平衡结构角度的分析」, 韩中社会科
    学研究 제4권 제1호(통권5호).

张建平·赵海云(2007).「东西部区域经济合作问题研究」, 北京中央民族大学出版社.

中国统计出版社(1999~2010).「中国统计年鉴」, 中国统计出版社, 国务院,《西部大开发'12
    ·5'规划, 2012.

任颖洁·丁建国(2011).「新形势下西部物流存在问题及对策」, 中国物流与采购.

唐昭霞(2011).「新形势下西部物流产业集群发展问题的研究」, 物流商论.

尖彬(2010).「西部物流管理现代化模式的探讨」, 经济研究.

刘佼(2012).「走．到西部去-解读《西部大开发'12·5'规划》」, 工程机械文摘.

Tian Qunjian(2004), "China Develops its west: motivation, Strategy and prospect", *Journal of
    Contemporary China*, 13, 41.

Yushuf·Shahid and Weiping Wu(1997), "The Dynamics of Urban Growth in Three Chinese
    Cities", Oxford University Press.

5

중국의 해외투자 동향과
투자유치 확대 방안

장
정
재

중국의 해외투자 동향과 투자유치 확대 방안
-부산광역시를 중심으로[1]

장 정 재

I. 서론

중국의 해외직접투자(OFDI, Outward Foreign Direct Investment)는 개혁개방 정책이 막 시작된 1979년부터 시작되었다. 중국의 대외무역회사, 국제경제기술합작공사는 대외무역 경영과 국제경제협력 및 대외경제원조 등의 경험을 바탕으로 중국의 대외투자를 전면에서 주도하였다. 그러나 OFDI가 본격화한 것은 2000년대 들어서부터인데, 처음 시작할 당시에는 자원확보를 위해 아프리카에 자본을 투자하는 것으로 시작하였다.

중국의 해외투자 목적은 대부분 자원확보와 선진기술 습득에 집중되어 있다. 그러나 한국은 부존 자원이 부족하고 선진기술 확보에 주력하고 있기 때문에 중국의 해외투자 목적을 실현하기 어렵다. 중국의 해외직접투자는, 단기적인 이윤기회 활용이란 상업적 목적보다는 국가의 지속 가능한 성장과 세계적 영향력 확대를 위해 매우 전략적으로 접근하고

---

1) 본고는 한중사회과학회, 「한중사회과학연구」 32호(2014)에 게재된 논문을 토대로 작성되었음. 해당 논문은 김윤경(국무조정실 사무관)과 같이 연구되었음.

있다. 아프리카에 대한 투자가 대표적인데, 대부분 자원확보와 정치적 영향력 확대 목표에서 진행되고 있으며, 최근에는 중남미 지역으로도 확대해나가고 있다. 또한, 2000년대 후반부터는 산업구조 고도화, 글로벌화, 해외시장 확대 등으로 해외투자의 목적도 다변화되는 형국이다.

외국인직접투자 유치는 지방자치단체들에게 있어 지역경제 발전을 위한 시대적 사명이다. 지역경제와 산업에 전방위 파급효과를 가져올 수 있는 생산적인 자본 유치는 세계화·지방화 시대에 자주재원 확보로서 경쟁력을 갖출 수 있는 최고의 방안이기 때문이다. 그러나 외자유치를 위해 각 지방자치단체들마다 노력하고 있으나 실제 재량권이 많지 않기 때문에 성과로 이어지는 데는 어려운 점이 많다. 부산만 보더라도 단순히 부동산, 관광, 요식업, 도소매업, 여행업 등에 국한되어 있다. 이마저도 대부분 개인에 의한 소규모 투자에 불과하며, 그 실적 또한 저조한 실정이다.

본고에서는 중국의 해외투자 동향과 對한국 투자 현황 및 투자 특징을 분석한다. 중국자본의 부산 투자현황과 부산이 가지는 투자환경에 대해서도 알아본다. 이를 통해 부산관점에서 중국자본을 유치하기 위한, 지역 특성과 장점을 잘 살릴 수 있는 투자유치 전략을 제시하고자 한다.

기존문헌으로 이양수(2003)는 부산이 열악한 외국인투자유치조건에도 불구하고 지리적 위치, 비교적 안정된 노사문화 등 긍정적 투자유인 요소를 최대한 홍보하는 것이 필요하며 서비스업 투자 증가에 따른 외국인 투자자 및 물품구매를 위한 사무실 지원, 다국적기업의 아시아지역 본부 유치 노력, 외국인전용단지 지정 등 과감한 행정·재정적 지원이 필요하다고 서술하고 있다. 김경희·이학승(2008)은 부산이 기업하기 좋은 지역이라는 이미지를 살리고 정주환경에 대한 개선, 고기술업종 중심의 외국인투자기업 유치에 초점을 맞춰야 한다고 주장했다. 최의현·장나

(2011)는 한국에 투자한 중국기업에 대한 설문조사를 바탕으로 투자목적과 만족도를 분석하였다. 중국기업의 투자는 대부분 교역을 보조하는 역할로 중국본사 업무의 대행역할에 그치고 있다. 중국기업들은 한국 내에서 중국산에 대한 부정적 이미지와 한국의 높은 임금수준에 대해 불만족을 표시했다. 이영덕·왕미계(2014)는 중국기업이 해외직접투자를 하는 가장 중요한 동기로는 시장추구형으로 현지시장개척과 제품브랜드 추구가 이뤄진다고 주장하였다.

중국의 해외투자에 대한 선행연구는 비교적 광범위하게 지속적으로 진행되어왔지만, 지방자치단체 및 지역경제 측면에서 연구된 사례는 소수에 지나지 않는다. 지역경제 관점에서 중국자본 투자유치 확대를 위한 선행연구 역시 오래전에 이뤄졌기 때문에 현재의 투자환경과 거리가 있고 최근 변화하는 중국의 해외투자 동향을 반영하지 못하고 있다. 따라서 본 연구에서는 부산 관점에서 중국자본 유치 방안에 초점을 두고 연구를 전개하고자 한다.

Ⅱ. 중국의 해외투자 동향과 한국투자

1. 중국의 해외투자 동기와 최근 변화

중국은 1978년 개혁개방과 함께 '인찐라이(引進来, 해외자본 투자유치)' 정책을 시행해왔으며, 2000년대 들어서부터는 '저우추취(走出去, 해외투자 촉진)' 전략을 추진하기 시작하였다. 저우추취 정책의 추진 배경에는 ①위안화 평가절상 압력 등 통상마찰 요인의 완화 ②적정 외환보유고 유지 ③공급과잉 해소를 위한 국내 산업구조조정 및 새로운 시장개척 ④국내기업의 선진화 및 기술경쟁력 제고 ⑤해외자원·에너지 확보 등을 들수 있다.[2] '저우추취' 정책에 따라 각 국가(지역)들은 중국자본 유치에 적극적으로 나섰고, 중국의 해외시장 영향력은 큰 폭으로 증대되었다.

　중국의 해외투자 동기를 해외 자원개발, 외국의 기술습득, 기업의 경쟁력 강화, 투자재원의 증가 등에서 찾을 수 있다. 구체적으로는 첫째, 자원확보와 선진기술 습득에 집중되어 있다. 중국의 급속한 산업화와 경제수준 향상으로 에너지 소비가 대폭 확대되면서 세계 최대의 자원국가임에도 에너지난에 직면하였다. 이를 위해 지속적이고 안정적으로 자원 확보를 하고자 아프리카, 중남미 지역과 ODA 교류 접근 방식에 공을 들이고 있다. 둘째, 중국정부는 국영기업을 선두로 선진기술 보유기업을 매수함으로써 자국의 산업구조 고도화에도 박차를 가하고 있다. 셋째, 중국기업의 생산력 향상과 외자기업의 지속적인 투자진출로 중국에서의 공급과잉과 재고 누적 현상을 탈피하고자 한다. 이것은 소비시장 확대를 위한 것으로 중국 최대 가전기업 하이얼(海尔)이 미국에 진출한 것이 대표적이다. 넷째, 계속된 무역수지 흑자로 외환보유고가 증가함에 따라 이를 효과적으로 운용하기 위해 해외진출에 적극 나서고 있다.

　중국의 해외투자 분야가 제조업·광산채굴업·서비스업에서 부동산·건설 분야로 확대되고 있다. 2008년 세계금융위기 이후 중국건축기업의 해외 시장 진출이 미국·유럽은 정체기인 반면 아시아·아프리카는 지속적으로 확대되고 있다. 특히, 중국건축공정기업들은 선진국에서의 성공경험 바탕과 가격(낮은 원가)·기술 경쟁력 향상으로 공사수주에 경쟁적으로 참여하는 상황이다. 여기에는 중국정부의 해외진출기업에 대한 적극적 지원이 뒷받침되기 때문이다. 중국정부는 "경외투자관리방법(境外

---

2) 서창배(2011), 중국 투자유치 확대하려면 유망산업 선택과 집중해야, 부산발전포럼 Vol.
　- No.128, p.35

投资管理办法)"공포를 통해 심사비준 권한을 지방정부에 위임하고 비준절차도 간소화했다. 또한, 국가외환관리국은 "경내기업의 해외대출 외환관리 관련 문제에 관한 통지(关于境内企业境外放款外汇管理有关问题的通知)"를 통해 해외진출기업이 직면하는 자금부족 문제를 완화시켰다.

중국 개인투자자의 해외투자도 확대되고 있다. 2012년 중국개인의 투자가능자산 규모는 80조 위안으로 2008년에 비해 2배 증가했으며, 1천만 위안(한화 19억 원) 이상 자산가도 70만 명을 초과하는 것으로 보고되고 있다.[3] 개인 여유자금 증가, 위안화 강세, 자녀의 해외유학 등이 결부되면서 현지 부동산 구입사례 증가로 이어지고 있다. 특히, 중국 부동산가격 폭등과 정부차원의 규제강화가 잇따르면서 투자대안처로 해외부동산투자이민제가 주목받고 있다. 여기에다가 국가별 외국유학생 중 중국학생 비중이 호주(32.3%), 캐나다(24.7%), 뉴질랜드(23.9%), 미국(18.5%)에서 현재 계속 증가하는 추세도 영향을 주었다.[4]

중국 공적자금(公的資金), 보험사 등 기관투자 및 국영건설사들의 부동산 투자가 확대되고 있다. 중국공적기금 운용 방향이 금융보험·전신업·공업에 대한 투자는 감소하고, 정보기술·부동산 투자는 확대되고 있는 것이다. 중국공적기금은 지금까지 부동산투자를 고려하지 않았으나, 최근 한국·일본 국민연금의 부동산투자 운용비율(2.5~3.0%)에 준하는 수준으로 전환 모색을 하는 것으로 알려지고 있다.

중국은 해외 공공건설 분야 투자에 많은 관심을 보이고 있으며, 중국건축시공 업체가 세계 각지에서 활발한 투자가 진행되고 있다. 러시아연방빌딩, 발트해의 보배 프로젝트, 에티오피아의 아프리카연맹회의센

---

3) 2013년 중국개인재산보고서(中国私人财富报告), 중국초상은행(中国招商银行)과 베인앤컴퍼니(Bain & Company) 공동조사

4) Education at a Glance 2012 - OECD indicators, 中国资本进军海外房地产投资 재인용

터, 카리브해의 바하마(BahaMar) 복합리조트 등이 대표적 사례로 제시되고 있다.

2. 중국의 對한국투자 현황

전 세계 해외직접투자에서 중국이 차지하는 위상도 빠르게 높아지고 있다. 전 세계 해외직접투자는 글로벌 금융위기의 여파로 2009년과 2010년에 저조한 상태를 보였지만, 중국의 해외직접투자는 꾸준히 늘어나고 있다.[5] 1990년 9억 달러에 불과하던 중국의 해외직접투자는 2005년 100억 달러를 돌파했으며 2012년에는 878억 달러에 도달하였다. 연간 기준으로도 2007년 18위에 불과하던 해외직접투자 순위는 2009년 6위, 2012년 3위로 상승하였다.

중국의 한국에 대한 직접투자는 1989년부터 시작되었지만 한중 수교가 이루어진 1992년 이후에 본격화되었으며, 누계기준으로는 1995년에 이르러서야 1천만 달러가 넘어섰다.[6] 1990년대 후반 이후 중국의 해외투자는 지속적으로 증가하고 있으나, 한국에 대한 직접투자는 매우 미미한 상황이다. 2000년대에 들어서 한국기업들이 아시아 금융위기를 겪으면서 자산가치가 하락하고 중국 정부의 본격적인 저우추취 전략과 맞물리면서 중국의 對한국 직접투자가 다원화되고 발전단계에 진입하였다.

2003년과 2005년의 對한국 투자금액은 1.5억 달러, 5.8억 달러로 중국의 전체 OFDI 대비 5.3%, 5.1%에 해당할 정도로 투자 규모가 확대되었으나 이후의 상황은 1% 이하에 머물고 있다. 여전히 한국은 중국자본에게 있어 매력적인 투자 대상국이 되지 못하고 있기 때문에, 앞으로의 투

---

5) 박월라·최의현(2011), 중국기업의 해외직접투자 현황과 시사점, KIEP, pp.17~18
6) 부산발전연구원(2012), 부산의 차이나 드라이브 전략, p.145

자유치 전망도 낙관할 수 없다.

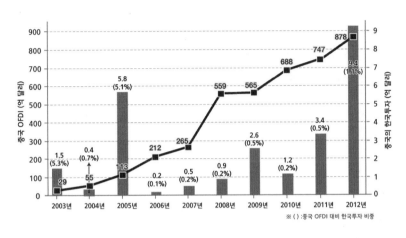

〈그림 1〉 중국의 해외투자 및 對한국투자 현황

※ ( ) : 중국 OFDI 대비 한국투자 비중

주 : 중국해외투자액은 2003~2005년 비금융부분만 반영, 2006~2012년은 금융 · 비금융부분 모두 반영
자료 : 중국대외직접투자공보(中国对外直接投资公报), 각년호

산업통상자원부 통계 포털에 근거하여 중국기업 리스트를 분석했을 때, 현재 한국에서 활동 중인 중화권 기업은 총 3,111개이다.[7] 이 중 중국기업이 2,064개로 가장 많은 비중(66.3%)을 차지하며, 다음으로 홍콩기업이 440개(14.1%), 싱가포르기업이 437개(14.0%), 대만기업이 170개(5.5%) 순이다. 중국 기업의 주요 지역별 분포는, 서울이 가장 높은 47.3%를 차지하며, 경기 22.7%, 인천 13.1%, 부산 2.5% 등의 순으로 나타나고 있다. 권역별로는 수도권(서울 · 경기 · 인천)이 83.1%로 대부분을 차지하며, 다음으로 경상도권(부산 · 울산 · 대구 · 경남 · 경북)이 7.0%, 전라

---

7) 중국 상무부 통계에 의하면 2004년부터 2013년 현재까지 對한국 투자기업은 604개로 소개되고 있어 양국 간의 차이가 있음.

도권(광주 · 전남 · 전북)이 3.8% 등이다.

2011년까지 중국기업의 對한국 투자총액은 15.4억 달러로 대부분 중소기업 및 개인사업자에 집중되어 있다.[8] 투자 분야는 제조업부터 서비스업에 이르기까지 다양하지만, 무역관련 유통 · 물류 및 부동산 · 요식업에 편중되어 있기 때문에 개별 투자금액이 크지 않다. 2000년 초반 중국업체에 의한 쌍용자동차, 하이닉스 LCD사업부 등 국내제조업체에 대한인수 · 합병으로 제조업에 대한 투자가 한시적으로 집중된 적이 있다.

〈표 1〉 중국기업의 우리나라 투자현황

단위 : 개, %

업종별	서비스	농축산 광업 · 어업	제조업	유통 물류	문화 부동산 요식업	전기 가스 건설	합계
개수	100	75	138	1,345	329	26	2,013
법인	67	59	118	726	82	18	1,070
개인	33	16	20	619	247	8	943
비율*	4.97	3.73	6.86	66.82	16.34	1.29	100.00

주 : * 전체 개수 대비 점유비율
자료 : 산업통상자원부(www.motie.go.kr), (검색일 2013.11.)

---

8) 林勇明(2012), "中国对韩投资的现状, 特点及未来发展建议", 한중경제합작연구회 제10회
   KIEP-AMR 연구토론회 자료

3. 중국의 對한국 투자 특징과 인식

전체적으로 볼 때 중국기업의 한국투자 동기는 중국에서 생산한 제품의 한국 내 판매가 주요 목적이었고 한국 내 제품 생산이나 기술 습득 등의 요인은 그다지 중요한 변수가 아니었다.[9] 한국에 투자 진출한 중국기업들이 제조업보다 서비스업에 집중되고 있는 현실을 통해서도 알 수 있다. 중국기업들이 한국에서 제품을 생산하여 한국시장에 판매하거나 중국으로 재수출하기보다는 중국본사를 대표하는 업무지원 성격이 크다.

지금까지 중국기업의 한국 투자 사례는 대부분 실패로 끝나거나 경영성과가 미비한 수준에 머무르면서 부정적 투자처로 인식되는 상황이다. 황후이·단잉화(2009)는 한국의 쌍용자동차에 투자한 상하이자동차 사례를 통해 해외투자 시 사전점검이 필요하고 대응전략 수립이 필수적이라는 것을 강조하고 있다. 상하이자동차는 쌍용자동차를 통해 글로벌 브랜드 이미지와 제조기술을 확보하여 세계시장에 진출하고자 하였다. 중국 내부에서도 상하이자동차의 저비용 생산원가와 쌍용자동차의 브랜드 가치, 기술력이 결합하면 국제적 경쟁력을 갖출 수 있을 것으로 예상했다. 그러나 쌍용자동차의 기술력·생산관리 능력은 예상보다 높지 않았고 영어를 사용하는 원활한 의사소통 인력도 부족했다. 게다가 판매량의 감소로 구조조정과 비효율적인 비용구조에 대한 수정이 불가피했으나 강성노조로 인하여 문제를 해결할 수 없었다. 뿐만 아니라 브랜드 가치와 기술력을 확보하고자 했던 해외투자에 대한 목적도 잘못되었다. 세계적으로 유명한 자동차업체들은 혁신과 창조로 기술력과 브랜드

---

9) 최의현·장나(2011), 중국기업의 대한국 투자 특징과 애로요인에 관한 연구: 중국 투자기업에 대한 설문조사 결과를 중심으로, 중국과 중국학 제13호, p.46

이미지를 구축해온 것이지 이를 다른 곳에서 어느 순간에 인수한 것은 아니다. 또한 이들 기업들은 합병보다는 독자적인 운영방식을 추구하기 때문에 자신의 브랜드와 기술을 공유하려고 하지 않는다.[10]

한편, 한국 투자에 대한 중국의 비판적인 시각은 대외투자 지침서에도 잘 나타나 있다.[11] 중국 상무부가 주한 중국대사관과 공동으로 분석한 자료에 따르면 한국은 표면적으로 외국인 투자 우대정책을 실시하고 있으나 실제로는 그 범위가 매우 제한적이라고 지적하고 있다. 한국은 1998년 아시아 금융위기 이후 "외국인투자촉진법(外国人投资促进法)"을 반포하고, 2010년 개정을 통해 외국인 투자유치에 적극 나서고 있으나 여전히 투자장벽이 존재하고 있다. 세금과 토지가격 우대는 첨단산업에 한정되어 있고, 수출가공지역·경제자유구역에 제한되어 있다.

〈표 2〉 중국기업의 한국시장 진출 시 주의사항

투자 방면	- 한국은 1998년 이후 〈외국인 투자 촉진법〉을 반포하였지만, 2010년 개정을 하였음. - 투자지역이 보세구, 경제자유구 등 지역으로 제한되어 있음. - 단독 투자일 경우 투자 금액이 최소 3천만 달러 이상, 고용인원 최소 300명 이상 유지 조건. - 외국인 고용이 제한되어 있음.
무역 방면	- 무역규모가 계속 증가하고 있고, 상호 보완적 기능 역할. - 한국 정부는 자국 내 시장보호를 위해 무역장벽 설치.

---

10) 黄慧·单颖华(2009), "双龙事件的警示", 企业管理 5月 pp.38~40
11) 중국 상무부의 국제무역경제합작연구원과 투자촉진사무국 및 각 주재국 대사관 공동으로 "국가별 대외투자합작 지침서〈对外投资合作国别(地区)指南〉"를 발표함. 정기적으로 발간되는 지침서에는 각 국가별로 정치·사회·문화를 비롯하여 투자환경, 정책지원, 시장분석 등이 담겨 있음

공사도급 방면	- 건설시장이 개방이 되어있으나 자질 심사가 까다롭고, 한중간 정부구매협의가 체결되어 있지 않아 국가발주 사업에 참여할 수 없음. - 한국의 은행은 외국 건설사에 대출을 진행하지 않아 융자에 어려움 있음.
노무협력 방면	- 양국 간 〈한중고용허가제 양해각서〉에 따라 중국 노동자는 한국 고용안정센터를 통해 제조업, 어업, 농업, 건축업, 서비스업에 종사할 수 있음.
기타 주의사항	- 한국 노동조합 시스템과 역할에 대한 이해 필요. - 한국인은 스스로에 대한 자부심이 높기 때문에 투자분야를 한국인이 할 수 없는 분야로 하는 것이 유리.

자료 : 2012 對外投資合作国別(地区)指南(한국편), 상무부국제무역경제합작연구원, pp.67~70

Ⅲ. 부산의 중국자본 유치 현황과 사례

1. 중국자본의 부산 투자현황

산업통상자원부 통계에 근거해서 중국기업 리스트를 분석했을 때 현재 한국에서 활동 중인 중국기업은 총 2,164개이다. 이는 전체 외국기업 15,927개 중 13.6%에 해당한다. 중국기업의 주요 지역별 분포는 서울이 가장 큰 47.8%를 차지하며 경기(22.4%) · 인천(12.6%) · 제주(2.8%) · 부산(2.4%) 등의 순으로 나타났다. 부산지역의 중국기업은 52개[12)]로 전체 외국기업(667개) 대비 7.8%의 비중을 차지하고 있다. 제주(45.9%), 전남(28.6%), 전북(25.0%) 등에 비해 상대적으로 중국기업 투자 비중이 낮다.

---

12) 부산광역시 내부자료에 근거한 88개의 중국기업 수치와는 차이가 있다. 일부 영세한 기업이 누락되었거나 자료작성 기준일 차이에 따른 차이로 보인다.

〈표 3〉 중국 기업의 한국투자 지역별 분포 현황

단위: 개, %

지역	중국업체=①		전체 외국기업 수=②		외국기업 대비 중국업체 =(①÷②)×100
	개	%	개	%	%
서울	1,034	47.8%	8,380	52.6%	12.3%
경기	484	22.4%	3,406	21.4%	14.2%
인천	273	12.6%	1,425	8.9%	19.2%
부산	52	2.4%	667	4.2%	7.8%
경남	34	1.6%	418	2.6%	8.1%
울산	6	0.3%	88	0.6%	6.8%
대구	38	1.8%	326	2.0%	11.7%
경북	18	0.8%	191	1.2%	9.4%
대전	16	0.7%	109	0.7%	14.7%
충남	31	1.4%	257	1.6%	12.1%
충북	22	1.0%	112	0.7%	19.6%
광주	16	0.7%	91	0.6%	17.6%
전남	40	1.8%	140	0.9%	28.6%
전북	26	1.2%	104	0.7%	25.0%
강원	13	0.6%	80	0.5%	16.3%
제주	61	2.8%	133	0.8%	45.9%
합계 (비중)	2,164	100.0%	15,927	100.0%	13.6%

자료: 산업통상자원부 외국인 투자기업정보(검색일 2014.6.)

<표 4> 국가별 對부산 투자 현황

국가	건수	현존금액($)	비중
일본	234	708,417,378	21.1%
미국	62	666,257,562	19.9%
네덜란드	12	654,703,915	19.5%
싱가포르	29	351,865,196	10.5%
독일	37	302,387,249	9.0%
영국	14	172,380,642	5.1%
아일랜드	3	68,156,944	2.0%
중국	88	59,358,048	1.8%
덴마크	4	47,832,055	1.4%
프랑스	3	41,994,123	1.3%
기타	321	281,974,465	8.4%
총합계	807	3,355,327,577	100%

자료: 부산광역시 내부자료(2014.4. 현재기준)

국가별 對부산 투자 상황을 보면, 현재 부산에 투자 유치된 FDI는 3,355백만 달러로 상위 3개 국가(일본·미국·네덜란드)가 전체금액의 60% 이상을 차지하고 있다. 중국은 투자건수(88건)에 비해 투자금액이 59백만 달러에 그치고 있어 전체투자금액의 1.8%에 불과하다.

일본은 부산에 234건, 708백만 달러를 투자하고 있다. 투자 분야로는 제조업 비중이 높고 서비스업의 경우에는 호텔업, 건물임대업 및 공급업이 높은 비중을 차지한다. 제조업 상세분야로는 '금속 조립구조재 제조업', '완제 의약품 제조업', '전기회로 개폐, 보호 및 접속 장치 제조업', '기타 1차 철강 제조업', '탭, 밸브 및 유사장치 제조업', '윤활유 및 그리스 제조업' 순으로 투자금액이 높았다.

<표 5> 중국의 對부산시 OFDI 현존금액

업종	건수	금액(달러)	비중
공공 · 기타서비스	1	40,000	0.1%
금속	1	32,000,000	53.9%
기계 · 장비	1	368,730	0.6%
기타제조	1	45,000	0.1%
도 · 소매(유통)	63	20,979,660	35.3%
문화 · 오락	2	442,000	0.7%
부동산 · 임대	1	862,000	1.5%
비즈니스서비스업	2	205,000	0.3%
어업	1	149,982	0.3%
운송용기계	1	270,000	0.5%
운수 · 창고(물류)	3	2,276,989	3.8%
음식 · 숙박	9	1,076,687	1.8%
전기 · 전자	1	600,000	1.0%
화공	1	42,000	0.1%
총 합계	88	59,358,048	100%

자료: 부산광역시 내부자료(2014.4. 현재)

미국의 경우에는 62건, 666백만 달러가 건설업, 제조업, 부동산개발업 등에서 높게 투자되고 있다. 서비스업에서는 '교육관련 자문 및 평가업', '도매업', '경영컨설팅업' 등이, 제조업 상세분야로는 '기타 1차 철강', '기타 기초무기화학물질', '변압기', '기타 일반목적용 기계', '기타 전기장비' 순으로 투자금액이 높았다. 중국의 對부산 투자 현황을 분석하면 도 · 소매(유통)업이 63건에 20백만 달러로 가장 높았다. 특히, 신발 · 수산물 · 소비재 도매업에 집중되어 있는데, 이는 부산의 주력산업과도 연관이 있다. 그러나 투자기업의 53개업체(60%)가 10만 달러 미만의 소규모로 지역경제에 미치는 영향력이 크지 않다. 이 중 '상품 종합 도매업'이 33개 업체로 총투자금액이 3백만 달러에 불과하다.

2. 부산의 투자환경

부산은 우리나라 최대의 항만시설을 갖춘 도시이자 세계적으로도 항만도시로서 경쟁력이 높다. 때문에 부산은 지리적 입지조건이 상대적으로 우수하다는 평가를 받고 있다. 물류편리성에 기반한 중국 · 일본시장을 겨냥하는 생산거점 역할로도 경쟁력이 높다. 반면에 부산의 투자환경 중에서 천연자원, 토지비용, 금융자원, 사회간접자본시설, 시장잠재력 등은 상대적으로 열악한 상태에 있다.[13]

부산은 그동안 제기된 문제점 개선을 위해, 고부가가치 산업을 육성하고 성장잠재력을 높이는 데 주력해왔다. 울산 · 포항 · 김해 등 주변도시들의 산업클러스터와 연계한 성장잠재력 제고와 광역시로서의 도시인프라 및 비즈니스 환경 구축에 박차를 가하고 있다. 그러나 생산원가 상승에 따른 중소 제조업들이 계속해서 주변도시로 이전하고 있어 생산기반 시설이 축소되는 문제가 계속되고 있다. 여기에다가 그동안 부산투자를 주도해온 일본 · 유럽기업들이 최근 '엔저 영향', '유럽의 재정위기 및 실물경기 침체'에 따라 기업투자가 축소되는 상황이다. 이러한 영향으로 부산지역의 고용창출 효과가 감소하고 지역경제도 침체기에서 쉽게 벗

---

13) 이양수(2003), 부산지역에 투자한 외국기업의 투자결정요인 분석, 한국지역개발학회지 제15권 제3호, pp.54~55

어나지 못하고 있다.

투자 유치 실적의 부진은 국내외 경기침체로 인한 기업의 본사 및 공장 이전이 줄어들었고 역내 기업의 신·증설 투자 수요가 급감한 데 따른 것으로 분석된다. 특히 서울을 비롯한 수도권 지역의 첨단산업단지 추가 조성과 규제완화 정책에 따른 지역 투자 기피도 큰 영향을 미쳤다. 이와 함께 부산시의 소극적인 유치 노력도 한 요인으로 제기되고 있다. 시는 지난해 투자유치설명회, 해외 마케팅 등 외국기업 유치활동과 외자 유치환경 소개 등을 위해 3억 1,390만 원의 예산을 집행했지만 올해는 이를 절반 수준으로 크게 줄였다.[14]

미국·유럽·일본 등 선진국 자본에 비해 상대적으로 중국자본 투자유치 확대를 위한 지역 내 인식도 부족하다. 특히, 중국자본 투자유치를 위한 지자체 간 치열한 경쟁 속에서 중국자본을 유인할 수 있는 부산만의 투자처가 불확실하고 차별화된 우대정책도 부족하다.

3. 부산의 중국자본 투자유치 사례

최근 중국자본 유치와 관련하여 부산의 최대 관심사는 해운대 관광리조트 개발사업이다. 중국건축공정총공사(CSCEC)는 해운대 관광리조트 개발사업 시행사인 ㈜엘시티PFV와 시공계약을 맺고 101층 규모의 초고층건축물을 건설해서 레지던스 호텔, 일반 특급호텔, 아파트 등을 입주시킨다는 프로젝트를 진행 중이다.[15] 특히, 부동산투자이민제도[16]와 결

---

14) "부산 외자유치, 지난해 절반으로 줄었다", 부산일보(2013.12.18)

15) 엘시티의 분양상품은 레지던스호텔(랜드마크 타워, 561실), 아파트(주거타워, 882가구)

16) 정부는 2013년 5월 부산시가 시행 중인 해운대 지역의 '동부산 관광단지', '해운대 관광리조트' 사업에 한해 외국인 부동산투자이민제 적용을 허용했다. 해당 지역에 5억 원 이상을 투자하고 5년 이상이 지난 외국인들에게는 영주권을 부여해서 외국인 투자유치를

합하여 중국자본의 대대적인 유입을 기대하고 있다. 그러나 아직까지 중국자본 투자유치 효과는 없으며, 해당지역 부동산 가격이 부동산투자이민제도 도입 전부터 큰 폭으로 상승해서 개발이익을 기대하기 어렵다는 부정적 전망도 제기되고 있다.[17]

2012년 2월 12일 부산진해경제자유구역청에서는 한국초전도와 중국의 후주 펑타이 스테인리스 스틸 파이프(Huzhou Fengtai, 湖州丰泰不锈钢管业有限公司) 간 투자유치협약이 체결되었다. 부산진해경제자유구역청에 처음으로 대규모 중국자본이 유치된 것으로 화전외국인전용단지에 3.3만㎡ 규모의 공장을 건립하고, 총 6,900만 달러(외국자본투자 3200만 달러)가 투자된다.

후주 펑타이는 중국 저장성 후주시에 본사를 두고 있으며, 인근지역에 7개 지사를 두고 스테인리스 스틸 파이프를 제조하는 업체다. 2011년 매출액은 2800억 원에 달한다. 투자유치 협약에 따라 신설되는 합작법인인 KTMT뉴클리어는 자기공명촬영장치(MRI) 등에 사용되는 초전도선재와 원자력발전소용 증기발생기에 사용되는 특수합금튜브 등을 생산한다. 이들 제품은 중국시장을 비롯해 인도 등 신흥시장으로의 수출이 계획되어 있다. 펑타이사와 합작투자를 계기로 앞으로 풍부한 외자를 보유한 우수한 중국기업들의 부산진해경제자유구역내 투자가 본격화될 것으로 기대하고 있다.[18]

확대한다는 계획이다.

17) 엘시티의 경우 3.3㎡ 당 2,500~3,000만 원으로 분양이 이뤄질 것으로 업계에서는 전망함에 따라 실제 분양률이 하락할 수 있다는 전망도 제기되고 있다.

18) "중국회사, 釜·金경제구역에 합작공장 설립", 연합뉴스(2012.3.12)

Ⅳ. 부산으로의 중국자본 투자유치 방안

1. 중국 해외투자 동향에 부응하는 환경조성

1) 중국기업 전용단지 조성

중국이 과거에는 해외투자를 기업 스스로의 개별적 방식으로 추진했으나 이제는 대기업을 중심으로 하는 공업단지 조성을 통한 연합방식으로 추진되고 있다. 합작구에는 특정 기업, 업종뿐만 아니라 중국 각지에서 모집된 기업들이 공동으로 입지함으로써 중국기업 해외투자의 시너지효과를 확대할 수 있었다. 합작구 건설은 중국기업이 해당국가로부터 더 많은 우대혜택을 받고 안정적으로 정착하는 데 효과를 보고 있다.

중국기업들은 미국에서 반덤핑 판정을 받는 경우가 많고, 이로 인하여 몇 년간 미국시장 진출에 제한을 받는 장애요인이 있다. 또한 선진국 소비자들은 중국제품을 저품질로 인식하는 '차이나 디스카운트' 심리가 있기 때문에 판로개척에 어려움이 있다. 따라서 미국과 EU로 진출하려는 중국기업들은 한국이 이미 이들 국가와 체결한 FTA효과를 이용하여 우회진출할 수 있다. 이러한 중국기업들의 기대효과를 반영하고 중국으로부터 'U턴'하는 기업 유치와 결부하여 중국 관련 전용공단을 조성하고 지방정부가 책임지고 지원하는 적극성이 필요하다.

부산은 국제도시로서 지리적 접근성, 대외 개방성이 양호하지만 토지비용, 노동임금과 같은 생산원가가 높은 것이 단점이다. 마침 중국이 경제합작구 건설을 통해 전략적으로 해외에 투자하는 상황이니 중국기업 전용단지를 조성해서 보다 저렴한 임대비용으로 공급하는 것이 필요하다. 보다 효과적인 중국기업 전용단지 활성화를 위해서는 무관세·면세·외환거래 자유·무비자 혜택이 추가적으로 지원되어야 하겠다.

<그림 2> 중국 해외 경제합작구 설립 현황

① 잠비아 중국비철공업원
② 태국 라용공업원
③ 파키스탄 하이얼가전공업구
④ 캄보디아 태호국제경제합작구
⑤ 나이지리아 광동경제무역합작구

⑥ 천리(모리셔스)경제무역합작구
⑦ 러시아 상트페테르부르크 발틱해 경무합작구
⑧ 러시아 우수리스크경제무역합작구
⑨ 베네수엘라 중국과기광업구
⑩ 나이지리아 라이자유무역구

⑪ 베트남 중국(심천)경제무역합작구
⑫ 베트남중국 룡장 경제무역합작구
⑬ 멕시코중국(닝보) 지리공업경제합작구
⑭ 에티오피아 동팡공업원
⑮ 이집트 쑤이즈경무합작구

⑯ 알제리중국장령경무합작구
⑰ 한중공업원구
⑱ 중국광서인도네시아 지리경무합작구
⑲ 쥬러룸스카야목재공무합작구

자료: 产业新区(http://house.focus.cn/fztdir/2012cyhzq/), (검색일 2014.2.)

2) 부동산 투자 유치 강화

2012년 중국의 해외 부동산 투자는 47억 달러로 2011년 대비 33% 상승하였다. 중국 부동산 가격이 폭등한 데다가, 정부차원의 규제가 계속 강화되고 있어 중국 부유층들이 해외 부동산 투자로 눈을 돌리고 있기 때문이다. 미국 부동산협회에 의하면 2012년 미국의 외국인 주택 구입에서 중국인 비중이 11%로 캐나다에 이어 2위로 급부상하고 있다.[19]

최근 필리핀의 마닐라 베이에 복합 카지노 개장을 비롯하여 일본 등 각 국가들이 중국관광객을 겨냥한 복합리조트 사업을 경쟁적으로 추진하고 있다. 중국 관광객을 겨냥한 것으로 외국인 전용 카지노, 호텔, 쇼핑센터, 국제회의 시설 등을 갖춘 복합리조트 건설에 중국자본을 참여시

---

19) 한국경제매거진 제103호(2013.12.), "대외투자 세계3위 급부상, 중국경제에 득인가? 독인가?"

키고 있다. 복합리조트 건설이 서비스업이지만 건설 등 다른 분야에 미치는 간접 후방효과도 상당히 크다는 점에서 지역경제에 미치는 영향 또한 매우 크다. 인천 영종도 인천공항 국제업무단지에 건설하는 복합 리조트 '파라다이스시티'의 경우, 고용창출 효과가 76만 명에 이르고 6조 3,700억 원에 달하는 생산효과가 있는 것으로 알려지고 있다.

중국인들은 중국 대도시와 비교할 때 투자수익률이 일부 만족스럽지 않을 수 있으나 해외시장이 보다 안정적이고 투명하기 때문에 선호하고 있다. 한국은 중국자본 유치 확대를 위해 부동산 투자이민제도[20]를 시행하고 있으나 제주도를 제외하고는 실적이 저조한 상황이다. 이것은 중화권 투자자는 부동산 투자 시 중요 고려요인을 "가치상승 기대감-가격 적정성-입지여건-영주권 부여 등-생활 편리성" 순으로 생각하고 있기 때문이다.[21] 따라서 영주권 부여가 정책적 보조수단이 될 수 있으나, 가장 큰 관건은 투자 가치성이라는 점이 여실히 드러나고 있다. 분양가격부터 개발 후 가치상승을 기대할 수 있는 개발 호재에 이르기까지 다양한 경로를 통한 비전을 현실성 있게 제시하는 것이 필요하다. 장기적으로는 무비자 지역을 전국적으로 확대하는 것이 필요하다. 제주도 사례에서 보듯이 중국자본 유치의 가장 큰 성공요인은 무비자 입국 제도에 있다. 무비자제도가 중국인들의 입출국을 자유롭게 했고, 이러한 선순환 구조속에 유동인구가 많아지면서 투자처가 자연적으로 발굴되었기 때문이다.

---

20) 투자이민제도는 일정 금액 이상을 투자하면 거주자격(F-2)을 주는데, 투자대상은 휴양 콘도미니엄, 일반 숙박시설 중 호텔, 별장, 관광펜션 등 휴양목적 체류시설임.

21) 고학부(2012), 「외국인의 제주지역 부동산투자 선택요인 분석: 일본 및 중화권 잠재적 투자자를 중심으로」, 단국대학교 석사학위논문

3) 금융중심지와 연계한 중국자본 유치

중국경제의 영향력이 확대되고 한중 FTA 체결로 역내교역이 증가할수록 위안화 결제 비중 증가가 확실시되고 있다. 국제은행 간 결제통신망 스위프트(SWIFT) 발표에 따르면 2013년 7월 중국위안화의 전 세계 국제지불통화 규모는 11위이며, HSBC은행 무역신뢰지수(2011년)에 따르면 아시아지역 무역결제 통화로 달러, 유로화, 위안화 순으로 선정되고 있다. 물론 아직까지는 중국 자본시장이 완전 개방되지 않아서 국제통화로서의 위안화 위상이 높지 않은 것도 사실이다. 분명한 것은 중국이 상하이자유무역시범구(FTZ)를 통해 개인의 해외투자를 처음으로 허용함으로써 금융시장 개방 가능성을 높게 하고 있다. 기존에는 자격을 획득한 중국 국내 투자기관에게만 해외투자를 허용(QDII)했으나 QDII2(중국 개인투자자의 해외금융시장 투자)제도 도입으로 중국의 개인 투자자들이 해외 금융시장 투자가 가능해진 상황이다. 따라서 부산은 중국의 역외 위안화 거래 취급에 대한 관심과 중국 위안화 국제거래 허브 유치에도 적극 개입해야 한다.

2014년 6월 말에 준공 예정인 부산국제금융센터(BIFC)는 부산의 금융 허브이자 금융단지의 랜드마크라는 상징성을 갖고 있다. 2009년 동북아 금융허브 육성을 위해 정부가 서울 여의도와 함께 금융중심지로 지정한 '문현금융단지(문현혁신도시)'에 들어서는 것이다. BIFC에는 한국자산관리공사, 한국주택금융공사, 한국예탁결제원, 대한주택보증, 한국남부발전, 한국 청소년상담복지개발원 등 6개 기관과 한국거래소, 농협은행 부산영업본부, 신용보증기금이 입주하며 부산은행, 기술보증기금, 한국은행 부산본부 등 3개의 독립건물들이 개발된다. 그러나 지역 금융기관을 비롯한 해양금융종합센터와 해운보증기구 등 선박·해양금융 관련 기관들이 입주할 예정이지만 국제금융센터라는 위상에는 미치지 못한다. 그

럼으로 중국 투자를 이끌어내기 위한 적극적인 자세가 계속 필요하다. 외환은행 '제주 외국인직접투자(FDI)센터', 하나은행 '중국인 PB센터', 우리은행 '중국고객 데스크' 등은 중국인 '큰손' 고객을 유치하기 위해 전담조직을 구성하였는데, 벤치마킹이 필요하다. 중국인 직원을 현장 일선에 배치하여 투자 응대는 물론이고 외국투자법인 설립에 필요한 입지 선정, 등록업무부터 세금 관련까지 원스톱 서비스로 받을 수 있도록 했다.

2. 투자유치 역량 강화와 유입경로 개선

1) 투자유치 조직과 제도정비

중국 투자자들이 한국에 투자할 마음은 있으나 실제 투자를 확실히 이행하기까지는 시간이 많이 소요되고 중도에 포기하는 경우도 많이 목격된다. 여기에는 다음과 같은 이유가 있다. 첫째, 투자 결정 후 원 스톱(one-stop) 시스템이 실제 이뤄지지 않는다. 텐진 '빈하이 신구'에서는 기업 승인에 관련한 중앙정부지방정부 유관기관 모든 담당자가 한 공간에 상주하며 적극 돕는다. 싱가포르는 EBD(경제개발청)를 통해 신속하고 효율적인 행정시스템으로 기업 투자유치와 사후 관리 서비스를 전담하고 있다. 둘째, 한국 공무원은 보직 순환제에 따라 담당자가 바뀌게 되는데, 이에 대한 두려움이 있다. 중국인은 '꽌시(关系) 문화'라고 할 만큼 우리보다 인간관계를 더욱 중요시한다. 중국인에게 꽌시는 어느 수준까지 연결할 수 있는냐에 따라 개인의 능력을 나타내는 기준이 되기도 한다. 그래서 사업 시작 단계부터 인간관계를 형성하려고 하고, 타국에서 담당 공무원은 소중한 인적 자산이다. 그런데 공무원의 순환근무에 따라 담당 공무원이 자주 교체되는 광경은 중국에서 미처 경험하지 못한 곤혹스

러운 상황이며, 내부적으로는 업무의 연속성이 떨어지고 전문성이 확보되지 못하는 단점도 제기되고 있다. 이러한 문제 해결을 위해 중국 투자기업에 대한 즉각적이고 효과적인 서비스 제공을 위해 전담인력을 배치하고 원스톱 서비스 체계를 구축해야 한다. 전문직 공무원 제도를 활용한 외부 전문가를 영입하여 업무의 지속성과 전문성이 확보되도록 해서 투자유치에 적극적으로 대응하는 자세도 필요하다. 한편으로는 중국과 관련된 투자 유치, 비즈니스 통상을 전담할 수 있는 조직을 구축할 필요성도 제기된다.

2) 기업 및 도시 간 협력 촉진

국제교류의 가장 큰 문제점은 상대지역에 대한 충분한 검토 없이 자매도시결연을 추진하고 자매도시결연이 체결된 이후에는 상호 간 관심 부족과 소극적인 태도로 부진한 답보상태를 초래하는 경우가 많다는 점이다. 또한, 매년 자매도시 및 우호도시 결연사업은 증가하고 있으나 어떠한 실효성을 거두고 있는지에 대한 점검이 부족하다. 따라서 지금까지 교류발전을 위한 탐색 과정에서 벗어나 앞으로는 내실을 다지는 데 주력해야 한다. 도시교류가 이벤트성 일회성 행사에 그치지 않도록 상대의 장점을 벤치마킹하고 상호보완 기능을 강화하는 실질적 교류에 집중해야 한다. 이를 위해 상대도시에 대한 정보수집 · 상호보완성 여부 · 비교우위 분석과 지속적인 모니터링도 같이 병행되어야 할 것이다.

중국 주요 도시들과의 MOU 체결을 통해 부산홍보 활동을 넘어 적극적이고 지속적으로 부산의 투자환경을 알리는 마케팅 강화도 필요하다. 부산에 대한 인지도가 낮기 때문에 부산과 주요 교류중심 도시(상하이 · 톈진선전 · 충칭 · 베이징)의 지역 방송국을 통한 부산마케팅의 지속적 진행을 전개해야 한다.

기업 간 협력적 파트너십 구축을 통해 한국시장 참여를 유도하는 노력도 필요하다. 최근 중국정부의 적극적인 지원 아래 건설업체들까지 경쟁적으로 해외투자에 나서고 있다. 중국 국영건설기업들을 비롯한 중국투자공사(CIC), 중국국제무역촉진위원회, 중국건축업협회 등과 관계를 개선을 도모하고 시장진입을 위한 투자정보 제공방안도 강화해야 한다. 2012년 기준으로 중국 인터넷 가입자는 5억 6,400만 명으로 도시 보급률은 72%를 넘어서고 있으나 중국 인터넷 포털사이트에서 한국의 투자정보를 얻기가 쉽지 않다.

3) 중국자본의 유입경로 개선

부산 · 제주도 · 강원 평창을 비롯하여 전남 여수의 레저형 기업도시(영암 · 해남) · 인천 영종지구(송도 · 청라 포함) 등이 부동산투자이민제 적용대상으로 지정되어 있다. 그러나 투자자를 배려하지 않은 획일적인 제도 운영 때문에 제주도를 제외하고는 가시적인 성과가 없다. 현행 투자금액이 일괄적으로 5억 원으로 정해져 있는데, 수도권 · 지방 간의 땅값 차이를 감안해서 부산을 비롯한 지방은 3억 원 이내로 인하되도록 중앙정부에 요청해야 한다. 또한, 부동산투자이민제 적용지역을 부산진해경제자유구역으로 확대시켜 제조업 투자자에 대한 배려도 필요하다.

투자유치는 마치 자연생태계를 형성하는 이치와 비슷하다. 초원이 형성되는 곳에 초식동물들이 모여들고, 이 초식동물을 따라서 육식동물까지 유입된다. 마찬가지로, 제주도의 사례에서와 같이 무비자 방문이 허용되면서 중국인 관광객이 몰려들었고, 이들을 타겟으로 하는 요식업, 부동산업 투자로까지 확대되었다. 제주도가 이렇게 중국인들이 많이 오고 투자가 이루어지는 선순환 구조를 형성한 데는, 다른 지역에는 없는 영주권제도 활성화와 무비자 지역이라는 플랫폼이 작용했기 때문이다.

경쟁력 있는 투자환경을 조성하고 성공적으로 많은 자본을 유치하기 위해서는 이들 자본을 유입시킬 수 있는 무비자 확대라는 플랫폼이 필요하다. 그리고 이것이 정상화되면 국제적으로 기업하기 좋다는 평가가 자연적으로 대외적으로 알려지고 지속적인 투자유입으로 이어진다.

전국의 차이나타운은 중국문화를 기반으로 하는 단순 유통지역에 머물고 있으며, 부산은 이마저도 동남아시아인·러시아인이 유입되면서 본래의 의미까지도 퇴색해가고 있다. 이제 차이나타운을 단순 유통·R&D 거점공간으로 까지 확대·분양하는 투자유인책이 필요하다. 저층에서는 상품이 판매되고 위층에서는 비즈니스 협상·연구개발될 수 있도록 중국자본 유치를 통한 재개발을 시작해야 한다. 이를 위해 중국유학생을 위한 창업스쿨 개설과 입주공간 지원을 대안으로 고려할 수 있다. 마켓리더코리아의 2012년 조사(4,000명 대상)에 따르면 중국유학생 28%가 졸업 후 한국 또는 중국에서 창업을 희망하고 있다. 중국인 유학생은 전국적으로는 7만 명에 달하고 있는데 이들에게 창업 분위기를 조성해준다면 중국 현지 인맥과 투자자 모집을 통한 후속 투자금의 유입도 기대할 수 있다.

V. 결론

중국의 '저우추취' 전략에 부응해서, 우리나라와 각 지자체는 중국자본 유치를 위해 많은 노력을 하고 있다. 그러나 자본유치가 단순한 부동산, 관광, 유통분야에 그치고 있다. 그 결과 기업 유치 숫자에 비해 투자규모가 작기 때문에 그 성과 또한 미미할 수밖에 없다. 산업의 전방위 연관효과를 누리기 위해서는 재생산으로 이어질 수 있는 생산적 자본을 유치해야 한다. 이제는 중국자본을 유치하기 위한 전략들을 보다 입체적으로 마련하여, 관광객뿐 아니라 보다 거대자본을 유치하고, 향후 부산경제성장의 발판이 될 수 있는 방법을 모색해야 한다.

중국 입장에서 볼 때 한국은 매력적인 투자유인 요소들을 갖고 있지 않는 것이 사실이다. 이러한 상황에서 중국자본 유치를 위해서는 중국투자자들에게 차별성 있는 투자비전을 제시함으로써 투자처로 관심을 갖도록 하는 노력이 필요하다. 이를 위해 금융 전문가에 의한 보다 적극적인 투자프로그램 개발과 운영이 필요하다. 일찍부터 부동산투자이민제를 실시한 미국 달라스시의 경우 '리저널 센터(Regional Center)'를 만들어 이를 통한 간접 투자를 허용했다.[22] 달라스시는 리저널 센터의 운영을 전문 금융회사인 시비타스 캐피털 그룹에 맡김으로써 공무원들에 의한 단순 운영보다는 투자자들에게 매력적인 프로젝트 개발해서 유인하는데 집중했다. 시비타스는 이에 투자자를 유치할 부동산 프로젝트를 분석하고 선정했으며 투자자 유치, 펀드 관리 등의 역할에도 적극 참여했다.

투자기금 조성으로 투자자(기업)를 발굴하고, 한중기업들 간의 합작지원, 정착지원 등을 하는 적극적 실천도 필요하다. 중국투자자에게 국가(지방정부)적 차원의 체계적인 지원시스템과 보조재원이 있다는 신뢰감을 심어주는 데도 큰 의미가 있다. 우리는 과거 쌍용자동차 사건과 무안 한중경제협력단지 조성 실패로 중국자본으로부터 우호적 지지를 받지 못하고 있기 때문에 필요성이 더욱 크다. 이와는 반대로 중국자본에 대한 부정적 인식을 개선하는 것도 시급하다. 일자리 창출과 지역경제 활성화를 위해 외국자본의 투자유치를 강력히 희망하면서도, 중국자본에 의한 제주도 부동산 투자 급증 및 포항 발전소 건립 추진을 놓고는 부정적이고 거부감 태도를 나타낸다.

---

22) "부동산 투자이민제 성공 열쇠는 안전", 아시아경제(2013.6.3)

최근 인천의 복합리조트 개발 착수는 부산이 주목해야 할 사례이다. 국내 최대 카지노 업체인 파라다이스그룹은 인천 영종도 인천공항 국제업무단지에 1조, 9000억 원을 들여 복합 리조트 '파라다이스시티'를 2017년에 개장할 계획이다. 여기에는 외국인 전용 카지노를 비롯하여 호텔, 쇼핑몰, 전시장 등이 24만여 평에 조성된다. 인천에서는 파라다이스그룹 외에 외국계인 리포&시저스, 유니버설엔터테인먼트 등도 카지노 사업 허가를 추진 중인 것으로 알려졌다. 지역사회가 중국자본을 어떻게 인식하고 이용하느냐에 따라 지역경제가 누릴 수 있는 혜택이 극명하게 나뉜다는 사실을 시사하고 있다. 또한, 한중 FTA 체결이 가시화됨에 따라 한국 투자에 가장 적극적일 것으로 예상되는 중국 백색가전, 일반화학을 중심으로 의류, 섬유, 신발 등 소비재 기업에 대한 조사와 투자유치 홍보에 착수할 시점이다. 부산은 세계적 국제항구 도시로서 다른 지역보다 우수한 물류 인프라를 갖추고 있으며 배후도시와의 연계로 시장성도 겸비하고 있기 때문에 경쟁력 있는 투자지역으로도 손색없다. 결국 부산은 중국자본 유치를 위한 선제적 환경조성과 열린 국제도시로서 중국자본을 적극적으로 포용하는 지혜가 필요하다.

참고문헌

곽복선 외(2014), 「중국경제론」, 박영사

김경희 · 이학승(2008), 「부산지역 외국인투자 활성화 방안에 관한 연구」, 통상정보연구 제10권 3호

김명호 · 김환규(2008), 「국제무역질서 변화에 따른 한국의 FTA 협상전략」, 한국비즈니스리뷰 제1권 제1호

김양희(2013), 「동아시아의 'FTA 도미노'와 차기정부의 동아시아 FTA정책에의 함의」, 한국

사회과학연구소 동향과 전망87호

박정옥(2006), 「WTO 가입 이후 중국의 통상정책 변화와 FTA 추진전략」, 연세대석사학위 논문

부산발전연구원(2012), 「부산의 차이나 드라이브 전략」, 한국학술정보

이양수(2003), 「부산지역에 투자한 외국기업의 투자결정요인 분석」, 한국지역개발학회지 제15권 제3호, pp.54~55

이영덕·왕미계(2014), 「중국기업의 해외직접투자 동기 및 진입방식에 관한 연구」, 국제경영리뷰 Vol.18 No.1

중국초상은행(中国招商银行)·베인앤컴퍼니(Bain & Company), 「2013년 중국개인재산보고서(中国私人财富报告)」

"중국회사, 釜·金경제구역에 합작공장 설립", 연합뉴스(2012.3.12)

"부동산 투자이민제 성공 열쇠는 안전", 아시아경제(2013.6.3)

"부산 외자유치, 지난해 절반으로 줄었다", 부산일보(2013.12.18)

"대외투자 세계3위 급부상, 중국경제에 득인가? 독인가?", 한국경제매거진 제103호 (2013.12.)

6

중국 골프시장 발전에 따른
중국인 골프관광객
유치 방안에 관한 연구

서
창
배

중국 골프시장 발전에 따른
중국인 골프관광객 유치 방안에 관한 연구[1]

서 창 배

I. 서론

중국경제의 급성장과 함께 중국인들의 해외관광도 크게 증가하고 있다. 이에 따라 한국을 비롯한 세계 각국은 중국인 관광객들을 유치하기 위해 다양한 노력을 전개하고 있다. 중국인 해외여행객의 수는 2012년 8,318만 명을 초과하며 가까운 시일 내에 1억 명을 기록할 것으로 전망되고 있다. 이와 함께 중국인 해외여행객들의 소비규모도 크게 증가하고 있어 세계 각국은 이들을 유치하기 위해 적극 노력 중이다.

최근에는 중국인들의 해외관광이 단순한 단체관광형태에서 벗어나 레저형, 체험형 등으로 다양화하고 있기 때문에 중국인 관광객 유치를 통한 한국의 관광산업 활성화가 중요한 시점이 되고 있다. 특히 중국의 골프인구 급증과 함께 전반적인 골프시장 규모도 매우 큰 성장잠재력을 지닌 것으로 평가받고 있어 중국인 골프관광객의 유입이 매우 중요해졌다.

---

1) 본고는 한중사회과학학회, 「한중사회과학연구」 30권(2014)에 게재된 논문을 토대로 작성됨.

중국골프협회에 따르면, 중국의 골프인구는 2009년 300만여 명에서 현재 450만여 명으로 증가한 것으로 나타나고 있다. 현재 중국의 골프인구는 연평균 30%씩 급성장하고 있어 오는 2015년이 되면 총 3,000만 명에 달할 것으로 예측되고 있다. 더욱이 골프여행객은 동일지역 관광에 있어 일반여행객보다 20% 이상 더 소비하는 것으로 보고되고 있어 미국 등 선진국 정부들도 이들을 잡기 위해 적극적인 노력을 기울이고 있다. 따라서 동 연구를 통해 중국 골프인구, 골프장 건설 등 관련 산업의 발전 상황을 살펴보고 중국인 골프관광객 유치를 위한 우리의 대응방안을 제시함으로써 한국의 관광산업 및 지역경제 활성화에 기여하고자 한다.

Ⅱ. 중국인 해외관광 및 소비의 증가

중국은 1978년 개혁·개방정책의 추진 이후 지금까지 연평균 10%대의 고도성장을 지속하고 있다. 이에 따라 중국경제의 국제적 위상도 크게 강화되어 2012년 기준으로 국내총생산(GDP) 세계 2위, 무역규모 세계 2위, 수출규모 세계 1위, 외환보유고 세계 1위 등을 기록 중이다.

이에 따라, 중국경제가 세계경제에 미치는 영향력도 더욱 커지고 있다. 국제통화기금(IMF)가 2010년 12월 발표한 자료에 따르면, 중국경제가 1% 포인트 상승할 경우 전 세계 GDP는 약 0.4% 포인트 증가하는 것으로 나타났다(Vivek Arora and Athanasios Vamvakidis, 2010). 이제 중국경제는 미국경제의 침체, 유로 존(Euro zone) 국가들의 재정위기 등에 따른 세계적인 경기침체를 구원할 유일한 대안으로까지 거론되고 있다. 중국 고위 관료들의 말 한마디에 세계경제가 요동치는 이유도 바로 거기에 있으며, 최근에는 지방정부의 재정적자, 부실채권, 과잉 생산능력, 실업률, 농민공(農民工) 등 각종 문제[2]에 따른 중국경제의 연착륙 또는 경착륙 여부를 놓고 세계가 주목하고 있는 중이다.

중국경제의 성장은 주민소득(居民收入)의 증가를 가져오고 있으며, 이는 다시 중산층(middle class) 증가와 소비의 확대로 이어질 전망이다. 맥킨지(McKinsey) 보고서(Dominic Barton, 2013)에 따르면, 중국 도시가구 가운데 상위 도시중산층(Upper middle class) 가구의 비중은 2012년 14%(3,584만 가구)에서 2022년 54%(1억 9,278만 가구)로 급증할 것이라고 전망하고 있다. 이들의 소비규모도 연평균 22.4%씩 증가하여 2012년 전체 소비 대비 20%(2조 100억 위안)의 비중에서 2022년 56%(15조 100억 위안)로 크게 성장할 것으로 예상하고 있다. 이를 도시 전체 중산층 이상으로 확대해서 살펴보면, 2012년 71%(1억 8,176만 가구)에서 2022년 85%(3억 345만 가구)로 증가하고 소비규모도 85%(8조 5,408억 위안)에서 95%(25조 4,638억 위안)로 급증할 것으로 전망하였다.

중산층 이상 인구의 증가와 함께 중국인들의 해외관광도 크게 증가하고 있는 것으로 나타났다. 중국인 해외여행객의 수는 2003년 2,022만 명, 2006년 3,452만 명에 불과하였으나(中国旅游业统计公报, 2003&2006), 지속적으로 증가하여 2007년 4,095만 명, 2008년 4,584만 명, 2009년 4,766만 명에서 2010년 5,739만 명을 기록함으로써(中国统计摘要, 2013: 156) 처음으로 5천만 명을 초과하였다. 그 후, 2011년 7,025만 명, 2012년 8,318만 명으로 더욱 급증하였고 2013년에는 전년대비 15% 증가한 9,430만 명으로 예상됨에 따라 2014년에는 1억 명을 초과할 것으로 전망된다.[3]

---

2) 중국경제가 직면한 각종 문제점에 대한 보다 자세한 사항은 서창배(2009: 73-85)와 김동하(2010: 393-423)를 참조하기 바란다.

3) 중국정부는 2010년 중국인 해외여행객의 수를 2011년 6,500만 명, 2015년 8,375만 명으로 전망하였으나, 2012년 기준으로 이미 8,318만 명을 기록함으로써 당초 전망치를 초과 달성하였다. 이를 놓고 볼 때, 중국인 해외여행객의 수가 얼마나 빠른 속도로 급증하고 있

<그림 1> 중국의 중산층 성장 전망[4]

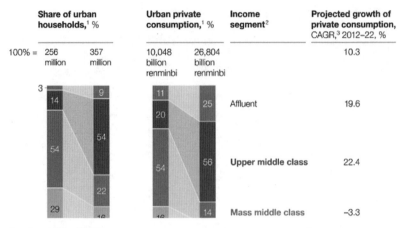

단위: %

주 : 1) 2020년은 예상치임.
　　2) 계층구분은 각주 2) 참조.
　　3) CAGR: 연평균 성장률(Compound Annual Growth Rate).
자료: Dominic Barton, Yougang Chen, & Amy Jin(June 2013).

　이러한 추세에 힘입어 한국을 방문하는 중국인 관광객도 증가 추세를 보이고 있다. 한국방문 중국인 관광객의 수는 2003년 55.9만 명, 2004년 69.7만 명 수준에 불과했으나, 이후 꾸준히 증가하여 2006년 109.8만 명, 2011년 236.8만 명, 2012년 299.5만 명을 기록하였다(「中国旅游业统计公报」, 2003~2012).

───────────

　는지를 여실히 방증하고 있다.
4) 계층구분(2010년 도시 가구당 가처분소득 기준): ①부유층(Affluent): 229,000위안 (약 34,000달러) 초과, ②상위 중산층(Upper middle class): 106,000~229,000위안 (약 16,000~34,000달러), ③일반 중산층(Mass middle class): 60,000~106,000위안(약 9,000~16,000달러), ④빈민층(Poor): 60,000위안 미만(약 9,000달러).

〈그림 2〉 중국인 해외여행자 수의 추이

단위: 만명, %

주 : 2013년은 예측치임.
자료: 国家统计局(2013); 国家旅游局(2003~2012); 中国社会科学院 中国旅游研究院 编(2013).

또한, 중국인 해외관광의 전체 비중 가운데 한국방문은 2004년 2.4%
에서 2009년 3.1%, 2012년 3.6%로 증가했으며, 순위 측면에서도 2004년
7위에서 2009년 4위, 2012년 3위로 급등함으로써 이러한 증가 추세는 앞
으로도 계속될 전망이다. 특히 중국의 특별행정구인 홍콩과 마카오가
2012년 기준으로 중국인 전체 해외관광의 67.9%를 차지[5]하고 있기 때
문에 이들을 제외한다면, 한국으로의 관광이 실질적으로 최대를 차지하
고 있는 것이다.

---

5) 계층구분(2010년 도시 가구당 가처분소득 기준): ①부유층(Affluent): 229,000위안
   (약 34,000달러) 초과, ②상위 중산층(Upper middle class): 106,000~229,000위안
   (약 16,000~34,000달러), ③일반 중산층(Mass middle class): 60,000~106,000위안(약
   9,000~16,000달러), ④빈민층(Poor): 60,000위안 미만(약 9,000달러).

<표 1> 한국방문 중국인 관광객 추이

연도	중국인 해외관광 (만 명)	한국방문 중국인 관광객			중국인 해외관광 목적지 순위
		관광객 수 (만 명)	전년대비 증가율 (%)	전체 대비 비중 (%)	
2003	2,022.2	55.9	1.4	2.8	7
2004	2,885.3	69.7	24.7	2.4	7
2005	3,102.6	84.3	21.0	2.7	7
2006	3,452.4	109.8	30.2	3.2	7
2007	4,095.4	131.3	19.5	3.2	7
2008	4,584.4	137.4	4.7	3.0	7
2009	4,765.6	147.4	7.3	3.1	4
2010	5,738.6	196.9	33.5	3.4	4
2011	7,025.0	236.8	20.3	3.4	4
2012	8,318.2	299.5	26.5	3.6	3

자료: 国家统计局(2013); 国家旅游局(2003~2012)을 종합하여 연구자 작성.

이와 함께 중국인 해외여행객들의 소비규모도 크게 증가하고 있는 것으로 나타났다. 2011년 4월 중국사회과학원 중국관광연구원(中国社会科学院 中国旅游研究院)이 발표한 자료(中国旅游研究院 编, 2011)에 따르면, 중국인의 해외여행 소비액은 2010년 480억 달러로서 세계 4위 수준을 기록하였다. 2011년에는 중국인 해외여행객의 규모가 미국의 1.2배, 일본의 3.5배로 증가하였고 그에 따라 중국인의 해외소비액이 690억 달러를 기록하였다(中国旅游研究院 编, 2012).

그 후, 해외여행객의 증가와 더불어 중국인의 해외소비도 더욱 급증하여 2011년 690억 달러, 2012년 1,020억 달러를 기록하였다(中国旅游研究院 编, 2012 & 2013).[6] 중국인들의 해외소비 규모는 2012년 처음으로 1천

---

6) 2011년 중국인 해외여행객의 규모는 미국의 1.2배, 일본의 3.5배에 달할 정도로 급성장하

억 달러를 기록함으로써 이미 세계 1위로 도약하였으며, 2013년에는 전년대비 20% 증가한 1,176억 달러에 달할 것으로 예상하고 있다(中国旅游研究院 编, 2013).

보스턴컬설팅그룹(BCG; Boston Consulting Group) 발표에 따르면(Vincent Lui et al., 2011), 중국인 해외여행자는 향후 10년간 연평균 17%씩 증가할 것이라고 전망하였다. 또한, 2020년에는 중국인의 해외소비지출이 1조 5,440억 위안(약 2,506억 달러)[7)]에 달해 일본의 3배에 달하고, 해외여행자의 수도 미국인들과 비슷한 수준에 달할 것으로 전망하였다. 특히 2020년이 되면 한국과 일본을 찾는 해외여행자의 1/4이 중국인이 될 것이라고 전망하였다. 이에 따라 한국과 미국을 비롯한 세계 각국이 중국인 관광객들을 유치하기 위해 다양한 노력을 전개하고 있다.

〈그림 3〉 중국인 관광객의 해외여행경비

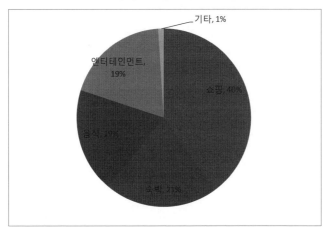

자료:「유로저널」(2011.5.10.).

였다(中国旅游研究院 编, 2012).

7) 中国人民银行(www.pbc.gov.cn) 2013년 9월 기준 환율인 1달러 = 6.16위안으로 환산한 것임.

따라서, 우리가 중국인 관광객들을 주목하는 이유는 단순한 관광객의 수적인 증가 때문만은 아닌 것이다. 중국인 해외여행객의 증가와 함께 그들이 해외에서 지출하는 소비구조의 특성 때문이다. 중국인 해외관광 객들은 해외에서 소비하는 지출비용 중 59% 이상을 쇼핑과 엔터테인먼트에 지불하고 있는 것으로 나타났다(그림 3 참조). 특히 쇼핑에 지불하는 비용이 40% 이상을 차지하고 있어 일본인 관광객(22%)의 약 2배 정도에 달하는 것으로 드러났다. 더욱이 중국인 부유층 관광객들의 국내·외 여행패턴도 단순한 관광 수준에서 레저 및 체험형 관광으로 그 비중이 변화하고 있어 이들의 소비규모도 더욱 급증할 것임에 주목할 필요가 있다(그림 4 참조).

〈그림 4〉 중국인 부유층 관광객들의 국내·외 여행패턴 변화 추이

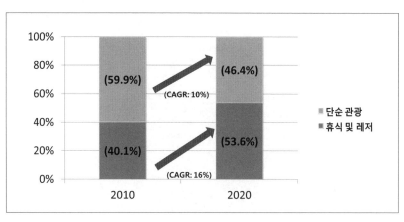

자료: BCG(2010); Lui(2011).

이러한 추세는 한국에서도 동일한 현상을 보이고 있어 중국인 관광객의 소비규모는 1인당 평균 1,558달러에 달해 미국인 관광객(1,292달러)보다는 1.2배 많고 일본인 관광객(1,072달러)보다는 1.5배 많은 것으로 나타

났다(그림 5 참조). 이러한 점들을 놓고 볼 때, 한국에 있어서도 중국인 관광객 유치는 매우 중요한 사안이 되고 있다.

〈그림 5〉 한국방문 주요 외국인관광객 1인당 평균 지출액 (2010년 기준)

단위: 달러

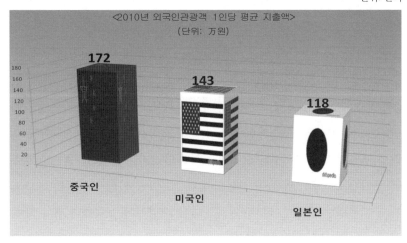

자료: 한국관광공사(2011).

Ⅲ. 중국 골프시장의 발전 현황과 골프인구의 증가

골프(Golf)가 중국에 전파된 것은 19세기 말로 알려지고 있으나, 사회주의국가의 특성상 그동안 크게 발전하지 못한 것이 사실이다. 그러나 중국경제의 성장은 스포츠 · 레저시장, 특히 골프시장의 발전에도 많은 영향을 끼치고 있다.

허원이(何文义) 베이징대학(北京大学) 중국체육산업발전연구중심(中国体育产业发展研究中心) 주임은 "중국의 스포츠 및 관련 산업규모는 향후

2조 위안(약 360조 원)에 달할 것"이라고 밝혔다(『上海证券报』, 2010.1.22). 아울러 중국정부가 스포츠산업 발전을 위해 대규모 자금을 지원할 계획임을 밝혀 중국의 스포츠·레저산업은 더욱 크게 성장할 것으로 보인다. 이를 반영하듯 베이징(北京), 상하이(上海), 광둥성(广东省) 등 대도시를 중심으로 골프장 건설 및 골프인구가 최근 급증하고 있다. 특히 베이징에는 최소 75개에서 최대 100개의 골프장이 존재하는 것으로 알려지고 있어, 소득수준 향상과 골프시장 발전이 밀접하게 연결되어 있음을 알 수 있다.

무엇보다도 꾸준한 증가 추세를 보이고 있는 중국의 골프인구에 주목할 필요가 있다. 정부 측의 환경오염, 반부패정책 등에 따른 신규 골프장 건설 제재에도 불구하고[8] 중국 고소득층의 소비수준 향상 등으로 골프를 즐기는 소비인구와 관련 산업이 연간 20~30% 이상 성장세를 이룰 것으로 예상되고 있다. 또한, 중국 내 스포츠채널에서 골프관련 경기 및 동향 등에 대한 방송이 활발히 이루어지고 있어 중국에서의 골프는 더욱 대중화될 것으로 기대된다(심재희, 2013).

중국골프협회(中国高尔夫球协会, CGA)에 따르면, 중국의 골프인구는 2009년 300만여 명에서 현재 450만여 명 이상으로 증가하였다(표 2 참조). 골프인구가 전체 인구에서 차지하는 비중도 0.23%에서 0.34%로 증가하였다. 특히 현재 중국의 골프인구는 베이징, 상하이, 광저우(廣州), 션쩐(深圳) 등 1선 도시를 중심으로 연평균 30%씩 급성장하고 있다. 이를 바탕으로 중국 골프업계는 2015년까지 중국의 골프인구가 총 3,000

---

8) 이러한 이유로 인해 중국 내 골프장 및 골프인구에 대한 명확하고 통일된 통계자료가 존재하지 않고 있다. 특히 중국정부로부터 정식 승인된 골프장이 10개 내외(3%)인 것에 비해 나머지 97%가 비승인(黑戶) 골프장으로 존재하는 것으로 알려지고 있다. 이에 따라 동 연구에서는 각종 자료를 종합하여 분석하였기 때문에 실제와 다소간의 격차는 물론이고 참고자료에 따른 분석내용 상의 통계수치 제시의 차이가 존재할 수 있음을 밝힌다.

만 명에 달할 것으로 예측하고 있다.[9]

<표 2> 중국골프시장의 발전과정, 현황 및 향후 전망

기간	주요 발전 내용	비고
1982	·중국 최초 골프장 건설 발표	·심천CC
1984	·중국 최초 골프장 설립	·中山溫泉CC
1984~1994	·중국내 골프장 수: 16개	
1995~2003	·약 170개 골프장으로 급성장	
2009	·영업 중인 골프장: 348개 / 7,772개 홀 보유 ·골프인구: 약 300만 명	·18홀 기준으로 환산 시, 약 432개 골프장 ·2008년 대비 -신설 골프장 수: 11.5% 증가 -골프인구 수: 22.7% 증가
2011	·골프장 450개 내외로 추정 ·골프인구: 약 450만 명	·2009년 대비 신설 골프장의 수: 100개 이상 증가
2004 ~2010	·600여 개 이상으로 추정하는 보고서도 존재	·정부승인 골프장: 10개 내외 ·비승인(黑戶)골프장: 97%
2011 현재	·454개 골프장/ 10,506홀 건설 중인 것으로 추정	·기(旣) 건설된 골프장(1984 ~ 2011년)의 수만큼 현재 건설 중인 것으로 추정
~2015년까지 (예측치)	·약 2,700개 예상 ·약 3,000만 명 예상	

자료:「中国高尔夫产业网」(2012.3.13 & 2012.3.19)을 참조하여 연구자 작성.

---

9) 골프인구가 향후 2년여의 단기간 동안 약 2,500만 명 이상 증가한다는 것이 실현 불가능한 억측으로 보인다. 그러나 2장에서 설명한 바와 같이 2012년 중국인 해외여행객의 수가 불과 2년이라는 단기간 동안 2010년 대비 2,500만 명이나 증가하였고 숨어 있는 골프인구까지 포함한다면 충분히 실현 가능한 수치라고 생각된다.

李志武 主编(2013)에 따르면, 연 8회 이상 골프장을 출입하는 핵심 골프인구가 2012년 386,000명을 기록함으로써 358,000명이었던 2011년 대비 7.5% 증가하였다. 이를 다시 지역별로 살펴보면, 광둥성, 베이징, 짱쑤성(江苏省), 산둥성(山东省), 상하이 등이 중심을 이루고 있다.

<그림 6> 2012년 중국 주요 지역별 골프횟수 비교

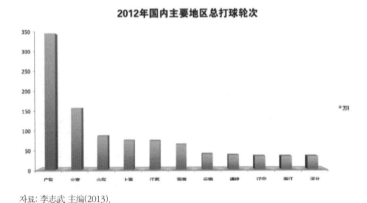

자료: 李志武 主编(2013).

더불어 이들의 골프관련 소비액도 간과할 수 없을 정도로 높은 수준을 보이고 있다. 핵심 골프인구의 75%가 연 5만 위안 이하를 골프관련 비용에 소비하고 있으며, 31%는 골프관련 비용으로 연 1~3만 위안을 소비하는 것으로 나타났다. 또한, 이들은 주로 중년층과 잠재적인 확장 고객인 청년층으로 구성되어 있으며, 주로 남성들이 중심을 이루고 있고, 고수입·고학력자로서 해외 브랜드에 대한 높은 선호도를 소유한 특징을 보이고 있는 것으로 나타났다(李志武 主编, 2013).

<표 3> 중국 핵심 골프인구의 주요 특징

구 분	주요 특징	비 고
인 원	· (2011) 358,000명 · (2012) 386,000명	· 전년대비 증 가율: 7.5%
중심지역	· 광둥성, 베이징, 장쑤성, 산둥성, 상하이 등	
성 별	· 남성이 중심	
연 령	· 중년층 및 청년층(잠재적 확장고객)	
학 력	· 고학력자 위주	
수 입	· 고수입자 위주	
연간 골프비용	· 5만 위안 이하: 75%를 차지 · 1~3만 위안: 31%를 차지	
소비성향	· 해외 브랜드에 대한 높은 선호도	

주 : 핵심 골프인구는 연 8회 이상 골프장을 출입하는 골퍼를 의미.
자료: 심재희(2013.5.31)를 참조하여 연구자 작성.

골프인구의 증가와 함께 골프장의 수도 급증하는 추세를 보이고 있다. 1984년 중산원취엔(中山溫泉)CC의 등장으로 시작된 중국의 골프장 수는 1984~1994년 기간 동안 16개가 건설된 이래 급증하여 2009년에는 348개(7,772홀)를 보유하게 되었다(中国高尔夫产业网, www.chinagolf.cc). 그 후, 2011년 최소 454개(10,506홀)에서 최대 600여 개 이상의 골프장이 운영 중인 것으로 알려지고 있다(표 1과 그림 7 참조).

〈그림 7〉 2012년 중국 골프시설 규모 및 성장 추이

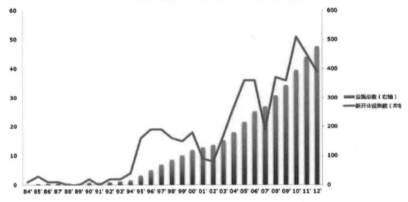

자료: 李志武 主编(2013).

2012년에도 중국의 골프장 건설은 계속하여 증가하고 있는 것으로 나타나고 있다. 2012년 중국 골프산업백서(朝向白皮书—中国高尔夫行业报告 (2012年度)[10])에 따르면, 중국의 골프장 수는 2012년 현재 총 477곳이며 홀의 개수는 총 10,570개로 나타났다. 이를 다시 18개 홀을 기준으로 환산하면 전국적으로 약 587개의 골프장이 존재하는 것으로 생각해볼 수 있으며, 새로 개장한 신설 골프장의 수는 총 39개로 나타났다.

그러나 중국정부는 2004년 〈신규 골프장 잠정중단에 관한 통지〉를 통해 골프장 신규 건설을 원칙적으로 금지한 이래 10여 차례에 걸쳐 관련 제한정책을 발표했다. 최근에는 단속이 더욱 엄격해지면서 중국골프산업이 심각한 조정기에 직면한 것으로 알려지고 있다. 그 영향으로 신규

---

10) 동 백서는 1999년 설립된 중국 유일의 종합골프전문기업인 차오시향그룹(朝向集团)이 미국 골프산업 통계조사연구기관인 NGF(National Golf Foundation)와 함께 2010년 4월부터 골프관련 시설, 인구, 법률 및 정책, 대회 결과, 경기결과, 10대 뉴스 등을 중심으로 중문판과 영문판으로 발간하고 있다(朝向白皮书—中国高尔夫行业报告(2012年度)).

개장 골프장의 수도 2011년 45개에서 2012년에는 39개로 감소하였다. 또한, 2012년도 신규 개장한 골프장들도 정부 단속에 따라 대부분 형식적으로만 운영하는 것으로 나타나고 있다. 특히 시진핑(习近平) 정부 들어 반부패정책을 적극 추진하며 골프장 등에서 서비스를 받을 수 있는 공무원 VIP카드를 없애는 등의 조치를 취함에 따라 대도시를 중심으로 실외 골프장보다 실내 스크린 연습장이 최근 인기를 끌고 있다고 한다(심재희, 2013).

최근 중국골프업계는 현재 중국 내에서 건설 중인 골프장의 규모가 지난 1984년부터 2011년까지 건설된 골프장의 수만큼 신규 건설 중이라고 밝히고 있다. 더욱이 급증하는 골프인구를 수용하기 위해서는 2,000여 개의 골프장이 추가 건설될 필요가 있다고 분석되고 있다. 이에 중국의 골프장의 수는 2015년까지 약 2,700개로 급증할 것이라는 전망도 나오고 있다.

한편, 중국과 전 세계 골프장의 규모를 비교하여 살펴보면 대략 다음과 같다. 2009년 기준으로, 전 세계 골프장의 수는 총 31,548개로 알려지고 있다. 그중, 중국(348개)의 골프장이 차지하는 비중은 1.1%에 불과하며 아시아 전체(3,785개)에서는 9.2%를 차지하고 있다. 국가별 순위에서는 미국 19,800개(1위, 62.8%), 영국 3,052개(2위, 9.7%), 일본 2,500개(3위, 7.9%), 이탈리아 1,560개(4위, 4.9%), 독일 630개(5위, 2.0%) 등으로 나타났다(中国高尔夫产业网, www.chinagolf.cc).

그러나 전술한 국가들 가운데 중국을 제외하면 대부분의 국가들이 이미 포화상태에 직면하고 있어 신설 골프장 건설이 크게 발생하지 않을 전망이다. 따라서 2015년까지 중국내 골프장의 수가 2,700개로 증가할 경우 전 세계에서 차지하는 비중도 8.6%로 증가하여 미국, 영국 다음으로 가장 많은 골프장을 보유하게 될 것으로 보인다.

<그림 8> 중국과 전세계 골프장 수 비교(2009년 기준)

단위: 개

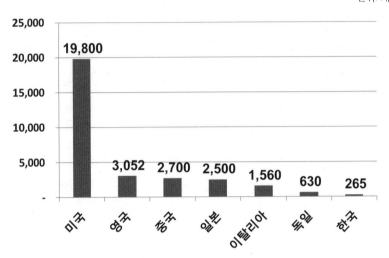

주 : 중국은 2015년까지의 전망치 기준임.
자료: 中国高尔夫产业网(www.chinagolf.cc).

전술한 바와 같이, 중국의 골프시장 규모는 골프인구, 골프장 건설, 골프용품 등 전반적인 측면에서 매우 큰 성장잠재력을 지닌 것으로 평가받고 있다. 이를 반영하듯 '중국국제골프박람회(中国国际高尔夫球博览会, CGS)'[11]에 참여하는 기업의 수와 관람인원도 매년 증가 추세를 보이고 있다. 참여 기업의 수는 2011년 360개 기업에서 2012년 400여 개, 2013

---

11) 중국국제골프박람회(cgs.chinagolfshow.com)는 2002년 처음 개최된 이래 매년 봄/가을에 베이징/광저우에서 번갈아 개최되고 있는 국제적인 골프박람회로서 중국골프산업의 선도적인 무역박람회로 성장하고 있다. 주최기관은 중국골프협회(中国高尔夫球协会)와 베이징리잔광허잔란(北京励展光合展览)기업이며, PGA, 미국골프장경영자협회(GCSAA), 미국골프장건설인협회(GCBAA), 미국골프장설계자협회(ASGCA), 영국영국왕립골프협회(R&A) 등이 협력 또는 후원하고 있다. 차기 박람회는 2014년 3월 14~16일 동안 베이징에서 개최될 예정이다.

년 450개 기업으로 확대되었다. 총 관람인원의 수도 2012년 33개국에서 14,771명이 참여하였으며, 2013년에는 전년대비 35% 증가한 19,992명이 30개국 이상에서 참여하였다(cgs.chinagolfshow.com). 특히 동 박람회에는 혼마, 타이틀리스트 등 세계 유명 골프업체들의 참여도 이어지고 있어 중국골프시장에 대한 전 세계의 높은 관심을 대변하고 있다.

이와 함께, 중국은 골프용품 생산에 있어서도 세계 최대 생산기지 로서의 역할을 담당하고 있다. 현재 전 세계 중·저가 골프용품 생산 의 80%가 중국에서 '주문자 상표부착 생산'(OEM; Original Equipment Manufacturing) 방식으로 생산되고 있다. 특히 130개 이상의 골프용품 제 조업체들이 소재한 광둥성(广东省) 둥관시(东莞市)의 탕샤현(塘厦镇)에서 만 전 세계 골프용품의 40%를 생산하고 있다. 이처럼 중국은 골프용품 관련 생산에서도 "세계의 공장" 역할을 하고 있는 것이다. 이에 따라 지 리적으로 인접한 광둥성, 홍콩 등에서 모조제품들이 상당수 유통되는 실 정이다.

그러나 중국 내 소비시장에서 판매되는 주요 고급 골프용품들은 대 부분 해외브랜드가 주도하고 있는 실정이다. 현재 중국 내에서 판매되 는 고급 골프브랜드로는, Dunlop(영국), Callaway(미국), Adidas(독일), Nike(미국), Ben Hogan(미국), Mizuno(일본), MacGregor(미국), Honma(일 본) 등이 있으며, 한국브랜드로는 Bigyard, Vulcan 등이 있다.

〈표 4〉 중국 내 판매되는 골프브랜드들의 주요 내용

브랜드 (국가명)	제품 종류	제품 규격/구성	가격
Dunlop (영국)	골프공	2피스볼	6.5위안/개
PGM (미국)	골프공	3피스볼	3.8위안/개
Callaway (미국)	골프클럽세트	클럽12개, 퍼터1 개, 캐디백	10,700위안/세트
GURO NEKO (중국)	골프클럽세트	클럽12개, 퍼터1 개, 캐디백	888위안/세트
Vulcan (한국)	골프클럽세트	클럽5개, 퍼터1 개, 캐디백 2개	2,550위안/세트
Mizuno (일본)	골프장갑	(재질) 합성피혁	165위안/개
Aerfala (한국)	골프 T-셔츠	-	289위안/개

자료: 심재희(2013).

Ⅳ. 한국의 중국인 골프관광객 유치방안

최근 중국의 골프시장규모가 급성장하고 있고 중국인 골프해외여행시장의 성장잠재력이 증가추세를 보임에 따라 전 세계가 깊은 관심과 함께 적극적인 홍보를 선보이고 있다.[12] 특히 미국은 주중미국대사관(美国驻

---

12) 미국 Hotels.com의 2013년 8월 발표에 따르면, 2012년 중국인 해외여행객의 5%가 해외여행 중 골프 등의 활동을 한 것으로 알려지고 있다(Hotels.com, 2013.8: 8). 이를 다시 2012년도 전체 중국인 해외여행객으로 환산하면 약 416만 명이 해외에서 골프를 즐긴 것으로 볼 수 있다. 한편, 중국인 골프여행객의 해외소비 규모에 대한 통계수치는 전혀 보고

华大使馆)이 직접 나설 정도로 중국인 골프여행객을 유치하기 위해 가장 적극적인 노력을 기울이고 있다. 2012년 중국국제골프박람회에 미국의 관련업계도 대규모 인원을 파견하여 미국으로의 골프여행(golf tour)을 적극 홍보한 바 있다. 또한, 당시 주중미국대사관 상무참사관은 중국인 골프여행객를 위한 미국비자(Visa) 간소화 등을 강조한 바 있다.

이와 함께 미국의 지방정부들도 빠르게 대응하고 있다. 캘리포니아 지방정부는 샌프란시스코 관광과 함께 미국 와인생산지와 와인시음 등으로 이어지는 색다른 골프여행을 강조하였다. 괌 관광국은 2시간의 시차, 베이징으로부터 5시간 이내의 인접성, 총 7곳 180홀을 갖춘 세계적 수준의 골프장, 쇼핑의 편리함 등을 적극 홍보하고 있다.

이러한 움직임은 동일지역 관광에 있어서 골프여행객의 소비규모가 일반여행객보다 높기 때문일 것이다. 일반적으로 골프여행객은 일정한 지역에서의 체류기간이 길고 골프 이용경비 외에 호텔, 식사, 관광, 쇼핑, 각종 엔터테인먼트 활동 등을 동반하기 때문이다. 해외통계기관들은 골프여행객이 일반여행객보다 최대 20% 이상 높은 소비행태를 보인다고 제시하고 있어 해당지역에 미치는 경제적 파급효과가 크다는 점을 방증해주고 있다. 더욱이 중국인 해외골프여행객에 대한 다음과 같은 낙관적인 전망들이 우세를 보이는 점들도 영향을 미치고 있는 것으로 풀이된다. 이에 한국, 특히 무(無)비자 지역인 제주도의 적극적인 유치방안 마련이 필요한 시점이다.

첫째, 중국 골프인구의 증가 속도가 매우 빠르다는 점이다. 중국의 골프인구는 전국적으로 연평균 10% 정도 증가하고 있다. 그러나 베이징, 상하이, 광저우, 선전(深圳) 등 주요 대도시에서는 골프 애호가들이 연평균 25~30%씩 급성장하고 있다(中国日报网, 2013.7.9.). 이러한 증가추세에

되어 있지 않아 정확한 소비규모를 가늠하기 어려운 상태이다.

힘입어 중국의 골프인구는 2015년까지 3천만 명이 될 것으로 전망된다.

둘째, 주민소득의 향상은 중국인 해외골프여행객의 증가로 이어질 것이라는 점이다. 2010년 4,423달러이던 중국의 1인당 GDP는 이미 5,000달러를 초과하여 2011년 5,434달러, 2012년 6,076달러를 기록하고 있으며(기획재정부, 2013: 68), 2013년에는 6,629달러로 예측되고 있다. 특히 골프장이 집중되어 있는 베이징, 상하이, 광저우 등의 1인당 GDP(2010년 → 2012년)는 각각 10,630달러 → 14,027달러, 11,033달러 → 13,626달러, 12,500달러 → 16,850달러 등으로 증가하였다. 소득수준의 향상은 다시 해외여행객 증가로 이어질 것이고 과거와 같은 단순한 단체관광에서 벗어나 각종 스포츠·레저를 즐기는 엔터테인먼트 여행으로 이어질 것이다. 중국골프산업망에 소개된 〈중국골프운동과 골프여행 발전분석(高尔夫运动和高尔夫旅游的发展分析)〉 논문(2012)에서도 중국의 관광형태는 현재 골프와 여행이 결합된 새로운 여행형태로 진일보하는 과도기에 있다고 밝히고 있다.

셋째, 현재 중국의 골프인구는 대부분 고소득층으로 제한되어 있으며 그들의 소비수준도 매우 높아 골프산업 외에 쇼핑, 카지노, 요식업 등 지역경제발전에 크게 기여할 것이라는 점이다. 장기적인 미래에는 중국골프도 대중화를 실현할 수 있을 것이다. 그러나 아직까지 중국의 골프시장은 고소득층을 중심으로 성장 중에 있는 상태로서 귀족스포츠로까지 불리고 있다. 이는 후베이성(湖北省) 최초의 정식 승인된 골프장인 홍롄후CC(红莲湖高尔夫球场)의 수입구조를 통해서도 대략적으로 살펴볼 수 있다. 600명의 회원을 보유한 홍롄후CC의 연간 수입액은 9,880만 위안이다. 그 가운데 회원가입 수입 8,280만 위안, 연회비 600만 위안, 그린피 수입 약 1,000만 위안을 기록 중이다. 그중, 그린피 수입을 회원 1인당 연평균 소비지출로 환산하면 대략 33,000위안(약 5,357달러)에 이르는 것으로 나타났다. 이는 중국의 1인당 GDP 및 일반 샐러리맨들의 평균 연간 소득과 맞먹는 수준으로 일반서민들이 쉽게 참여하기 어려운 상태이다. 따라서 중국골프여행객을 유치한다는 것은 고소비 계층을 유입한다는 것이고 이는 곧 지역경제발전에 크게 기여할 수 있을 것이라고 생각된다.

중국의 해외골프여행객이 크게 증가하고 있고 앞으로 더욱 증가할 것이라는 점에서 한국도 적극적인 유치작업을 기울일 필요가 있다. 그 중에서도 특히 '중국인 비자면제' 지역인 제주도의 역할은 더욱 커질 것으로 예상된다. 제주도는 다음과 같이 중국인 골프여행객을 유치하기 위한 많은 장점을 가지고 있다.

첫째, 중국과의 지리적 인접성이다. 중국 베이징을 기준으로 제주도까지의 비행시간은 2시간 30분이며 시차도 1시간에 불과하다. 둘째, 제주도는 특별자치도로서 중국인에 대한 비자 면제도 큰 매력이다. 셋째, 4면이 바다로 둘러싸여 있어 골프를 즐기며 바다 풍광을 쉽게 볼 수 있는 점이다. 넷째, 중국 위안화의 평가절상에 힘입어 골프비용이 크게 비싸지 않다는 점이다. 중국골프장의 18홀 기준 평균 비용(그린피, 캐디피, 식사 등 포함)은 최소 600위안/인(약 11만 원)에서 최고 2,500위안/인(약 45만 원)에 달하고 있다. 이를 놓고 볼 때, 한국과 유사하거나 오히려 중국이 비싼 상태이다. 다섯째, 전체 면적에 비해 제주도가 다수의 골프장을 확보하고 있다는 점이다. 제주도에는 총 25개의 골프장이 존재하며 회원제 549홀과 대중제 96홀을 보유하고 있어 다양한 골프코스를 체험할 수 있는 매력이 있다(표 5 참조). 여섯째, 중국보다 고급스런 제주도만의 서비스문화를 즐길 수 있다는 점이다. 중국의 다수 보고서들은 중국 국내 여행의 가장 큰 문제점으로 낮은 서비스 수준을 지적하고 있다.

<표 5> 제주도 골프장 현황(2012.3월 기준)

골프장명	규 모	골프장명	규 모	골프장명	규 모
나인 브릿지	(18+6)	더클래식	(18+0)	라온	(27+0)
라헨느	(18+0)	레이크힐 스제주	(27+0)	롯데스카 이힐제주	(27+9)
블랙스톤	(18+9)	사이프러 스	(27+9)	세인트포	(36+0)
스프링 데일	(18+0)	아덴힐 R&G	(18+0)	에버리스	(18+9)
엘리시안 제주	(27+9)	오라	(36+0)	우리들	(18+0)
제주	(18+9)	제피로스	(18+0)	중문	(18+0)
캐슬렉스 제주	(18+9)	크라운	(18+9)	타미우스 G&B	(27+0)
테디밸리	(18+0)	핀크스	(18+9)	한라산	(18+0)
해비치 (제주)	(27+9)				

주 : 1) 총 25개 골프장, (549+96)홀 규모.
　　2) ( ) 안은 (회원제+대중제)를 의미.
자료: 한국골프장경영협회(2012.3).

　　이러한 장점에도 불구하고, 제주도 골프장에 대한 내방객 규모는 점차 감소하는 추세를 보이고 있어 한계를 드러내고 있다. 골프장의 전반적인 경영상황과 직결되는 내방객 현황을 놓고 볼 때, 제주도는 여타 지역에 비해 전반적으로 감소하는 추세를 보이고 있다. 특히 2010년에는 2009 년과 비교하여 -12.3%라는 다소 큰 폭의 감소세를 보였고, 2011년에도 전년대비 -0.1% 감소 추세를 보였다. 섬지역의 특성상 제주도의 접근성

이 다른 여타지역에 비해 떨어진다고는 하나, 그것만으로 내방객 감소
추세를 설명하기는 다소 역부족이다.

제주도지역의 골프장은 규모 면에서 볼 때 국내 전체골프장(총 265개)
에서 9.4%를 차지하고 있어 경기도와 영남지역을 제외한다면 국내 여타
지역에 비해 결코 뒤지지 않는 상태이다(그림 9 참조). 특히 미(未)개장 골
프장과 지역별로 더욱 세분화할 경우 오히려 제주도의 골프장 규모가
더욱 앞선다고 볼 수도 있다. 따라서 제주도 골프장이 갖고 있는 내재적
한계를 개선하고 새로운 성장 모멘텀을 찾는다는 측면에서도 중국인 골
프여행객 유치사업은 매우 중요하다고 생각한다.

〈그림 9〉 한국의 골프장 현황(2012.3월 기준)

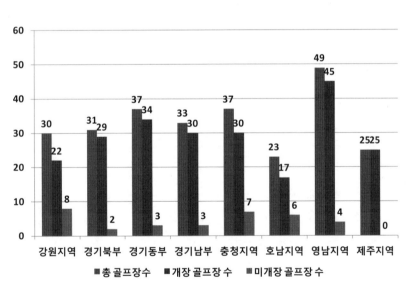

자료: 한국골프장경영협회(2012.3)

이에 제주도를 비롯한 한국의 지자체와 관련 업계가 추진해야 하는 중국인 골프여행객 유치 방안을 다음과 같이 제시하고자 한다.

첫째, 'airport to airport'와 같은 '감동' 서비스전략을 구사할 필요가 있다. 즉 중국인 골프여행객만을 위한 보다 고급화되고 차별화된 서비스를 제공하는 것이다. 이 경우, 중국인 골프여행객을 중심으로 한 살롱개념의 멤버십 프로그램을 운영하는 것도 고려해볼 필요가 있다. 즉 "당신만이" 받을 수 있는 소수를 위한 특별프로그램을 추진하는 것이다. 중국에서의 골프는 아직까지 귀족스포츠로 분류되고 있고 해외골프여행객들은 기본적으로 고소득의 상류층이기 때문이다. 따라서 중국의 다수 골프인구는 사회 여론을 형성하는 오피니언 리더들이라는 점을 감안하여 일회성 단체여행객들과는 명확히 구분하는 'airport to airport' 서비스를 철저히 펼칠 필요가 있다. 그러나 '중국인' 하면 무의식적으로 무시하거나 과거 저발전 상태의 중국인들을 대하는 태도를 아직까지 보이는 곳이 만연해 있는 만큼 주의가 요망된다. 말로 표현하지 않더라도 마음자세는 언제든지 무의식적으로 표출된다는 점에서 주의해야 한다.

둘째, 관련업계 종사자들에게 생활회화가 아닌 기본적인 중국식 골프용어를 충분히 습득하도록 해야 한다. 한국인들이 중국 골프여행에서 캐디의 기본적인 한국어 골프용어를 듣고 마음 편하게 즐길 수 있는 것처럼, 중국인들도 언어적인 소통문제로 불편함을 느낀다면 그 자체로도 유쾌하지 못할 것이기 때문이다. 다수의 중국인 골퍼들이 영어를 구사하긴 하나 자국의 언어를 활용함에 따라 친밀도를 높이자는 것이다. 최근 다수의 골프장에서 중국어 또는 영어교육을 수시로 진행하는 것으로 알고 있다. 그러나 여전히 많은 곳에서 부족함을 느낀다. 특히 생활회화보다도 골프 기본용어를 집중적으로 알려줄 필요가 있다. 예를 들어, 이하오무(一号木) = 드라이버, 치하오티에(七号铁) = 7번 아이언, 상포(上坡) =

오르막 라이, 우간동(五杆洞) = 파 5홀 등이다. 또한, 자유여행에서도 불편하지 않도록 중국어 관광안내원을 주요 지역별로 적극 배치하는 노력도 절실하다고 본다.

셋째, 지자체와 골프업계가 공동 유치 전략을 추진하는 것이다. 이는 지역 골프장업계 간의 지나친 유치 경쟁에 따른 역효과를 억제하고 과열 경쟁에 따른 피해도 최소화할 수 있기 때문이다. 중국인 골프여행객 유치 전략을 추진함에 있어서 지자체와 골프업계가 협력하여 중국의 대도시 또는 성의 수도를 중심으로 전개할 필요가 있다. 중국의 골프인구는 베이징, 상하이, 광저우, 선전 등 대도시 또는 각 성 수도를 중심으로 집중 분포하고 있기 때문이다. 또한, 골프장별로 개별적인 홍보를 진행할 경우 중국의 문화적 특성상 많은 소요비용에 비해 효과는 크지 않고 지속적인 효과를 거두기도 어렵기 때문에 미국의 사례와 같이 지자체와 지역 골프장업계가 공동으로 집중적인 홍보 전략을 추진할 필요가 있다. 중국의 대도시 이외의 일부 지역에 대해서는 관심 있는 골프장들끼리 연합하여 공동 홍보 전략을 전개하는 것도 효과적일 수 있을 것이다.

넷째, 골프장업계 개별적으로는 중국 내 골프장과의 MOU(Memorandum of Understanding) 등 자매결연 체결을 적극 추진하는 것이다. 복수의 골프장들이 연합하여 MOU를 체결하는 것도 매우 효과적일 수 있다고 생각한다. 한국 오크밸리와 중국 푸춘리조트 간의 회원교류 제휴와 같이 일부 골프장들을 중심으로 한-중 골프장 간의 MOU 체결이 존재하고는 있으나, 주로 한국회원의 중국 내 회원대우조건을 중심으로 이루어지고 있다. 따라서 이를 보다 확대하여 골프장별로 한-중 회원 간의 상호 회원대우 인정(그린피 및 게스트 룸 포함)과 같은 교류·협력을 적극 추진할 필요가 있다. 이는 중국인 골프여행객 유치는 물론이고 궁극적으로 국내 회원의 확대에도 도움을 줄 것이다. 중국에서는 베이징 소재의 징난(京

南)CC가 대표적인 성공사례라고 할 수 있다.

다섯째, '골프아카데미' 또는 '원 포인트 레슨(one point lesson)'이 가능한 전문적인 캐디를 집중 육성할 필요가 있다. 장기적으로 중국의 청소년층을 대상으로 한 골프아카데미를 설립하여 집중 육성할 필요가 있다고 본다. 특히 제주도, 인천 등은 국제적인 유명 교육기관의 유치를 통한 교육특화지역을 준비하고 있는 만큼 고려해볼 만한 사항이라고 생각된다. 더욱이 미래의 잠재적인 중국인 골프여행객 유치 확대라는 점도 도움이 될 것이다. 특히 중국인들은 비싼 비용에도 불구하고 남들에게 과시하기 위해 외국인 코치 또는 외국에서의 연수를 선호하는 만큼 미래를 위한 투자전략으로 생각해볼 필요가 있다. 다만, 골프아카데미를 통한 전략은 3~5년의 장기간이 소요되는 단점을 지니고 있다. 따라서 단기적으로는 '레슨'을 함께 할 수 있는 전문적인 캐디를 집중 육성하여 적극 활용할 필요가 있다. 중국의 많은 골프장들은 캐디를 A~C등급으로 구분하고 캐디 피(caddie fee) 등에서 차별화된 전략을 구사하고 있다. A등급의 캐디는 본연의 역할은 물론이고 '원 포인트 레슨'을 통해 골프장에 대한 좋은 인상을 주고 있다.

여섯째, '차이나 주간(China's Week)' 또는 '차이나 데이(China's Day)'를 적극 활용하는 것이다. 한국골프장들의 빠듯한 시간 배정, 지나친 복장 규제 등을 해당 기간 동안에는 다소 완화해주는 것이다. 특히 중국인 골퍼들에 대한 융통성 있는 시간 안배는 보다 여유 있고 편안하게 골프를 즐길 수 있게 해줄 것이다. 또한, 여름시즌만이라도 지나친 복장 규제를 완화하여 남성의 반바지 착용이 가능하도록 할 필요가 있다.

일곱째, 클럽하우스를 국제화해야 한다. 언어적인 문제는 물론이고 음식에서도 전통적인 중국식 스낵(snack)류를 도입할 필요가 있다. 때에 따라서는 '차이나 주간' 또는 '차이나 데이' 기간 동안 전문적인 중국식 중

식당을 운영하는 것도 고려해볼 수 있을 것이다. 또한, 중국인 골퍼의 쇼핑 편의를 위한 이동식 명품관의 운영도 적극 고려해볼 필요가 있으며, 골프 카트(golf cart)에서 휴대폰 충전이 가능하도록 배려하는 '작은 감동'의 추진도 필요하다고 본다.

V. 결론 및 시사점

중국시장은 전반적으로 소비 확대와 함께 전통소비를 신(新)소비가 대체하고 선택적 소비가 활성화됨으로써 소비구조의 업그레이드를 더욱 촉진할 것으로 전망되고 있다. 이에 한국의 기업 및 지자체들도 중국인들의 소비패턴이 고급화·차별화되고 소위 '문화 웰빙 소비트렌드'의 급증으로 이어지고 있음에 대비해야 한다. 특히 '중국인 관광객 맞춤형'의 안전하고 유익한 콘텐츠 상품 개발과 이에 대한 지속적인 마케팅 확대가 필요하다고 본다.

이러한 측면에서 한국의 지자체와 기업들은 중국인 골프여행객 유치를 위한 장·단기적인 전략을 구축하고 적극적인 노력을 기울일 필요가 있다. 특히 중국정부의 각종 제재정책에도 불구하고 소득향상과 함께 골프의 대중화가 가속화하고 있어 중국 골프시장에 대한 중·장기적인 성장 전망은 매우 낙관적인 상태이다. 따라서 한국의 지자체와 관련업계가 국내로의 중국인 골프관광객 유치 확대를 위한 차별화된 특화전략을 마련하여 적극 노력해야 할 것이다. 특히 제주도의 많은 골프장들은 지리적 인접성과 '중국인 비자 면제' 지역인 동시에 중국인들이 선호하는 바다 풍광을 4면에 걸쳐 보유하고 있다는 점에서 매우 유리한 지형적 특성을 지니고 있다.

그러나 다수의 중국인 골프여행객을 유치하기 위해서는 골프장의 외형적인 측면보다도 양질의 서비스(优质服务)를 제공하는 것이 무엇보다도 중요하다고 생각한다. 단기적인 수익 확대를 위한 일회성 차원의 중국인 골프여행객 유치 전략은 자칫 '소탐대실(贪小失大)'로 이어져 영원히 기회를 잃는 지름길이 될 것이다. 따라서 한국의 지자체와 관련업계가 중국인 골프여행객들의 특성과 함께 골프여행객이 일반여행객보다 20% 이상 더 소비한다는 점 등을 깊이 인식하여 양질의 차별화된 유치 전략을 마련함으로써 '소실대탐(失小贪大)'하는 기회로 삼아야 할 것이다.

참고문헌

Arora, Vivek, & Vamvakidis, Athanasios. (December 2010). Gauging China's Influence. In IMF, Finance & Development(Vol.47, No.4). [Online] http://www.imf.org/external/pubs/ft/fandd/2010/12/Arora.htm [2013, October 1].

Barton, Dominic, Chen, Yougang, & Jin, Amy. (June 2013). Mapping China's middle class. In McKinsey Quarterly. [Online]. Availabel: http://www.mckinsey.com/insights/consumer_and_retail/mapping_chinas_middle_class [2013, October 11].

Guangrui, Zhang(张广瑞). (2012.6.29.). China's Tourism Development & Tourism Collaboration In Asia. Presented in 2012 International Tourism Forum in Asia. Gyeongju, Korea.

Lui, Vincent, Kuo, Youchi, Fung, Justin, Jap, Waldemar, & Hsu, Hubert. (March 2011). Taking Off: Travel and Tourism in China and Beyond. In BCG(Boston Consulting Group) Report. [Online]. Available: http://www.bcg.co.kr [2013, December 1].

「BCG(Boston Consulting Group) Report」, Chinese Consumer Travel Survey. [Online]. Available: http://www.bcg.co.kr [2010, July].

「高缘网」, 高尔夫未来：尊重历史 传承传统. [Online]. Available: http:// www.igolfyou.cn

〔2013, March 15〕.

「买购网」, 中国高尔夫人口达一百万, 〔Online〕. Available: http://www. maigoo.com/ news/314784.html 〔2013, June 28〕.

「新浪高尔夫」, 2012高博会闭幕举办活动20余场共14471人次参观, 〔Online〕. Available: http://golf.sina.com.cn 〔2012, March 18〕.

「新浪体育」, 朝向集团参展2013北京高博会, 〔Online〕. Available: http:// sports.sina.com.cn/ golf/2013-03-22/11116479789.shtml 〔2013, March 22〕.

「人民日报海外版」, 美国高尔夫旅游力拓中国市场, 〔Online〕. Available: http://www.haiwainet. cn 〔2012, March 22〕.

「中國高尔夫产業網」, 高尔夫运动和高尔夫旅游的发展分析, 〔Online〕. Available: http://www. chinagolf.cc 〔2012, March 19〕.

「中國高尔夫产業網」, 高尔夫地产十年增长, 〔Online〕. Available: http:// www.chinagolf.cc 〔2012, March 13〕.

「中国日报网」, 高尔夫旅游渐热 高尔夫旅游地差异化明显, 〔Online〕. Available: http://caijing. chinadaily.com.cn 〔2013, July 9〕.

「中新网东莞频道」, 世界工厂走出的高尔夫产业名镇, 〔Online〕. Available: http://www.gddg. chinanews.com.cn 〔2012, March 21〕.

国家统计局 编. (2013).「中国统计摘要 2013」, 北京: 中国统计出版社.

国家旅游局. (2004~2013). 中国旅游业统计公报 (2003~2012), 〔Online〕. Available http:// www.cnta.gov.cn.

李志武 主编. (2013).「朝向白皮书: 中国高尔夫行业报告(2012年度)」. 深圳: 朝向集团 (Forward Group).

中国社会科学院 中国旅游研究院 编. (2011~2013).『中国出境旅游发展年度报告』 (2011~2013), 北京: 中国旅游出版社.

Hotels.com. (2013.8).「Hotels.com中国游客境外旅游调查报告2013」, 〔Online〕. Available: http://wenku.baidu.com/link?url=psEbwHSZb HIj5ncRHjTaKWjJ78awD89sCphwxqscGyU rxgPDoioClyejGILV5zG7qT-SIxmkgg13NRsmMbRE0-yaLUi9LRCXurtCufNahv_ & http:// ww w.199it.com/archives/142903.html. 〔2013, August 22〕.

「기획재정부」, 최근 경제 동향, 〔Online〕. Available: http://www.mosf.go.kr 〔2013,

November].

「유로저널」, [Online]. Available: http://www.eknews.net [2013, May 10].

「한국골프장경영협회」, 자료실: 전국골프장현황, [Online] Available: http://www.kgba.co.kr/ [2012, March].

김동하. (2010).「위안화 경제학」. 서울: 한스미디어.

서창배 外. (2009). 현대중국사회: 10개의 시선, 하나의 중국. 부산: 세종출판사.

서창배. (2012.4.13). 제주도의 중국인 골프여행객 유치 활성화 방안.「제주발전포럼」, 41: 48-57.

심재희. (2013). 中 골프시장을 주목하라.「KOTRA 해외시장정보」[Online]. Available: http://www.globalwindow.org [2013, May 31].

주성환 · 강진권. (2013.1). 한중경제관계 확대의 정치적 효과.「한중사회과학연구」, 26: 21-46.

한국골프장경영협회. (2011).「2012 골프장 관련업체 가이드북」. 성남: 사단법인 한국골프장경영협회.

7

중국의 수출입 목재포장재 위생검역규정에 관한 연구

권 진 택 · 손 성 문

중국의 수출입 목재포장재 위생검역규정에 관한 연구[1]

권진택 · 손성문

I. 서론

수출용 목재포장재란 팰릿, 나무상자, 받침목, 충진재 등 화물을 지지 보호 또는 운반하는 데 이용되는 목재 또는 목재산물을 말하는데, 생나무 또는 죽은 나무로 만든 목재포장재는 병해충에 감염되었을 수 있다. 목재포장재는 대부분 미가공의 목재를 사용하는데 이들 목재포장재는 병해충을 제거하거나 사멸시키는 데 필요한 충분한 과정 또는 소독처리를 거치지 않고 사용함으로써 위생검역 규제대상 병해충의 유입 및 전파 경로가 될 수 있다. 또한 목재포장재뿐만 아니라 포장에 함께 사용하는 짐깔개 등은 검역 병해충의 유입 및 확산의 위험이 매우 높을 뿐만 아니라 목재포장재의 최초 원산지를 파악하기 곤란하므로 통상적인 병해충의 국가 간 이전이라는 위험에 쉽게 노출되어 병해충의 발생이 어디에서부터 시작되었는지를 분석하기가 어렵다. 또한 이들 목재포장재는 대부

---

1) 본고는 가천대학교 법학연구, 「가천법학」 제6권 제1호(2013)에 게재된 논문을 토대로 작성되었음.

분 재사용 및 재제작하여 각각의 목재들의 원산지가 어디인지 파악하는 것 자체가 매우 어려울 때가 많으며, 이들 목재포장재의 식물위생상태를 확신할 수도 없는 경우가 종종 발생한다. 이에 세계 각국의 식물보호검역기관은 목재포장재를 통한 병해충의 유입을 차단하기 위하여 그에 대한 검역요건을 정하되 세계적으로 인정되고 과학적으로 검증된 위생검역 처리를 적용하려는 노력을 기울이고 있다.

수출용 목재 포장재의 주요 재료로 사용하는 소나무의 경우 소나무의 에이즈라고 불리는 재선충이 과거 수출포장용 목재 포장재를 통하여 전 세계적으로 확산되었다. 이러한 과거의 병해충에 감염된 목재포장재의 자유로운 이동으로 인하여 전 세계적으로 재선충이 확산되었고, 현재 한국에서도 소나무 재선충에 대한 피해의 결과를 겪고 있다. 따라서 세계 각국은 수출용 화물의 목재포장을 통한 재선충의 전 세계적인 확산과 피해를 방지하기 위하여 위생검역 표준규범을 제정하고 본 규범에 근거하여 자국 내 수입용 목재포장재의 수입에 대한 위생검역규정의 제정 및 검역을 통하여 재산충피해방지 및 원활한 무역거래를 확보하고자 노력하고 있다.

소나무 재선충의 국제적인 확산을 방지하기 위해서 2002년 국제연합 식량농업기구(Food and Agriculture Organization: FAO)는 목재포장재에 대한 국제식물검역조치표준인 ISPM No. 15를 제정하였다. 중국도 2006년 동 국제표준모델을 자국에도 적용하는 규정을 제정하여 현재 중국에서 수출입하는 모든 목재포장재에 대해서 자국의 위생검역에 준하여 훈증 등 위해요소제거 등을 위생검역의 처리를 요구하고 있다. 그러나 세계 각국의 위생검역의 규정과 관련 절차에 대한 내용들이 상이하고, 훈증 및 위생처리절차 등이 불일치 및 규정의 빈번한 개정 등의 이유로 한국의 해외수출에 있어 위생검역에 따른 통관절차에 여러 가지 어려움을 겪고 있다. 또한 이들 위생검역 규정은 재선충의 전 세계적 방지를 위한 본래의 목적을 벗어난 전략적 통상목적하에서 비관세장벽의 기능을 할 수도 있다.

이에 이 글에서는 중국의 위생검역규정에 대한 규정을 살펴보고 주요 내용 및 특징을 분석하고자 한다. 왜냐하면 중국의 위생검역 통관 규정은 한국의 대중 수출에 있어서 수출대상 품목의 통관 여부도 중요하지만 수출품을 포장한 포장재가 통관에 부적합할 경우 해당 품목의 통관 자체가 불가능해지기 때문이다. 또한 중국의 위생검역 통관에 대한 연구는 향후 한중 FTA에서 통관에 대한 위생검역에 있어 중요한 정책적 자료로 활용할 수 있기 때문이다.

Ⅱ. 수출입 목재포장재 위생검역 국제규정

1. 수출입 목재포장재의 국제위생검역규정 제정과정

소나무 재선충병은 한국 · 일본 · 중국 · 대만 등 아시아 4개국과 북미와 남미, 유럽 5개국 등 총 9개국으로 전파되어 현재에도 그 피해가 발생하고 있다. 해외 소나무 재선충 발생국가의 피해 상황 역시 우리나라만큼 심각한 상황이다. 세계 최초로 소나무 재선충병이 발생한 것은 1905년 일본에서였다. 일본 정부가 감염목들의 피해 원인이 재선충병이라는 사실을 밝혀내는 데는 무려 70년 가까운 시간이 걸렸다. 일본 열도의 3분의 2 수준으로 재선충병이 확산되었다. 이에 소나무 재선충을 해결하기 위하여 일본정부는 약제 살포, 나무 주사 등 각종 방제 대책을 시행했지만, 여전히 홋카이도 전 지역의 소나무과가 전멸 위기에 처하였다.

1982년 중국 난징에서 처음 발생했던 소나무 재선충으로 경우 총 피해 면적은 8만ha, 감염목 수는 5,000만 그루에 이르렀다. 또한 중국 안후이성 남동부에 위치한 황산에도 피해가 이어지자 중국 정부는 서둘러 황산 주변에 4km의 무송(無松)벨트를 조성했다. 그럼에도 불구하고 곳곳에서 재선충 피해가 발생하였다.[2]

한편, 미국의 경우 1998년 초 5개 주에서 소나무 재선충이 발생하여 미국 산림과 환경에 중대한 위협을 가하였고, 직접적인 경제적인 손실이 미화 500만 달러에 달하였다. 미국의 소나무 재선충의 원인을 분석하는 과정에서 미국의 농업부장은 중국으로 수입되는 모든 목패포장재 및 기타 목재를 이용하여 포장한 화물에 대해서 중국출입국검험검역기관이 발행한 증명서를 요구함과 동시에 중국에서 훈증 및 열처리가 선행되었음을 요구하였다.[3] 소나무 재선충이 중국화물의 목재포장에서 발견되었기 때문에 미국은 본 해충이 중국으로부터 왔다고 간주하여 위와 같은 조치를 취한 것이다. 그 후 1998년 12월 22일 미국 임업위원회는 중국(홍콩 포함)에서 미국으로 수입한 화물목재포장에서 소나무 재선충을 발견하였으며, 1999년 2월 1일을 기하여 모든 중국의 화물목재포장에서 대해서 새로운 위생검역 표준을 다음과 같이 보다 구체적으로 제시하였다. 중국으로 수입되는 목재포장은 껍질을 수반할 수 없으며, 직경이 3mm의 병해충 구멍이 없거나 또는 목재포장에 대해서 열처리를 하여야 하

---

2) 절강성에서는 1991년 닝보(寧波)시 상산(象山)현에서 최초로 발생되었으며 발생 당시 면적은 20ha였으나 계속적인 확대로 인하여 14개 시·구·현 약 3,000ha 정도로 확산되었으며 1999년까지 약 1,500만 본이 고사되었다: http://www.kper.or.kr/board.php?idx=263&mid=bbs2&mode=view&pagenum=16

3) Animal and Plant Health Inspection Service, USDA, "Importation of Wood Packaging Material", Department of Agriculture Animal and Plant Health Inspection Service, 7 CFR Part 319 [docket No. 02-032-3] RIN 0579-AB48, pp. 55724-55725; 王国平　主编,「动植物检疫法规教程」, 科学出版社, 2006, 93-95面.

며, 목재함유수분이 20% 이하이어야 한다.

그리고 1999년 6월 7일 미국임업위원회는 중국수출화물의 목재포장에 대해서 유사한 검역법령을 제출하였고, 동년 12월 21일 본 위원회는 중국수출입위생검역기관에 대해서 중국 화물목재포장에서 중국법률규정에 수입금지한 위험성 유해생물인 소나무 재선충[Bursaphelenchus xylophilus (Steiner & Buhrer) Nickle]이 발견되었음을 중국 정부에 여러 차례 통보하였다. 또한 2000년 1월 1일부터 미국은 중국에서 미국으로 수출하는 중국화물목재포장에 대해서 아래와 같은 조치를 취할 것을 요구하였다.[4] 첫째, 미국에 수출하는 화물은 가능한 소나무를 이용하여 목재포장을 하지 말 것과 만약 사용할 경우에 수출 이전에 열처리(중심온도가 56℃도 이상 30분 이상) 혹은 기타 유효한 처리방법을 거칠 것, 또한 미국의 검역부서에 상술한 처리를 하였음을 증명하는 식물검역증명서를 제출할 것과 만약 소나무를 사용하지 않았거나 혹은 나무재질을 사용하지 않고 포장한 경우에는 이를 입증하는 증명서를 제출하여야 한다. 둘째, 미국으로 화물을 수입할 경우 수입상은 반드시 수입위생검역기관에 식물검역증명서를 제출하여야 하며, 소나무 재질을 사용하지 않았거나 나무목재를 사용하지 않고 포장하였을 경우 수출입위생검역기관은 위의 규정에 따라 조사와 검역을 실시한다. 세관은 수출입검역기관의 증명서에 확인 인장 혹은 서명한 후 화물통관서류를 완성하고 화물을 방출한다. 셋째, 상술한 요구조건에 부합하지 않을 경우 수입항구의 수출입위생검역기관의 감독하에 수입상은 당해 화물의 목재포장 제거와 처리를 하며, 만약 당해 화물의 목재를 제거할 수 없을 경우 관련 화물 처리비용

---

4) 미국과 캐나다는 1998년 12월 17일 유리알락하늘소 및 기타 검역병해충의 예방을 위해서 중국과 홍콩으로부터 수입되는 목재포장재에 대해서 열처리, 훈증, 화학적 방부제 처리 공식증명서의 첨부를 요구하였다: [63 FR 50099-50111, Docket No. 98-087-1].

은 수입상이 부담한다. 또한 병충해 제거 작업을 할 수 없을 경우 동반된 화물까지 모두 반송처리한다고 조치되었다.

한편 유럽에서는 포르투갈이 소나무 재선충병의 최초 발생 국가로 기록돼 있다. 1999년 포르투갈에서 감염목이 확인되자 유럽연합(EU)은 이듬해인 2000년부터 곧바로 피해목재를 제거하거나 나무에 주사를 주입하는 등의 방제 프로그램 운영을 시행하고 있다. 이러한 노력에도 불구하고 재선충은 2009년 인접국인 스페인으로까지 확산되면서 사태의 심각성을 다시 한번 깨달은 유럽연합은 현재 새로운 방제방법을 모색하고 있다.[5]

또한 중미 간 목재포장재의 엄격한 검역조치는 유해생물의 수입화물에 대해서 동반하여 수입되는 규제 병해충의 유입을 막기 위한 것이었다. 또한 1998년에 시작된 중국과 미국 간의 위생검역분쟁은 향후 세계 각국이 수출화물목재포장에 유해생물이 함께 유입된다는 중요성을 인식하게 되어 국제무역에서 화물수송에 사용하고 있는 미가공 목재포장재와 관련된 검역병해충의 유입 및 확산위험을 감소시키기 위한 식물검역상의 조치를 2002년에 제정하게 되었다.[6]

2002년에 로마의 국제연합식량농업기구(FAO)에서 목재포장재에 대한 국제기준 ISPM No. 15[7]의 표준인 "국제무역중목재포장재료관리준

---

5) www.sed.co.kr(2012.07.23 최종방문).

6) 1998년 미국과 중국간에 발생한 소나무 재선충 위생검역의 분쟁 이후 국제무역거래에서 목재포장재의 위생검역 중요성을 인식하여 4년이 경과한 2002년 수입화물목재포장에 대한 검역의 국제적인 표준화인 국제식물검역조치표준 15호(ISPM15)인 "국제무역중목재포장재료관리준칙"을 제정하게 된다.

7) International Standards For Phytosanitary Measures(ISPM) No. 15(March, 2002); ISPM 15 Solid Wood Packaging Update(October 23, 2006).

칙"[8]을 제정[9]하여 제시하게 되어 본 표준에 따라서 중국도 2006년 1월 1일부터 중국으로 수입되는, 가공되지 않은 침엽수 및 활엽수 목재포장재에 대해서 본 규범에 따라 위생검역을 거치도록 요구하고 있다.[10]

2. 수출입 목재 포장재의 위생검역 국제규정

2002년 3월 처음으로 이탈리아 로마에서 국제연합식량농업기구(FAO)가 목재포장재에 대한 국제기준인 ISPM No. 15의 표준인 "국제무역중목재포장재료관리준칙"을 제정하여 제시하였다. 그 후 국제무역환경과 위생검역의 방법과 기술 등의 변화로 2006년 4월에 개정한 ISPM No. 15인 "2006-04 CPM-1 adopted revised Annex 1"을 다시 제시하였으며, 동 규정의 개정 이후 2009년 3월에 개정표준안을 제공하여 현재의 "국제교역에서의 목재포장재 규제"가 제공되고 있다.[11]

본 규정에서 목재포장재는 대부분 미가공의 목재를 사용함으로써 규제 병해충의 유입 및 전파경로가 될 뿐만 아니라 재료의 원산지[12]를 파악하기가 곤란하므로 통상적인 위험 분석을 실시하기에 어려움이 있다.

---

8) Guidelines For Regulating Wood Packaging Material In International Trade, 2002, with modifications to Annex I(2006).

9) 본 기준은 2006년 8월 16일에 수정되어 ISMP-15 Update로 1차 개정되었고, 2009년에 2차 개정되었다.

10) 국제기준 ISPM No. 15에 따르면 목재에 대해서 목재심부가 56℃에서 30분 동안 열처리를 하거나 MB훈증을 규정하고 있다; 기타 자세한 것은 중국의 위생검역기구의 홈페이지(http://www.aqsiq.gov.cn.)를 참조할 것.

11) ISPM 15. 2009. Regulation of wood packaging material in international trade. Rome, IPPC, FAO. Publication history: Last modified August 2011.

12) 여기서 "원산지"라고 함은 제품을 수출하기 위하여 목재포장재에 사용된 최초의 국가를 의미하는 것으로 이는 재선충이 발생한 지역에서 생산된 나무인지 여부를 확인하기 위한 개념의 원산지를 의미한다.

따라서 각국의 식물보호기관은 목재포장재를 통한 병해충의 유입 위험을 차단하기 위하여 그에 대한 검역요건을 정하지만, 세계적으로 인정된 처리를 적용하는 것이 바람직하다. 목재포장재는 흔히 생목재에 존재하는 병해충을 제거하거나 죽이기 위하여 충분한 가공이나 처리를 하지 않은 저질의 값싼 생목재로 제작되므로 병해충의 유입 및 확산의 경로가 된다. 팰릿(pallets), 짐깔개(dunnage), 나무틀(crating) 등[13]과 활재(skids)와 같은 목재포장재는 통상 식물검역대상이 아니며 어떤 수입화물에도 존재할 수 있다는 점에서 위생검역상에 특별한 우려사항이 되고 있다. 국가식물보호기관(National Plant Protection Organization; NPPO)[14]은 이러한 경로와 관련된 병해충위험을 관리하기 위하여 미가공 목재포장재에 대한 요건을 정할 수 있다. 목재포장재의 수입요건을 설정하는 과정은 화물로서 이동되거나 사용된 상품에 따라 달라질 수 있다. 목재포장재에 대해서는 조치가 필요한지의 여부 및 이러한 조치의 강도를 결정하기 위한 위험분석의 통상적인 절차가 종종 가능하지 않다. 왜냐하면 재료의 초기 원산지를 모를 수 있고 따라서 식물위생상태가 알려져 있지 않기 때문이다. 이러한 이유로, 대부분의 중요한 병해충을 제거하고 그 외의 많은 병해충으로 인한 위험을 상당히 줄일 수 있는 세계적으로 승인된 조치로 광범위하게 목재포장재를 규제하는 것이 바람직하다. 포장 재료가 알려진 경우, 병해충위험분석(Pest risk analysis; PRA)[15]은 특정 처리 또는 제도적 접근방법(systems approaches)을 개발하는 데 필요한 기초를 제공할 것이다. 수입국의 국가식물보호기관은 위험 분석, 특정 수입요건의

---

13) packing blocks, drums, cases, load boards, pallet collars 등을 칭함.

14) 국가식물보호기관(National Plant Protection Organization)(FAO, 1990; ICPM, 2001).

15) 어떤 병해충이 규제되어야 하는지의 여부 및 그 병해충에 대해 취해질 식물위생조치의 강도를 결정하기 위해 생물학적 및 여타의 과학적·경제적 증거를 평가하는 절차(FAO, 1995; 개정된 IPPC, 1997).

개발, 이행 또는 검토를 위한 특정 정보를 요구할 수 있다. 그러나 목재 포장에 대한 식물위생증(PC)을 발급하는 데 실제적인 어려움이 있음을 인식하여, 수입국의 NPPO는 이행을 증명하는 대안을 수용하고 목재 포장 화물을 확인을 쉽게 하는 절차에 대해 세관과 협력하도록 권고된다.

  본 규정의 예외적 적용으로 다음과 같이 세 가지 경우 특정한 목재포장재는 성질상, 가공상, 취급상 원산지 검역병해충의 유입 경로로 간주되지 않으며, 미가공된 목재포장재에 대한 규제를 적용받지 않는다. 첫째, 가공된 목재포장재의 경우, 즉 합판, 파티클보드, 배향성 스트랜드보드, 베니어, 목모같이 전부 목재산물로 구성되어 있으며 아교, 열, 압력을 이용하거나 또는 이러한 방법을 혼합하여 제조된 목재포장재는 생목재와 관련될 수 있는 병해충을 제거하거나 사멸할 만큼 충분히 가공된 것으로 간주되어야 하므로 미가공목재로서 규제되지 않아야 한다. 둘째, 미가공된 목재포장재인 경우, 즉 베니어를 깎고 남은 목재 심재부와 같이 그 성질상, 가공상 또는 취급상 검역병해충의 유입경로가 아니며, 이러한 식물위생상황이 실질적으로 증명될 수 있는 미가공 목재포장재 역시 예외로 간주될 수 있다. 톱밥 및 대패밥과 같은 목재포장재와 과실상자용으로 이용되는 얇게(6mm 이하) 자른 판재 또는 특정 종류의 재목으로부터 생산한 목재 역시 수입국 NPPO가 그와 같은 산물이 검역병해충의 유입 및 확산의 중요한 경로가 아니라고 판단한 경우에는 예외로 간주할 수 있다. 셋째, 기타 원산지(Other origins)의 경우 즉, 수입체약국의 NPPO는 병해충 위험이 적절히 관리되고 있음을 증명하는 증거가 제공되는 경우, 특정 국가를 미가공 목재포장재에 대한 요건에서 제외하는 것을 검토하여야 한다. 일반적 조치에는 대부분의 병해충을 사멸하고 기타 병해충에 대한 위험을 상당히 감소시키는 처리, 절차, 또는 이들의 조합이 포함된다. 일반적 조치는 다음 사항에 대한 검토에 기초한다. 처리의 효과와 관련하여 위험을 감소시키는 데 장기간 효과가 있는 상품의 특성 변화가 있을 것과 처리될 병해충의 범위, 그리고 기술적 또는 상업적 용이성에 있어서 모든 NPPO들은 다음의 경우를 제외하고 추가적인 요건 없이 미가공된 목재 포장재의 반입을 승인하는 기초로서 일반적 조치를 수용하여야 한다. 첫째, 2차 감염이 있었거나, 또는 검사나 시험결과 2차 감염이 있었을 것이라고 간주되는 경우, 둘째, PRA을 통해 특정 검역병해충들이 특정 출처의 특정 종류의 목재포장재와 관련되어 보다 엄격한 조치가 요구되는 것으로 판단되었을 경우이다. 열처리(Heat treatment; HT)는 일반적 처리로서 미가공된 목재포장 재료가 특정 시간/온도 계획에 따라 목재 중심부의 최소온도가 56℃에 도달하여 최소 30분간 유지되어야 한다. 건열처리(Kiln-drying; KD),[16] 화학적 방부제 가압 침지(Chemical pressure impregnation; CPI),[17] 또는 기타처리들의 과정에서 열처리(Heat treatment; HT)[18] 요소(56℃/30분 요건)가 부합되면 열처리로 간주될 수 있다. 열처리된 목재포장재는 〈그림 2〉의 표식을 하여야 하며 또는 대안으로 처리를 증명하는 식물위생증명서를 첨부할 수 있다. NPPO는 열처리물을 생산하는 체계에 대한 신뢰도를 보증할 책임이 있다. 열처리 상태의 증명은 양자 간 합의에 의해 기타 형태의 증명서로 식물위생증을 대신할 수 있다. 훈증(Methyl Bromide; MB)[19]은 특정병해충에

---

16) Kiln-drying란 건열처리를 칭하며 요구되는 수분함량에 도달하도록 밀폐된 창고에서 열 및/또는 습도조절을 이용하여 목재를 건조하는 절차이다; (ISPM Pub. No.15, 2002).

17) Chemical pressure impregnation란 화학적 방부제 가압 침지를 뜻하며 공식적으로 인정되는 기술사양에 따른 가압절차를 통해 목재에 화학적 방부제를 처리하는 것이다; (ISPM Pub. No.15, 2002).

18) Heat treatment란 열처리를 뜻하며 공식적으로 인정된 기술 요건에 따라 상품이 최소 온도에 도달하여 최소의 시간동안 가열하는 과정이다; (ISPM Pub. No.15, 2002).

19) Methyl Bromide란 훈증을 칭하며 전부 또는 주로 가스상태로 화물에 도달하는 화학물질을 이용하여 처리하는 과정이다; (FAO, 1990; FAO, 1995 개정). 메틸브로마이드의 훈증과정에서 유해가스가 오존층을 파괴할 수 있기 때문에 오존층파괴 관련 몬트리올 의

대한 소독처리로서 효과가 있다. NPPO는 MB처리가 목재의 특성을 변화시키지 않으며, 잔류효과가 없으므로 재감염이나 2차 감염을 예방하지 못한다는 것을 인정해야 한다. 따라서 수입국의 NPPO는 훈증과 선적 사이의 기간제한 설정을 고려할 수 있으며, 목재포장재의 식물위생상태를 보장하기 위한 여타의 안전조치를 고려할 수 있다. 훈증처리된 목재포장재는 처리 사항을 기술한 공식증명서를 수반하여야 한다. 공식 증명서는 상업적 처리증명서 또는 식물위생증명서가 될 수 있다. 대안으로 양자 간 차원에서 합의된 경우에는 훈증처리의 증명은 여타의 증명서에 근거할 수 있다.

Ⅲ. 중국의 수출입 목재포장재 위생검역절차와 주요 규정

1. 중국의 위생검역 도입과정

중국의 출입국검역검사는 크게 수출입상품검역, 수출입동식물검역 및 국경위생검역으로 구분할 수 있으나 형성 및 발전과정은 차이점을 보이고 있다.[20] 중국은 신해혁명 이후, 1929년 상공부(工商部)가 상해(上海)

정서 하의 의무사항을 준수하여 IPPC 권고문에서 "식물위생 조치로서의 메틸브로마이드 사용의 대체 및 감축을 고려하여야 하며, NPPO는 본 기준에 따라 대체 소독처리를 하도록 권장하고 있다; ISPM No. 15 4.3.2; If methyl bromide is used for the re-treatment, the information in the CPM Recommendation on the Replacement or reduction of the use of methyl bromide as a phytosanitary(2008) should be taken into account; International Standards For Phytosanitary Measures(ISPM) Revision of ISPM No. 15, Regulation of Wood Packing Material In International Trade(2009).

20) 본 내용은 손성문 "중국의 국제 식물위생검역 분쟁 사례 분석", 「국제상학」 제25권 제2호, 한국국제상학회, 2010, pp.151-152를 참고할 것.

에 상품검역부를 설립하면서 최초로 국가정부의 상품검사소가 탄생하게 된다. 그 후 위생검역을 위한 법률의 제정이 필요하여 1932년 행정원에서 "상품검역법"이 통과되었고, 1989년 7기 인민대표당위원회 제6차회의 "중화인민공화국수출입상품검역법"이 각각 선포되면서 위생검역의 기본법률이 완성되었다. 중국이 대외개방을 실시한 이후 대외무역의 활성화와 수출입의 과정에서 위생검역의 중요성이 증가하자 기존의 법률에서 세부적인 조례의 제정이 필요하여 1992년 국무원 승인으로 국가수출입상품검역부에서 "중화인민공화국수출입상품검역법실시조례"를 제정하여 위생검역의 실제업무의 실무지침이 마련되었다.[21] 한편 중국이 WTO 가입 이후 기존의 위생검역에 대한 여러 가지 규정들을 국제적인 요구조건에 맞추기 위해서 중국의 국무원은 2005년 8월 31일 "수출입상품검역법실시조례"[22]를 개정하였다.[23] 한편, 통관과정에서 제품의 수출입 검역 이외에 동식물의 검역이 동시에 수반되는 경우가 많을 수 있다. 이는 제품의 포장이나 수출에 있어서 동식물이 함께 수출입되는 경우가 많음에 따라 기존의 수출입동식물검역제도의 정비가 수반될 필요성이 제기되었다. 이에 중국은 각 지역의 동물성 검역을 위한 수입검역소를 설치하고, 1928년 "농산품검역소 검사농산품규칙", "병충해검역임시실행조치" 등을 제정하였다. 그러나 문화대혁명으로 동식물검역소가 차단되는 위기를 맞으면서 당시 유행성 전염병이 중국에 유입되었다. 개혁개방 후 동식물검역은 정상적인 기능을 하게 되면서, 1991년 인민대표당

---

21) 机构设置,政务公开目录.中国国家质量监督检验检疫总局网站:(http://www.aqsiq.gov.cn)

22) 2005년 8월 31일 "수출입상품검역법실시조례"의 (新)조례내용이다. 총 6장 63조로 되어 있으며, 수입상품의 검역, 수출상품의 검역, 감독관리, 법규원칙, 부칙으로 구분한다. 구(老)조례보다 행정부분의 9항 행정허가 관련 내용, 의무성 규정 실시, 위법행위 처벌강화 및 행정 처벌조항이 포함되어 전체적으로 처벌조항이 신설 및 강화되었다.

23) 机构设置,政务公开目录.中国国家质量监督检验检疫总局网站:(http://www.aqsiq.gov.cn/)

위원회 제22차 회의에서 "중화인민공화국수출입동식물검역법"을 공포하고, 1995년에는 기존의 국가동식물검역소를 "국가동식물검역국"으로 개명하여 동식물검역의 격을 상승시켰다. 1873년 인도, 태국, 말레시아 등에서 콜레라가 발생하여 해외로 전염되기 시작하자, 서방강대국들은 이와 같은 콜레라가 중국에까지 전염되는 것을 방지하기 위하여 상해, 하문의 세관에 위생검역소를 설치하고 위생검역 관련 규정을 최초로 제정하게 된다. 1986년 12월 제3기 전인대 제18차 회의에서 "중화인민공화국국경위생검역법"을 통과시켜 체계적인 관리를 구축하고, 본 법을 근거하여 1989년 "중화인민공화국국경위생검역실시세칙"이 제정되면서 전국 성(省), 시(市), 자치구(自助区) 등에 15개의 위생검역소를 두어 위생검역부의 직속관할하에 두었고, 1992년에 위생검역법이 개정을 하였다.[24] 개정된 검역법에 따라서 각 검역소의 명칭을 "중화인민공화국위생검역국"으로 명칭을 변경하고, 1995년에 중화인민공화국 위생검역관할총분부의 명칭도 "중화인민공화국위생검역국"으로 하여 법률과 부서명을 동일시하여 행정조직의 통일화를 기하도록 하였다.[25]

한편, 위생검역에 대한 법률적인 정비도 중요하지만 그 법률을 적용하고 운영할 조직과 인력의 중요성을 인식하여 기존의 국가수출입 검역검사국과 국가질량기술감독국을 합병하여 질검총국[26]을 설립하였다. 또한 "3검 합병"[27]을 통하여 수출입 상품검역, 동식물검역과 위생검역

---

24) 中华人民共和国进出境动植物检疫法(1991年10月30日第七届全国人民代表大会常务委员会第二十二次会议通过,主席令第53号发布).

25) 손성문, "중국의 수출입 동식물 위생검역규정에 관한 연구", 「산업과학기술연구소보」 제14호, 진주산업대학교, 2007, p.413.

26) 2000년대 초 중국공산당 중앙위원회와 국무원의 결정을 근거로 기존의 국가수출입 검역검사국과 국가질량기술 감독국을 합병하여 국가질량감독검역검사총국을 설립하여 국무원의 직속기구로 두었으며, 2001년 4월 정식으로 성립되었다.

27) 3검 합병이란 상품검역, 위생검역, 동식물검역을 칭하며, 이들 기구들을 통합하였음을

업무를 합병하고, 한 번의 검역신고, 샘플조사, 검역, 위생소독처리, 수수료, 통행허가증 발급 등 "6개를 1로(六个一)" 통합하는 체계적 형식으로 바꾸면서 과거 '3검'으로 인한 중복적인 시스템의 효율화를 기하고자 하였다.[28]

중국의 농산물 위생검역은 "수출입동식물검역법" 규정에 따라서 검역이 이루어지고 있으며, 검역 방법의 있어서는 첫째, 일반적인 검역, 둘째, 반드시 검역을 거쳐야 하는 경우, 셋째, 수입금지로 나누어 엄격한 검사검역을 실시하고 있다. 일반적 검역 대상은 "수출입검험검역기구실시검험검역의수출입상품목록"에 근거한 동식물 38종 3,524개 상품으로 관세분류번호(HS Code)에 따르고 있으며,[29] 반드시 검역을 거쳐야 하는 병해충은 1992년 농업부 (1992) 농 (검역) 제12호에서 규정한 "중화인민공화국수입동물 1류 2류 전염병, 기생충병목록"에 따라 동물검역대상은 97종에 이르고 있다. 식물과 관련하여 반드시 검역을 거쳐야 하는 병충은 1992년 농업부 (1992) 농 (검역) 제17호에 규정하고 있는 "중화인민공화국수입식물검역성병충참초목록"에 따라 식물 병해충은 84종류에 달하며, 그중 1류 병해충은 33종, 2류 병해충은 51종에 이르고 있다. 수입이 금지되는 병해충은 1992년 농업부 (1992) 농 (검역) 제12호에서 규정하고 있는 "중화인민공화국 휴대나 우편금지수출입동물식물제품과 기타검역대상목록" 및 농 (검역) 제17호에서 규정하고 있는 "중화인민공화국식물검역금지수출입목록"에서 규정하고 있다.[30] 이러한 법률의 제정을 통하여 중국은 위생검역에 대한 기본적인 법률적인 체제와 행정적인 체제를

의미한다; 黄中鼎 颜逊 主编, 「报关与报检事务」, 中国物资出版社2007 , 161面.

28) 机构设置,政务公开目录.中国国家质量监督检验检疫总局网站:(http://www.aqsiq.gov.cn/)

29) 중국은 1992년부터 HS코드 제도를 채택하여 사용하고 있다.

30) 손성문, 상계논문,「산업과학기술연구소보」, 제14호, 진주산업대학교, 2007, pp.413-414.

구축하였다.

2. 목재포장재 위생검역 절차

중국의 식물위생검역처리과정은 중국으로 수입되는 경우와 외국으로 수출하는 두 가지 경우로 구분할 수 있다.[31] 먼저 중국으로 수입되는 식물 및 식물 관련 제품의 경우 수출입식물, 식물제품과 기타 검역물, 적재용기, 포장물과 운송수단 및 차량, 전용 운송공구, 격리검역장소, 적재장소, 창고와 가공 장소의 불합격에 대해 방제, 보호조치를 강구함으로써 병해충의 국경진출입을 방지하며, 수출입식물, 식물제품과 기타 검역물에 대한 검역을 통해 위험성 병해충, 잡초를 발견할 경우에는 해당지역 국경식물검역기관에서 검역처리 통지서를 발급하고 화주 혹은 그 대리인에게 통지하여 유해제거, 반송 혹은 폐기처리를 하게 하며 유해제거 처리를 거쳐 합격된 물품은 수출입을 허가한다.[32]

검역처리를 거친 후에도 합격하지 못하였을 경우에는 수출입을 불허하며 원천봉쇄 보관하고 운송수단으로부터 하역하지 못하며, 현장에서 위험성 해충을 발견했을 경우에는 즉시 농약을 뿌려 살포 방역해야 한다. 유해제거처리의 방법으로는 훈증, 소독, 냉처리, 열처리 등이 있으며, 제한조치에는 항구 이전 시 물품하역, 용도전환, 사용범위, 사용시간, 사용지점, 가공방식, 가공건조 등의 제한이 있다.

검역증서 제도는 수출국가나 수출지역의 검역행정기관이 작성한 검역물의 식물검역증서에 대해서 중국의 수입검역기관이 그에 대한 확인절차를 거치는 것을 말하며, 반면 중국에서 해외로 수출되는 데 발급되는

---

31) 손성문, 상게논문, 「국제상학」 제25권 제2호, 한국국제상학회, 2010, pp.153-155.
32) 刘耀威 主編 , 「进出口商品的与检验与检疫」, 对外经济贸易大学出版社 , 2006, 260面.

식물검역증서는 중국의 국가질검총국으로부터 권한을 위임받은 검역행정기관의 검역인원이 발급한 것으로서, 중국 국가질검총국은 발행한 식물검역증서에 대해서 발행자격과 그에 대한 내용을 심사 및 관리한다.[33]

목재포장재의 위생검역절차는 〈그림 1〉에서와 같이 수입화물을 포장한 목재의 경우 중국의 위생검역국에 검역을 신고한다. 위생검역의 신고를 수리한 위생검역국은 현장검역을 통하여 수입한 화물의 목재포장재에 IPPC 표식이 부착되었고, 또한 유해물질이 발견되지 않을 경우 위생검역국은 합격증을 발급한 후 관련 화물에 대해서 통관처리를 실시한다. 하지만 현장검역에서 수입화물의 목재포장재가 IPPC 표식[34]을 부착하지 않았을 뿐만 아니라 IPPC에서 규정하고 있는 표식에 위반하거나 또한 유해물질이 검출된 경우 두 가지 처리방법이 있을 수 있다. 첫 번째는 목재포장재의 유해를 제거하거나 또는 소독처리 과정을 거쳐 관련 목재포장재의 유해처리가 가능한 경우 해당 목재포장재의 제품을 통관처리한다. 이러한 목재포장재의 유해처리 과정에서 발생할 수 있는 처리비용은 목재포장재의 관련당사자가 부담한다. 그리고 목재포장재의 IPPC 규정을 위반[35]하고 위해요소가 검출되었을 경우 관련 유해물질에 대해서 위생검역국은 해당 화물의 당사자에게 반송처리를 결정할 수 있다.

한편 중국이 자국산 제품을 해외로 수출할 경우 수출제품의 목재포장재의 위생검역에 대한 규정은 ISPM No. 15에 따라 검역마크를 부착하여

---

33) 刘耀威 主编, 「上揭書」, 对外经济贸易大学出版社, 2006, 268面.

34) 소독처리마크는 ①IPPC 심볼과 ②국가 ISO 두 자리 코드 ③소독처리업체 고유번호 ④소독처리방법에 대한 내용을 표시한 것을 의미함. 중국은 국가 ISO 두 자리 코드는 CN(China을 약칭)이며, 국가마다 IPPC 심볼은 약간씩 상이하나 해당 심볼에는 앞에서 언급한 4가지 필수요소가 반드시 포함되어야 한다; 洪雷 編著, 「出入境检验检疫报检实用教程」, 上海人民出版社, 2009. 3, 188面.

35) ①IPPC 심볼과 ②국가 ISO 두 자리 코드 ③소독처리업체 고유번호 ④소독처리방법에 대한 내용을 표시하지 않은 경우를 의미한다.

<그림 1> 중국의 수입목재포장재 위생검역절차

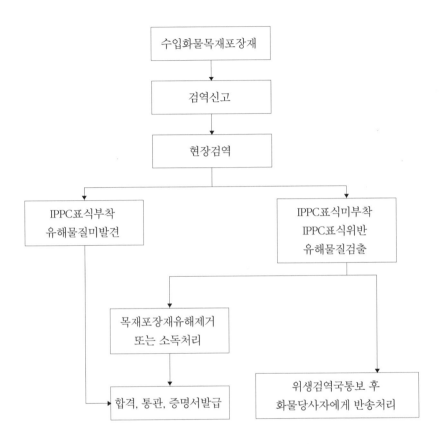

洪雷 編著 ,「出入境检验检疫报检实用教程」, 上海人民出版社 , 2009. 3 , 214面.

<그림 2> 중국의 수출용 목재포장재 위생검역 마크

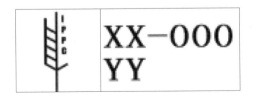

야 한다. 검역마크는 4가지 필수요소가 포함되어 있어야 한다. 첫째, 다음 한 가지 기준으로 소독처리 후 소독처리마크를 표지하여야 한다. 표지 마크는 국제식물보호협약(IPPC)이 모델로 제시한 IPPC심볼을 의미한다. 둘째, 국제표준화조직(ISO)에서 규정하고 있는 2개 문자로 구성된 국가코드인 중국의 국가 기호인 CN을 표시하여야 한다. 셋째, 해당 마크에는 중국 또는 중국지역³⁶⁾의 정부 식물검역기관에서 비준한 목재포장재 생산기업의 소독처리업체 고유번호를 표시할 것과 넷째, 확인된 검역장해처리방법에 따라 소독처리한 방법을 표시하도록 규정하고 있다. 그리고 수출국가 또는 지역의 정부식물기관 또는 목재포장생산기업은 수요에 따라서 기타 정보를 추가할 수 있다.³⁷⁾ 한편 마크의 규격은 3가지로 $3 \times 5.5cm^2$, $5 \times 9cm^2$, $10 \times 20cm^2$로 규격화하며, 부착위치와 관련하여 마크는 목재포장재의 뚜렷한 위치에 부착하여야 하고 최소한 반대방향에 각각 부착하여야 하며, 부착한 마크는 뚜렷하고 영구적이며, 이동이 불가능하게 하여야 한다. 그리고 색깔과 관련하여 마크는 붉은색 또는 오렌지색 사용을 피하고 검정색으로 표시하도록 규정하고 있다.³⁸⁾

3. 중국의 수출입 목재포장 위생검역 주요 규정

중국은 가공되지 않은 침엽수 및 활엽수 목재포장재에 대해서 위생검역을 실시하지만 합판, 섬유판 등 가공처리된 목재 및 두께 6mm 이하의

---

36) 중국 대륙 외에 홍콩 등 특별자치구가 있어 중국과 기타 지역으로 구분하는 규정이 생겨난 것이다.

37) 예를 들어 나무껍질을 제거할 경우 DB로 표시할 수 있다; DB(Debarked; DB)란 수피 제거의 뜻으로 원목으로부터 수피를 제거하는 것으로 반드시 수피를 모두 제거한다는 뜻은 아님; (FAO, 1990).

38) 洪雷 編著,「进出口产品检验检疫」, 上海人民出版社, 2008. 3, 188-189面.

목재재료는 제외한다.[39] 그 처리요건은 국제기준 ISPM No. 15에 따라 다음 한 가지 기준으로 소독처리 후 소독처리마크를 표지하여야 한다.

<표 1> 중국의 MB 훈증처리방법

온 도	최초 투입량 (g/m²)	투약후 최저농도요구(g/m²)			
		30분	2시간	4시간	16시간
21℃ 이상	48	36	24	17	14
16℃ 이상	56	42	28	20	17
11℃ 이상	64	48	32	22	19

<표 1>에서와 같이 열처리는 목재심부가 56℃에서 30분(침엽수, 활엽수 공히 적용) 이상 하여야 하며, MB 훈증방법은 침엽수 이외의 목재는 아래의 표에서와 같이 온도와 두께에 따라 시간을 달리 적용하고 있다. 그리고 10℃ 이하의 온도에서는 훈증 불가하며 16시간 이상을 반드시 훈증하여야 함을 규정하고 있다.[40]

그러나 2009년 개정한 목재포장재 국제기준에서 MB훈증은 최저 CT적 이상, 24시간 이상, 최종가스농도 이상 등으로 세분화하여 처리방법을 제시하고 있다. 그리고 최저온도가 10℃ 이하에서는 투약을 하여서는 아니 되며 훈증처리 기간은 최소 24시간이 되어야 함을 규정하고 있다.

---

39) 出境货物木质包装检疫处理管理办法 第2条; "出境货物木质包装检疫处理管理办" 〈第69号令〉, 2005. 1. 10.

40) 附件 1 , 出境货物木质包装除害处理方法 二-2; "出境货物木质包装检疫处理管理办" 〈第69号令〉, 2005. 1. 10.

<표 2> ISPM의 MB 훈증처리방법

온 도	24시간 동안의 CT(g-h/m²)	24시간 후 최종 최소 농도(g/m²)
21℃ 또는 그 이상	650	24
16℃ 또는 그 이상	800	28
10℃ 또는 그 이상	900	32

한편 침엽수 목재의 경우 중국의 아래의 〈표 3〉에 따라 훈증의 시간을 온도의 높낮이와 관계없이 모두 24시간 이상 처리해야 함을 요구하고 있다. 더욱이 소나무 재선충 발생국가인 일본, 미국, 캐나다, 멕시코, 한국, 포르투갈, 대만, 홍콩산은 훈증처리를 허용하지 않고 있다. 왜냐하면 훈증의 방법으로 소나무 재선충이 제거되지 않는다는 이유에서다.

<표 3> 중국의 침엽수 목재의 훈증방법

온 도	최초 투입량(g/m²)	24 시간 투약후 최저농도(g/m²)
21℃ 이상	48	24
16℃ 이상	56	28
11℃ 이상	64	32

한편, 2009년 개정한 목재포장재 국제기준에서 목재포장재는 반드시 수피를 제거할 것을 요구하고 있다. 그러나 모든 목재에서 모든 수피를 제거하는 것은 현실적으로 어려운 것이기 때문에 너비가 3cm 미만인 경우 혹은 너비가 3cm 보다 클 경우 하나의 수피의 총 면적이 50cm²미만이어야 함을 규정하고 있다.[41] 또한 모든 목재포장재는 수피가 제거되어

---

41) Annex 1, Use of debarked wood, Approved Treatments Associated With Wood Packaging Material, International Standards For Phytosanitary Measures(ISPM) Revision of ISPM No. 15,

야 하기 때문에 기존에 요구하던 수피 제거(Debarked; DB) 마크를 제작할 필요가 없게 되었다. 그리고 메틸브로마이드로 소독처리할 경우 수피가 메틸브로마이드 처리효과에 영향을 줄 수 있기 때문에 소독처리 이전에 수피를 제거할 것을 요구하고 있으나 열처리의 경우 수피 제거는 소독처리 전 또는 후에 실시하여도 상관없음을 규정하고 있다.[42]

중국의 경우 목재포장재의 검역과정에서 검역대상 목재포장재가 기준에 미달하거나 유해생물을 검출할 경우, 수출입검험검역기관은 화물주 또는 그의 대리인이 소각처리 또는 화물을 반송 처리한다. 수출에 있어서 목재포장재를 사용하여 수출품을 포장한 화물의 경우 검역에 불합격된 재료를 해당 검역국은 사적인 목적으로 사용하여서는 아니됨을 규정하고 있다. 본 요건은 2006년 1월 1일부터 적용하며 2005년 12월 31일까지는 기존의 규정에 따라 위생검역규정에 따를 것을 요구하였다. 국제무역거래에서 위생검역의 통일성과 국제거래의 안정성을 잃을 경우 국제무역거래에서 위생검역 행정상에 여러 가지 불편함이 가중될 뿐만 아니라 국가의 대외신뢰도에서 영향을 미칠 것을 고려한 조치로 간주된다. 중국의 수입검사조건은 수입화물에 목재포장재에 사용되는 경우 화주 또는 당해 물품의 대리인이 수출입 검사검역기관에 검사를 신청하여야 하고, 화주 또는 당해 물품의 대리인은 수출입검사검역기관에서 행하는 검역에 협력해야 하며, 만약 화주 또는 당해 물품의 대리인이 위생검역의 검사를 신청을 하지 않은 경우 관련 당사자는 관계법규의 규정에 준

Regulation of Wood Packing Material In International Trade (2009).

42) Annex 1, Methyl bromide treatment(treatment code for the mark: MB), Approved Treatments Associated With Wood Packaging Material, International Standards For Phytosanitary Measures(ISPM) Revision of ISPM No. 15, Regulation of Wood Packing Material In International Trade (2009).

하여 처벌을 받게 된다.[43] 그리고 위생검역요건에 부적합 시 처리 기준은 검역 결과 소독마크표시가 되지 않았거나 살아 있는 병해충이 발견된 경우 수출입검사검역기관은 화주 또는 대리인에게 소독, 폐기 또는 반송 명령하고, 비용은 화주가 부담하여야 함을 규정하고 있다.[44]

Ⅳ. 특징과 시사점

1. 국제규정의 신속한 도입과 적용

2001년 로마 국제연합식량농업기구(FAO)에서 목재포장재위생검역에 대한 국제기준인 ISPM No. 15 표준모델이 제정되자마자 중국도 관련 규정을 바로 적용하는 조치를 취하였다. 2001년 당시 한국은 중국의 목재 포장재 검역에 대한 관련 정보가 부족하였고, 중국의 신속한 국제규정 도입을 예상하지 못하였다. 따라서 한국은 목재포장재의 해외수출에 있어 위생검역처리과정에서 열처리, 훈증(MB) 방법 모두 적용 가능하였으나 중국은 신설규정에서 한국에서 수출하는 제품에서 목재포장재를 사용한 경우 훈증(MB)[45] 방법을 허용하지 않았기 때문에 대중수출에 훈증 처리한 목재를 사용한 수출포장의 통관에 대해서 검역상 어려운 문제가

---

43) 中华人民共和国进出境动植物检疫法 第二十条第一款 , 进出境动植物检疫条例 第五十九条第一项.

44) 국가질량감독검험검역총국 공고 제11호 제6항(2005. 1. 31).

45) Methyl bromide treatment(treatment code for the mark: MB) Use of methyl bromide should be undertaken taking into account the CPM Recommendation Replacement or reduction of the use methyl bromide as a phytosanitary measure(2008). NPPOs are encouraged to promote the use of alternative treatments approved in this standard.

발생하였다.[46] 왜냐하면 2001년 한국은 소나무 재선충 발생국가[47]에 해당하기 때문에 대중수출에 있어서 열처리한 목재를 사용한 포장재만 통관을 허용하고 훈증에 의한 목재포장재의 경우 통관을 허용하지 않는 규정을 신설하였기 때문이다.

또한 ISPM No. 15는 제정당시에 규정상에 미비점을 보완하고 중국 자국 내에서 국제적 환경에 대응하기 위하여 지속적인 규정의 변경이 있었다. 이에 따라 중국 국가 질량감독검험검역총국(Administration of Quality Supervision, Inspection and Quarantine of P. R. China; AQISQ)은 2005년 초 중국 위생검역 관련행정기관과 공동으로 공고 제11호[48] 및 제32호를 발표하여 수입화물의 목재포장재에 대하여 새로운 규정을 공표하였다.[49] 새로운 규정에서는 수출국/지역의 식물검역기관의 인증을 받은 목재포장재 제조자가 중국으로 수출되는 화물에 사용된 모든 목재포장재에 대해 질량감독검험검역총국(AQSIQ)의 승인을 받은 방법으로 소독처리

---

46) 침엽수로 만든 목재포장재의 경우 중심부를 56℃에서 30분 하여야 하며 만약 열처리를 하지 않은 침엽수의 경우 목재포장재는 상품과 분리 후 해충제거를 위한 처리, 포장재를 제외한 본 물품은 통관 가능하며, 만약 상품과 분리가 어려운 경우 상품과 함께 해충제거 처리 후 통관 가능하지만 만약 위의 방법으로 해충처리가 불가능하다고 판단될 경우 상품과 함께 반송 처리하며, 위의 처리에 따른 모든 비용부담은 수입상이 부담한다.

47) 당시 소나무 재선충 발생국가로서 중국이 고시한 국가는 일본, 미국, 캐나다, 멕시코, 한국, 포르투갈, 대만, 홍콩이다.

48) "중화인민공화국 수출입 동식물 검역법" 및 그의 실시조례에 근거하고 국제식물보호공약조직(IPPC)의 국제식물검역조치표준 제15호 "국제무역중 목재포장재 관리준칙"을 참조하고 국가질검총국, 해관(세관)총서, 상무부, 국가임업국은 2005년 제11호 공고를 연합 반포하여 수입통관 화물의 목재포장은 마땅히 수출국 또는 지역에서 검역장해(소독) 처리하고 전문마크를 부착할 것을 요구하고 있다; 국가질량감독검험검역총국 공고 제32호(2005. 2. 22).

49) 중국은 목재포장재 위생검역에 대해서 2005년 11호 공고를 시작으로 중국 국내 및 국제적인 환경 변화에 맞추어 관련 내용을 지속적으로 변경하였다. 그에 대한 자세한 내용은 다음의 공고를 참조할 것: 质检总局2005年第11号公告, 质检总局2005年第32号公告, 质检总局第84号令, 质检总局2006年第2号公告, 质检总局, 2006年第105号公告.

하고 IPPC 마크를 표시할 것을 요구하고 있다. 중국의 검험검역(China Inspection and Quarantine: CIQ) 기관에서는 반입항에서 목재포장재를 검사하여, 요건을 이행하지 않은 목재포장재에 대해서는 중국검험검역(CIQ)의 감독하에 화물과 함께 소독, 폐기 또는 반송 처리하며, 본 규정은 2006년 1월 1일부터 시행할 것을 공고하였다.[50] 그 후 중국은 2006년 105호, 2008년 제69호[51])에 의거하여 목재포장재 위생검역 관련 규정의 개정하여 국제위생검역규정에 부합하도록 지속적으로 노력하고 있다.

2. 목재 포장재 위생검역 규정의 세분화

중국의 목재포장재의 위생검역 관련 규정은 모법인 중국의 위생검역법에 의하고 있다. 초기 중국이 제정한 위생검역법은 식물과 동물 모두 적용하는 동식물 위생검역법이었으나 위생검역의 중요성을 인식하고 동물과 식물검역으로 그 규정을 분리 세분화하였다. 목재포장재의 위생검역과 관련하여 2001년 "수출입목재포장재관리방법"을 제정하고 2005년 목재포장재의 "검역처리관리세부규칙"을 도입하였다.

본 검역처리세부규칙에서 목재포장재의 위생검역은 위생검역과 검역사실을 확인하는 마크의 부착 두 가지로 구분하고 있다. 그리고 부칙 4의 "수출화물목재포장재위해처리표시실시기업자격요건"이라는 규정에서 목재포장재의 위생검역 가능업체의 자격을 두어서 목재포장재의 위생검역을 위한 소독조치는 위생검역의 자격을 취득한 특정업체[52]만이 수행할 수 있다. 목재포장재유해처리 실시 가능 여부는 기관의 허가를

---

50) 국가질량감독검험검역총국 공고 제11호(2005. 1. 31).

51) 국가질량감독검험검역총국 공고 제89호(2008. 6. 6).

52) 수출입목재포장재위해처리관리방법의 부칙 6에서 "중화인민공화국행정허가법"과 "수출입목재포장재검역처리관리방법"에 의거하여 관련 기업을 허가하도록 규정하고 있다.

얻어야 가능하고 그 유효기간은 3년을 두고 있다.[53] 중국의 위생검역 대상인 목재포장재란 화물의 적재, 받침, 지지, 고정에 사용되는 목재질 재료를 의미하며, 수입화물에 사용되는 목재포장은 수출국가 또는 지역정부의 식물검역기관에서 인가한 기업에서 중국이 확인한 검역장해처리방법에 따라 처리하고 정부식물검역기관에서 비준한 IPPC 전용마크를 부착하도록 규정하고 있다. 중국의 수출입검험검역기관은 수입통관 화물에 사용되는 목재포장재 검역에 대해 분류 및 관리하며 항만업무, 선박대행, 세관 등 부분 간의 정보교류를 강화하고 화물적재리스트 등 정보에 대한 심사를 통해 목재포장를 사용하는 화물에 대해 중점 검역을 실시한다. "수출입검험검역기관검험검역대상수출입상품목록"에 수록된 목재포장재를 사용한 수입통관 화물에 대해서 관할 검험검역기관은 "수입화물 통관증"을 발부하고 목재포장재에 대해 검역을 실시하고 만약 수입통관 화물이 목록에 미수록된 목재포장을 사용할 경우 관할 수출입검험검역기관은 세관에서 통관과 검역에 대해 판단할 권한을 가지도록 하여 위생검역의 권한을 부여하고 있다. 이와 같이 중국은 목재포장재의 위생검역에 대해서 검역내용, 검역방법, 검역절차, 검역권한 등의 내용에 대한 세부적이고 체계적인 시스템을 구축하고 있다.

3. 목재포장재 위생검역위반에 대한 처벌강화

중국은 위생검역에 대한 분쟁을 사전에 예방하고 위생검역의 국제화를 위해서 위생검역 관련 규정을 보다 엄격하게 적용하고 있는 것으로 보인다. 2009년 캐나다 식품검사청(Canadian Food Inspection Agency; CFIA)은 IPPC 소독처리 마크를 부착하지 않고 중국의 식물위생검역증명서만

---

53) 洪雷 編著,「上揭書」, 上海人民出版社, 2009. 3 , 215面.

첨부한 중국산 화물의 목재포장재에 대해서 통관을 보류하는 조치를 취했다. 2009년 7월 당시 중국의 XX 기업이 7개의 컨테이너로 수출을 하는 과정에서 운송의 무게를 줄이기 위해서 포장재를 목재로 사용하였다. 이때 사용한 포장용 목재가 소독 등 병원균의 감염을 막기 위한 위해처리를 하지도 않았으며, IPPC의 표준안에 따라서 처리한 목재도 아니었다. 이러한 사실을 중국의 수출검역과정에서 통지하지 않고 해당 제품이 수출되었다. 목적지에 도착한 해당 제품의 위생검역과정에서 중국의 수출제품 포장에 사용한 목재가 정상적인 과정을 거치지 않았음을 이유로 중국으로 반송 조치하였다. 또한 캐나다는 중국산 목재포장재의 IPPC 마크 미부착으로 중국산 제품에 대한 신뢰성에 대한 문제를 야기하였다. 이로 인하여 캐나다 식품검사청은 중국에서 수입하는 목재포장재의 재료에 대해서 식물위생인증서 대신에 유효한 IPPC 마크에 대해서만 인증을 허가할 것이며, 또한 중국산 목재포장재의 위생검역조치를 3단계로 진행하여 보다 엄격하게 규제하였다.[54]

이에 중국 정부당국은 캐나다로 수출하는 목재포장재의 경우 반드시 소독처리할 것이며, IPPC 소독처리 마크를 부착할 것과 식물위생검역증명서 또는 훈증소독증명서는 발급하지 않을 것을 캐나다 측에 통보하였다.[55] 그리고 중국 위생검역국은 관련 사실을 확인한 후 "수출입위생검역법" 제20조 제1항의 규정과, "수출입동식물검역법" 제39조 및 "수출입동식물검역조례" 59조 제1항의 규정에 의거하여 해당 수출기업에 대해서 벌금 인민폐 5,000위엔을 부과하였다.

위생검역은 수출기업에 있어서 추가적인 비용을 수반하기 때문에 수

---

54) http://www.inspection.cc.ca/english/plaveg/protect/dir/d-98-08e.shtml(2013. 2. 20 최종방문)

55) http://www.cbsa-asfc.gc.ca/publications-ad/cn09-002-eng.html(2013. 2. 20최종방문)

출경쟁력을 상실할 수 있고, 시간적인 이유로 또는 수출 납기를 맞추기 위해서 위생검역을 생략하거나 또는 허위로 위생검역을 신고한 것으로 처리하여 수출을 하는 경우가 발생할 수 있다. 중국의 "수출화물목재포장재검역처리관리방법"[56]의 규정에 따르면 2005년 3월 1일부터 수출입화물목재포장재는 반드시 검험검역규정에 따라서 위해성을 제거하여야 하며, 그 위해성 제거 기준은 IPPC 전용규정에서 요구하는 수준에 부합하여야 한다. 수출입화물이 사용한 목재포장재가 검험검역처리허가를 득하지 아니하고 수출하는 경우 관련 규정에 따라서 처벌하고 있다. 그러나 본 사건의 경우 중국은 그 사건의 경중에 따라 처벌의 정도는 달리하고 있지만 상대적으로 벌금 5,000위안을 부과한 것은 법률에 규정한 최고한도로 부과한 것으로 이는 상대적으로 엄격한 처벌을 내린 것인데, 이는 중국이 해당 기업의 과실로 물품의 반송으로 인한 경제적 손실을 야기하는 것 이외에 중국의 국가 이미지에도 영향을 미칠 것으로 고려하여 징벌적 의미의 과중처벌로 간주된다.

V. 결론

국제운송기술의 발달과 국제물류의 신속한 통관처리업무로 일국에서 발생한 질병은 국제적 이동 수단인 선박이나 비행기 철도 등의 교통수단에 의해서 신속하게 다른 나라로 전파되고 있다. 현재 전 세계적으로 확산되고 있는 소나무 재선충 역시 특정국가에서 발생에 그치지 않고 국제운송 수단을 통하여 신속하게 전파되었다. 수출품의 충격과 파손 등을 방지하기 위해 사용하는 포장과정에서 목재는 그 사용 및 변형

---

56) 국가실검총국제69호령(2005. 1. 10)

이 용이하고 저렴함을 이유로 널리 사용되었다. 그러나 재선충에 감염된 이러한 목재포장재의 경우 수출경로를 따라서 타국에 운송되어 해당 국가의 침엽수림에 관련 질병의 전파를 야기시켰다. 이러한 국가 간의 문제를 해결하기 위해서 수출용 목재포장재에 대한 사전 위생검역과 소독처리를 요구하게 되었다. 그러나 위생검역의 도입과정에서 위생검역 위해처리를 위한 국가 간의 관련 규정이 상이하고 국가 간의 위생검역에 대한 시설 및 시각이 상이하여 국가 간의 표준화를 위한 국제적인 표준화 작업이 필요하였고, 그에 따른 요구에 힘입어 국제식물위생검역표준안을 제정하여 각국이 이를 채택하도록 권고하고 있다.

중국도 국제적인 목재포장재의 위생검역의 중요성을 인식하고 국제적인 표준모델의 신속한 도입을 통하여 중국의 해외수출시장에서 대외이미지 제고를 위해서 노력하고 있는 것으로 보인다. 그러나 위생검역 시스템의 단기간 도입은 기업에게 오히려 제품의 가격상승을 가져올 수 있고 그에 따라서 중국 제품의 해외수출에 대한 가격경쟁력을 상실할 수도 있다. 또한 중국의 위생검역의 도입을 위한 사회적 시스템을 단기간에 도입하고자 하나 위생검역이 가능한 기업의 수나 관련 전문인력의 증가 등에는 단기간에 해결할 수 없는 여러 가지 문제가 수반할 수 있고 이러한 문제는 또한 부작용을 불러올 수 있다. 이에 대한 문제가 중국의 수출입과정에서 지속적으로 발생하고 있다.

그러나 이러한 부작용의 수반에도 불구하고 국제위생검역의 엄격한 적용과 도입은 향후 중국이 국제무역거래에서 위생검역과정에서 발생할 수 있는 여러 가지 부정적인 시각을 제거하고 향후 중국이 국제무대에서 우위를 점하기 위한 노력의 과정으로 보인다. 따라서 현재의 여러 가지 어렵고 부정적인 문제에도 중국은 지속적으로 위생검역에 대한 국제적 수준에 도달하기 위한 법적제도, 행정시스템, 기업의 위생검역 환경과 물류 통관 등 사회환경적인 부분에 지속적으로 노력할 것으로 보인다.

이에 한국도 중국의 이러한 위생검역에 대한 법적제도, 행정시스템, 기업의 지원정책에 대한 모니터링을 통하여 한중 간 위생검역시스템의 통일화 및 표준화를 통하여 서로 신뢰할 수 있는 제품의 수입 및 수출을 준비할 필요성이 제기되고 있다. 왜냐하면 한국에게는 중국이 가장 많은 수출과 수입을 하고 있는 국가이고, 한국이 중국에 대한 직접적인 수출뿐만 아니라 한국제품이 중국의 원부자재를 활용하여 미국이나 EU 등의 선진국에 재수출하는 우회 수출구조를 가지고 있기 때문에 중국의 수출 제품의 위생검역의 표준화 및 국제화는 곧 한국 제품의 국제적인 경쟁력을 가질 수 있는 중요한 요소와 일맥상통하기 때문이다. 따라서 중국의 위생검역의 법, 시스템, 환경의 국제적 표준화가 한국에 긍정적 요인으로 작용할 수 있도록 지속적인 모니터링과 협조가 수반되어야 할 것이다.

참고문헌

손성문, "중국의 국제 식물위생검역 분쟁 사례 분석", 「국제상학」 제25권 제2호, 한국국제상학회, 2010.

_____, "중국의 수출입 동식물 위생검역규정에 관한 연구", 「산업과학기술연구소보」 제14호, 진주산업대학교, 2007.

奚霞, "全国海港检疫管理处", 「民国档案」, 民国机构, 2004.

岳咬兴 等, 「卫生检疫与中国产业安全」, 上海财政大学出版社, 2006.

刘耀威 主编, 「进出口商品的与检验与检疫」, 对外经济贸易大学出版社, 2006.

王国平 主编, 「动植物检疫法规教程」, 科学出版社, 2006.

黄中鼎 颜逊 主编, 「报关与报检事务」, 中国物资出版社, 2007.

洪雷 编著, 「进出口产品检验检疫」, 上海人民出版社 , 2008.

_____ 编著, 「出入境检验检疫报检实用教程」, 上海人民出版社 , 2009.

Animal and Plant Health Inspection Service, USDA, "Importation of Wood Packaging Material", Department of Agriculture Animal and Plant Health Inspection Service, 7 CFR Part 319 [docket No. 02-032-3] RIN 0579-AB48.

International Standards For Phytosanitary Measures(ISPM) No. 15(March, 2002); ISPM 15 Solid Wood Packaging Update(October 23, 2006).

International Standards For Phytosanitary Measures(ISPM) Revision of ISPM No. 15, Regulation of Wood Packing Material In International Trade, Rome, IPPC, FAO. Publication history; Last modified August 2011. (2009).

Guidelines For Regulating Wood Packaging Material In International Trade, 2002, with modifications to Annex I(2006).

International Plant Protection Convention(IPPC) (New Revised Text approved by the FAO Conference at its 29th Session - November 1997).

Agreement on the Application of Sanitary and Phytosanitary Measures; SPS

"出境货物木质包装检疫处理管理办"〈第69号令〉, 2005. 1. 10.

중국국가질량감독검험검역총국 공고 제11호(2005. 1. 31), 제32호(2005. 2. 22), 제89호 (2008. 6. 6).

http://www.inspection.cc.ca/english/plaveg/protect/dir/d-98-08e.shtml

http://www.cbsa-asfc.gc.ca/publications-ad/cn09-002-eng.html

www.sed.co.kr

한국 식품의약품안전청(www.kfda.go.kr)

중국 위생검역총국(www.aqsiq.gov.cn)

8

중국의 경상계정 불균형의
원인과 결과
그리고 거시경제적 함의

박
재
진

중국의 경상계정 불균형의 원인과 결과 그리고 거시경제적 함의[1]

박 재 진

I. 서론

중국의 경상수지 흑자문제는 2000년대 중반 이후 국제경제정책관련 논쟁의 주요 쟁점 중 하나가 되어왔다. 중국의 교역상대국들이 중국의 경직적 환율체제에 대해 비난하는 것도 환율정책 그 자체보다는 중국의 대외불균형에 대한 불만이 실질적인 배경이었다고 할 수 있다. Krugman(2010)과 같은 학자들은 중국경제가 막대한 경상계정 흑자를 실현하는 동안 그 교역상대국들은 심각한 실업문제를 경험해야 했다고 주장했으며 이는 2000년대 후반 미국의 중국 위안화 평가절상압력의 근거가 되기도 했다.

이에 대해 대부분의 중국 경제학자들과 정부는 중국의 환율정책이 미국의 자산시장거품, 고실업률, 막대한 경상계정적자 등의 원인으로 작용했다는 주장에 대해 강력한 반대의 입장을 표명해왔다. 실제로 미국 제조업부문의 실업이 증가하기 시작한 것은 중국이 본격적으로 세계의 공

---

[1] 본고는 대한중국학회. 「중국학」 42집(2012)에 게재된 논문을 토대로 작성되었음.

장으로 등장하기 이전부터였다. 그리고 미국의 경상계정 적자는 1990년
대 후반부터 급격하게 증가하기 시작한 반면 중국의 경상수지가 크게
증가한 것은 2004년 이후부터였다.

하지만 이러한 사실들이 중국의 대외불균형(external imbalance)에 전혀
문제가 없다는 것을 의미하지는 않는다. 중국의 지속적인 경상계정 흑자
는 저소득국인 중국이 고소득국에게 자본을 수출한다는 것을 의미한다.
나아가 중국의 대외계정 흑자가 커질수록 교역관계가 악화되어 중국 경
제성장의 지속가능성을 위협하는 요인으로 작용할 수 있으며, 외환시장
에 대한 과도한 개입은 시장에 유동성 과잉현상을 초래하고 이는 다시
인플레이션 압력으로 작용할 수 있다. 그리고 외환보유고가 지나치게 축
적되는 것 또한 미국 달러가치의 조정국면에서 중국경제의 취약성으로
작용할 수 있다(Yu 2007). 따라서 중국 스스로도 대외부문의 균형을 회
복해야 할 동기를 충분히 가지고 있는 것이다.

본 연구는 2000년대 중국의 경상계정 불균형의 변화추이(current
account imbalance)를 살펴보고 그 원인에 관한 그간의 논의를 정리한 다
음 이에 대한 중국정부의 대응책들과 그 결과를 조명하는 것을 목적으
로 하고 있다.

전체적으로 볼 때 중국의 경상계정 흑자규모는 2003년부터 급증하기
시작했으며 2007년에 이르러 그 절정을 이룬다. 그리고 그 이후로는 세
계경제위기와 중국의 불균형해소정책 등으로 인해 다소 완화되는 국면
을 보이고 있다. 본 연구는 2000년 초반부터 2007년까지를 불균형 심화
시기로, 2008년~현재까지를 불균형 완화시기로 구분하여 그 이전의 시
기에 대해서는 경상계정 불균형 심화의 원인을 조명하는 데 초점을 두고
그 이후의 시기에 대해서는 불균형 완화의 원인들을 살펴보는 데에 초점
을 맞추었다.

이러한 연구목적을 위하여 본고는 우선 2절에서 중국의 경상계정 불균형의 변화추이를 종합적으로 살펴보았으며 3절에서는 중국의 경상계정 불균형의 원인에 관한 그간의 주장들을 거시경제균형방정식 $S-I=X-M$에 기초하여 재검토하고 4절에서는 불균형 완화의 원인들을 정리하였다. 그리고 마지막으로 5절에서는 현재 중국정부가 당면한 대외 불균형 관련 주요 논점들을 중심으로 향후의 전개방향에 관한 전망을 제시했다.

II. 경상계정 불균형의 변화추이

중국이 대외흑자(external surplus)를 시현한다는 것은 중국의 무역상대국이 대외적자(external deficit) 상태에 있다는 것을 의미하기 때문에 그 규모와 원인과 관련하여 세계적인 관심사가 되어왔다. 1980~2011 기간의 경상계정, 그중에서도 경상계정의 대부분을 차지하는 무역수지를 중심으로 중국의 대외불균형 변화추이를 살펴보면, 중국의 GDP 대비 경상수지 흑자수준은 1990년대 들어서 점진적으로 증가해오다가 2003~2004년 이후 급격하게 증가하는 추세를 보였고 2007년에는 최고치를 달성하여 GDP의 10% 수준을 넘어섰으며 그 이후에는 하락하는 경향을 보이고 있다.

경상수지는 상품 및 서비스 무역수지, 소득수지, 경상이전 등으로 구성되는데, 중국의 경우 경상수지의 85% 정도가 상품 및 서비스수지로 이루어져 있고 서비스수지가 높지 않은 수준이었기 때문에 경상수지 흑자의 대부분은 상품무역수지 흑자에 기인한다.

중국의 상품수출과 수입은 1980년대 이후부터 꾸준히 증가해오다

2000년대에 들어 증가세가 서서히 빨라지다가 특히 2004년부터 2007년까지는 수출과 수입이 모두 급격하게 성장했다. 그리고 2000년대 중반부터는 수출의 증가율(연평균 29%)이 수입의 증가율(연평균 22%)을 크게 압도했으며, 무역수지는 2004년 320억 달러에서 2007년 3,150억 달러로 거의 10배 정도 증가해 그 절정을 이루었고 경상수지 흑자에 가장 큰 기여를 했다. 2007년도 당시 상품무역수지 흑자수준만도 GDP의 7.5%에 달했다. 그 이후 전 세계적 금융위기시기인 2008년에는 일시적으로 수출입 모두 급감했다가 2009년 이후부터 다시 증가세를 회복했다. 하지만 2009년 이후에는 수출의 증가율보다는 수입의 증가율이 높아 무역수지 흑자폭이 위기 이전보다 완화되었으며 또한 경상수지 흑자폭을 완화하는 데에도 기여했다.[2]

Ⅲ. 2000년대 중반 이전 경상계정 불균형의 원인

1. 거시경제균형조건과 경상계정 불균형

일반적으로 개방경제하의 국민경제균형조건은 항등식 S-I=X-M으로 표현된다(여기서 S=국내저축, I=투자, X=수출, M=수입을 의미함). S-I는 경제의 대내적 균형관계에 기초한 것이고 X-M은 대외적 균형관계에 기초한 것이기 때문에 S-I=X-M은 개방경제하에서의 균형관계를 표현하는 것이다. 이 식은 경상수지 불균형은 국내저축과 투자의 차이에 기인한다

---

2) 흑자비율이 낮아진 것은 한편으로는 세계적인 경제침체로 수출이 줄었기 때문이고 다른 한편으로는 세계경제침체에 대한 중국정부의 대응책으로 투자를 유인하기 위한 국내 경기부양정책에 기인한다. 무역수지 또는 경상수지 흑자완화에 대해서는 4절에서 다루었다.

는 것을 의미한다. 따라서 일국이 경상수지 불균형을 설명하기 위해서는 (S-I)와 (X-M)의 내생적 관계와 S, I, X, M의 변화를 야기하는 외생적 요인들을 밝힐 수 있어야 한다. 중국의 대외불균형 또한 국민경제균형을 의미하는 연립방정식 체계에서 외생적 변화를 통해 설명이 가능하다.

이러한 외생적 변화는 (S-I)나 (X-M)의 변화를 초래함으로써 경상계정 불균형의 원인으로 작용한다. 소위 구조 학파(structural school)는 이 등식의 좌변, 즉 저축과 투자와의 차이에 초점을 둔다. 이 학파는, 중국의 경상수지 흑자의 이유를 중국은 저축률이 높은 국가이고, 전적으로 저축이 투자보다 많아서 흑자기조를 유지하고 있다고 설명한다.[3] 중국 지출구성요소 중 GDP 대비 저축비중과 투자비중이 모두 지속적으로 성장해왔으며 전체기간에 대해 저축이 투자를 압도하는 구조를 가지고 있다. 특히 GDP 대비 저축비중은 1990년대 후반에 40%대에 접어들었고 2000년대 전반부터 급격하게 증가하여 중국의 경상수지 흑자가 급증했던 2007년에는 50%를 돌파했다. 2007년은 전체기간 중 저축비중과 투자비중의 격차가 가장 컸던 연도 중 하나인 데다 저축비중이 소비비중을 넘어서는 시기이기도 하다. 즉 중국의 경상수지 흑자는 투자활동이 저축에 비해 저조한 데다 이러한 저축이 민간 소비활동 또한 위축시켰기 때문이라고 설명할 수 있다.

정책학파(policy school)는 등식의 우변이 중요하다고 강조한다. 많은 연구자들이 중국이 경상수지 흑자기조를 유지하는 이유를 수출육성정책 때문이라고 주장한다. 이러한 경상수지 흑자로 인해 당연히 저축이 투자를 상회한다고 설명한다.

---

3) (S-I) 접근법 중 Bernanke(2005)의 과잉저축이론(saving glut theory)은 중국을 비롯한 여러 국가(주로 신흥국가)에서 투자에 비해 저축이 과도하게 이루어진 결과로 세계적 불균형이 심화되었다고 주장하기도 한다.

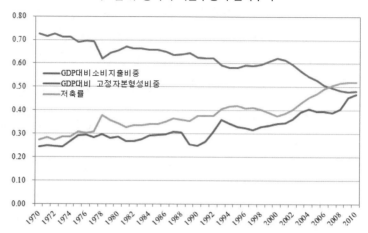

〈그림 1〉 중국의 지출구성의 변화추이

통계자료 : UNCTAD, UNCTADstat, *GDP by type of expenditure and Value Added by kind of economic activity*, annual, 1970~2010

정리하자면, 구조학파나 정책학파의 설명은 모두 논리적으로 근거를 지닌다.[4] 중국의 대외불균형은 크게 두 가지 유형의 요인, 하나는 투자 (I) 대비 저축(S)의 외생적 증가라는 요인이고 다른 하나는 수입(M) 대비 수출(X)의 외생적 증가라는 요인이다. 그리고 이 두 요인의 내생적 상호 작용에 의해서 심화되었다고도 볼 수 있다.

---

4) Yu Yongding, "Rebalancing the Chinese Economy", *Occasional Paper Series* 11:03(세계경제연 구원 · 한국무역협회, 2011)

2. S-I의 외생적 변화요인[5]

1) 중국의 사회복지체계의 후진성

1980년대 초반 중국이 경제체제 개혁을 실시한 후 경제 · 사회 방면에 많은 변화가 발생했다. 지난 30년 동안 중국은 계획경제의 특색이 짙은 사회보장제도 즉 '단위보장제'를 벗어나 경제체제의 전환에 따라 점진적으로 개혁 과정을 겪어왔다. 최근 30여 년간의 노력을 통해 사회보험, 공공부조, 사회복지서비스, 군인안치제도, 자선사업 등의 제도에서도 체제전환이 이루어졌으며, 중국식 사회보장체제가 기본적으로 구축되었다. 하지만 이와 같은 개혁은 중국이 목표하고 있는 복지 모델에 비추어 봤을 때 여전히 초보적인 단계에 해당된다. 이로 인해 주택, 교육, 의료 등의 분야에서 고아, 노인, 장애인, 아동 등 취약계층뿐만 아니라 높은 집값, 교육, 의료의 압박과 하강 및 실업의 위험에 직면하여 도시나 농촌에서 갈수록 많은 사람들이 생활난을 겪고 있다.[6]

게다가 중국의 사회보장제도 개혁은 경제체제 개혁 등 거시적 전략들이 마련된 후 이루어진 경우가 대부분이며, 기업개혁 중에 발생하는 문제들을 해결하기 위해 사회보장정책이 도입되었다. 1980년대 기업이 독립적인 경제 주체로서 경쟁체제에 직면하고 있을 때에 기업의 사회적 역할을 완화했으며 이로 인해 1990년대에 들어서는 하강(下崗) 및 실업 등 사회문제가 생산체제에 큰 영향을 미치자 사회보장제도 개혁을 가속화

---

5) 중국의 저축률이 높다는 주장에 대한 반론도 있다. Ma Guonan과 Wang Yi는 중국의 저축률은 높기는 하지만 GDP에서 저축이 차지하는 비중으로 볼 때는 중국 기업저축은 기껏해야 일본의 경우와 비교될 수 있는 정도이고, 중국 가계저축은 인도의 가계저축보다 낮으며, 정부저축은 한국의 정부저축보다 낮다는 것이다.

6) 현재 중국은 5.5억 명에 해당하는 중국인의 45%가 하루에 2달러 미만으로 생계를 이어가고 있다. 죠셉왕, 「미래를 위한 투자-합리적 복지제도의 설계」, 『글로벌코리아』, 2012.

했다. 이처럼 사회보장은 사회문제를 해결하는 '구제적 조치'가 되었으며, 선진국과 같이 적극적인 예방적 성격이 여전히 미흡했다.

  그리고 중국의 사회보장제도가 직면하고 있는 또 다른 문제는 제도가 '파편화(fragmented)'되어 있다는 것이다. '파편화'된 사회보장제도로 인해 서로 다른 계층에 따라 상이한 제도가 수립되었다. 예를 들면, 수천만 명에 이르는 퇴직자가 서로 다른 양로보험에 적용됨에 따라 그 급여 수준이 천차만별이어서 양로보험금 급여 수준이 불공평에 노출되어 있었다.[7]

<그림 2> GDP대비 보건지출비중과 중국의 저축률

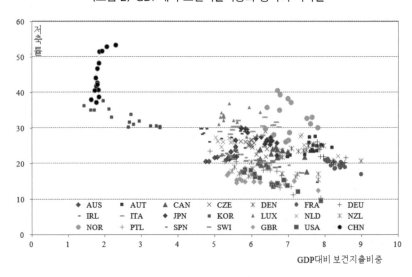

통계자료 : World Bank, *Development Indicators & Global Development Finance*

---

7) 김병철, 「중국 사회보장제도 개혁의 성과와 평가」, 『국제노동브리프』, 한국노동연구원, 2011년 12월, pp.121~127.

〈그림 2〉는 사회안전망의 대표적 지표 중 하나인 보건관련 정부지출과 저축률의 관계를 도시한 것이다. 중국의 GDP 대비 보건지출비중과 저축률만으로는 보건지출과 저축률 사이의 부(-)의 관계를 확인하기 힘들지만 전 세계의 주요국가들의 관련지표들 간의 관계를 살펴보면 평균적으로 보건지출비중이 높을수록 즉 사회안전망이 견고할수록 저축률은 낮아지는 경향을 보이고 있다.[8] 중국의 경우 왼쪽 상단에 좌표가 표시되어 있는데 이는 중국의 사회안전망이 부실하여 사회전체의 저축률이 높다는 것을 의미한다. 즉, 미미한 사회안전망과 취약한 복지제도가 미래에 대한 가계의 불안감을 야기하고 나아가서는 높은 저축성향을 초래하게 한다는 것이다.

2) 인구분포의 변화와 인구배당

1970년대 이후 줄곧 1가구 1자녀 가족계획정책을 유지해왔다. 그 이후 30여 년에 걸쳐 유년부양비율(youth dependency ratio)[9]이 급격히 하락하여 소위 인구배당(population dividend)효과[10]가 발생했다.

인구배당이 발생하는 시기에는 생산 활동에 참여하는 인구가 증가

---

8) 〈그림 2〉는 평균적으로 고소득을 실현하는 선진 20개국과 중국의 저축률과 보거지출비중의 관계를 도시한 것이다.

9) 생산가능연령인구(15~64세)에 대한 유년층인구(0~14세)와 노년층인구(65세 이상)의 합의 백분비로 연령을 기준으로 한 부양비를 말한다. 이를 보다 세분화하여 15~64세 인구에 대한 0~14세 인구의 백분비를 유년부양비(youth dependency ratio), 15~64세 인구에 대한 65세 이상 인구의 백분비를 노년부양비(elderly dependency ratio)라고 한다.

10) 부양이 필요한 유년인구(0~14세)가 줄어들어 총부양비율, 즉 생산가능인구 대비 피부양인구(유년인구+노인인구)의 비율이 하락함으로 인한 인구구조상의 성장혜택을 의미하는 것으로 중국에서는 인구홍리(人口紅利)라 표현한다. 유년인구가 생산가능인구로 성장하고 생산가능인구의 고령층이 차차 노인인구로 변해감에 따라 상황은 정반대로 바뀌어 총부양비율이 상승하기 시작하는데, 저출산 추세가 나타난 뒤 이처럼 상황이 역전되기까지는 보통 30~40년이 걸리는 것으로 알려져 있고, 이 기간을 '인구배당시기'라고 한다. 이철용, 「중국인구구조 변화의 경제적 시사점」, 『LG Business Insight』, 2011 참고.

하고 부양 부담이 크지 않으므로 높은 저축률을 실현할 수 있게 된다. 〈그림 3〉은 중국 저축률과 부양비율 간의 관계를 보여주는데, 전체적으로는 부양비율이 낮아질수록 저축률이 높아지는 양상을 보인다. 일부구간, 특히 부양비율이 하락추세가 가장 완만하거나 또는 정체되어 있는 시기인 90년대 중반에는 저축률 또한 정체되거나 하락했고 이후 다시 부양비율이 급격히 하락하자 저축률도 급격히 상승하는 모습을 보여주고 있다. 이는 인구분포와 인구배당이 저축률과 의미 있는 관계를 가진다는 것을 의미한다.

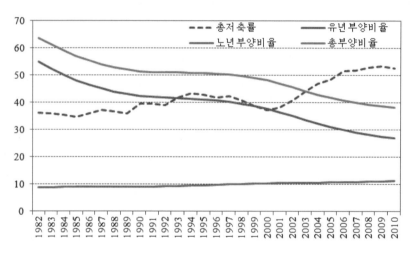

〈그림 3〉 중국의 저축률과 부양비율(%)

통계자료 : World Bank, *World Development Indicators and Global Development Finance*

낮은 인구부양비율은 또한 노동에 대한 저임금 정책을 유지할 수 있기 때문에 요소집약적 경제성장이 순조롭게 이루어진다. 동아시아 국가들의 경우 고속성장 시기인 1970~1995년 경제성장에 대한 인구배당의 기여율이 35~50%에 달했으며, 중국의 경우 1982~2000년에 인구배당 1인당 GDP 증가에 27%가량 기여한 것으로 분석되고 있다.

그리고 일부 경제학자들은 유년부양비율이 20%가량 하락함으로써 중국의 순대외자산이 GDP의 90% 수준까지 성장하는 데 큰 기여를 했다고 주장하기도 한다(Ma and Zhou 2009).

3) 비대칭적 시장자유화와 요소비용 왜곡

지난 30여 년간의 개혁과정에서 핵심적인 주제는 바로 시장메커니즘을 재도입하는 것이었다. 하지만 시장지향적 개혁과정은 비대칭적으로 전개되었다. 재화시장은 거의 완전하게 자유화되었고 이는 중국으로 하여금 노동풍부국의 비교우위를 충분히 활용할 수 있게 했으며 생산 효율성도 점진적으로 개선되었다(Lin et al 1995).

반면 요소시장은 심각하게 왜곡되었다. 노동시장에서는 호구제도가 중국 내 노동이동성을 저해했다. 농민공들이 도시에서 취업하는 것을 금지하지는 않지만 이들에 대한 제도적 차별은 심각하다. 농민공들은 도시에서 항구적으로 거주할 수 없으며 도시의 사회복지제도로부터도 배제되었다. 이러한 차별은 농민공들의 임금을 억압하는 요소로 작용한다. 자본시장도 금융억압(financial repression)에 의해 심각하게 왜곡되어 있다. 현재 중국의 금융억압정책은 국가의 은행소유, 금리규제 및 국유기업에 대한 차별적 신용배분 등의 형태로 나타나고 있다. 중국공상은행, 중국건설은행, 중국은행, 중국농업은행 등의 중국 4대 국유상업은행은 은행산업에서 거의 독점적 위치를 구축하고 있으며 금융부문의 정책적 활용을 용이하게 하는 수단이다.

금리규제는 우선적 성장부문을 지원하기 위하여 자본가격을 왜곡시키는 직접적이고도 획일적인 수단을 제공한다. 개발도상국가들이 흔히 직면하는 경제여건은 풍부한 노동력에 비해 부족한 자본과 이에 따른 높은 시장금리이다. 따라서 우선적 성장부문이 막대한 자본투입을 요구하는 중공업부문이라면 자본비용에 대한 정책당국의 인위적 왜곡이 절대적으로 필요하다. 금리규제는 필연적으로 신용할당을 수반한다. 금리상한선이 시장금리보다 낮게 책정되어 자금초과수요가 발생함에 따라 정책당국은 제한된 금융자원을 투자 우선순위에 따라 배분한다. 중국에서 신용배분의 우선적 대상은 주로 중공업부문을 담당하는 대·중형 국유기업들이다. 이들은 비록 수익성이 상대적으로 낮다 하더라도 정부의 의도대로 투자를 실행한다. 은행의 상업적 의사결정이 배제된 채, 정부의 정책목표를 추진하거나 국유기업의 적자를 보전하기 위하여 행정적으로 배분된 신용은 정책금융(policy-directed loans)이라 일컬어지는데, 이에 대한 규모는 공식적으로 외부에 공개되지 않고 있다.[11]

이러한 정책들은 자본유입보다는 자본유출에 대한 엄격한 통제정책와 더불어 자본비용을 저렴하게 하는 데 기여한다. 그리고 저평가된 통화가치도 자본비용을 왜곡시키는 정책수단의 하나이다.

앞서 언급한 왜곡현상들은 모두 요소비용을 억제하는 효과를 가진다.[12] Huang and Tao(2010)의 연구에 의하면 2000~2009년 동안의 자본비용왜곡의 크기는 GDP의 3~4%에 달했다. 그리고 노동비용의 경우 도시노동자의 임금상승율에 비해 농민공의 임금상승률이 훨씬 낮아 시간이 지날수록 왜곡정도가 심화되었으며 토지와 에너지 비용의 왜곡현상도 조사 대상기간 동안 증가추세를 보였다.

요소비용에 있어서의 이러한 왜곡은 생산자에게는 보조금과 동일한 효과를 발휘한다. 생산자들은 왜곡된 요소비용을 이용해 이윤을 증가시

---

11) 박찬일, 「중국의 내생적 금융개혁」, 『규제연구』 12:2, 2003.
12) 이외에도 정부소유 또는 농촌지역의 집단소유의 토지사용료, 에너지나 기타 자원가격, 용수 가스 전기사용료, 농산물 가격 등도 정부의 주요 통제대상에 포함되어 있다.

키고 투자수익률을 높이며 수출재의 국제시장경쟁력을 제고시킬 수 있지만 가계의 소득상승은 상대적으로 억제된다. 요소비용 왜곡은 지난 10년간 중국 가계소득이 GDP에서 차지하는 비중을 10%포인트 이상 떨어트림으로써 GDP에 대한 소비지출 비중을 저하시키고 저축률을 과도하게 끌어올리는 부정적 효과를 초래했으며 나아가서는 대외불균형의 한 요인으로 작용했다고 할 수 있다.

3. X-M의 외생적 변화요인

1) WTO가입 및 수출입의 불균형 개방과 가공무역구조

중국은 2001년 말에 WTO의 정식회원이 되었고 그 덕분에 세계시장과의 통합정도가 크게 심화되었다. WTO 가입 이후 중국의 무역정책, 외국인투자, 해외투자정책, 지역협력정책에 많은 전략 변화가 이루어졌으며, 상품시장과 서비스시장의 개방에 대해서는 가입 시 합의사항을 충실히 이행했다.[13]

하지만 중국의 WTO가입이 중국의 수출입 양방향의 무역흐름에 미치는 영향을 살피기 위해서는 중국이 WTO 주요 회원국과 협상하는 과정에서 'GATT 원회원국'의 지위를 포기하고 '비시장경제'로 분류되는 대신 '개도국' 지위를 부여받았다는 점을 주목할 필요가 있다.

비시장경제로 분류될 경우 기존 WTO 회원국들이 중국에 대해 MFN(Most Favored Nation, 최혜국) 원칙의 적용을 일시 유보하거나 한시적으로 세이프가드(safeguard) 조치를 적용할 수 있기 때문에 중국의 세계시장접근성에 저해되고 나아가서는 중국 국내의 시장가격이 정상가격으

---

13) 분야별 이행사항에 대해서는 양평섭 외 1인, 「중국의 WTO 가입 5주년 결산: 중국의 대외경제정책과 한·중 관계 변화를 중심으로」, 『연구자료』 07:04, 2007 참고.

로 판정받지 못하는 어려움도 있기 때문에 중국으로서는 시장경제지위 획득이 세계시장접근을 위한 필수적 요건이었지만, 결국 통상 법규와 정책이행의 투명성 결여, 불공정한 무역관행, 차별적 행정규제 등을 이유로 비시장경제로 분류되었다. 이에 따라 WTO 회원국들은 중국의 WTO가입 후 12~15년간 일정한 조건 아래 중국에 대해 MFN원칙의 적용을 유보하거나 세이프가드조치를 취할 수 있게 되었다.

개도국 지위 또한 가입 이후의 무역개방속도를 지연시킬 수 있는 관건이었기 때문에 가입협상과정에서 주요 이슈 중 하나로 다루어졌다. 미국, EU, 일본, 캐나다 등의 회원국들이 중국의 총 GDP 규모와 對세계교역규모, 중국이 개도국 지위로 가입할 경우 발생할 수 있는 국제통상질서의 교란 등을 우려하여 반대했지만, 최종적으로는 1999년 11월 베이징 합의에서 중국의 개도국의 지위를 합의함으로써 무역장벽 철폐 및 통상관련 제도개선을 위한 이행기간을 개도국 수준으로 보장받았다.[14]

정리하면 중국의 WTO 가입조건으로 볼 때, 비시장경제지위에도 불구하고 가입과 더불어 세계시장에 대한 중국의 접근성은 크게 높아졌음에 반해 국내시장개방은 개도국 지위를 충분히 활용하여 점진적으로 이루어졌고, 이로 인해 가입 직후에는 수입증가율보다는 수출증가율이 높아 대폭적인 무역수지흑자증가를 실현할 수 있는 환경이 조성되었다는 것이다.

한편 중국의 WTO 가입은 해외직접투자 환경을 개선함으로써 제조업 분야의 일부 산업의 공급사슬을 중국으로 유인할 수 있었고 이를 통해 중국은 일본이나 한국 등 여타 아시아 국가들로부터 중간재를 수입하여 미국이나 유럽 등의 여타 선진국에 최종재를 수출하는 가공조립형 무역구조를 형성할 수 있었다. 이러한 경제구조는 한편으로는 미국에 대해

---

14) 정인교, 「중국 WTO 가입의 경제적 효과와 정책시사점」, 대외경제정책연구원, 2001.

무역수지 흑자를 달성하고 아시아 국가들에 대해서는 무역수지 적자를 실현하는 구조를 낳게 했고 다른 한편으로는 가공조립을 위한 중국으로의 해외직접투자가 수입을 대체하여 수입성장률을 낮추면서 수출성장률을 높이는 데에도 기여했다(Corden 2009).

2) 국제시장에서의 상대적 노동비용

요소시장 특히 노동시장의 왜곡은 국내적으로는 가계소득을 낮추어 중국 소비의 GDP 비중을 낮게 형성시키고 저축률을 높이는 데 기여하기도 하지만 국제적으로는 노동집약적 제조부문의 비교우위를 실현하는 근거가 되기도 했다.

1990년대에는 신발, 의류, 완구, 운동용품 등의 전통적인 노동집약적 제조업 부문이 중국 제조업 수출의 거의 절반 이상을 차지했다. 노동집약재의 수출은 2000년대에 들어서도 연평균 15%의 높은 성장률을 기록했지만 다소의 구조적 차이를 수반하고 있다. 즉 과거에는 단순한 노동집약재가 주요 수출품목이었다면 2000년대 들어서는 좀 더 정교한 공산품과 기계 및 수송장비 등이 주요한 수출품목으로 등장한 것이다.

물론 기계 및 수송장비 수출의 증가는 기술이나 자본이 수출에 미치는 영향이 점차 커지고 있다는 것을 의미하는 측면도 있지만, Athukorala(2009)에 의하면 중국은 단순히 기계와 수송장비의 조립중심지일 뿐이었으며 여러 국가에 분산되어 있는 전체 생산과정 중에서 가장 노동집약적인 생산활동에 참여했다고 할 수 있다. 이러한 측면을 고려한다면 국제특화체계에 있어서 중국의 역할은 노동집약적 최종조립단계를 완성하는 것이었다.

Sung(2007)의 연구에 의하면 외국기업 자회사에 의한 저부가가치공정 또한 중국의 수출성장에 기여한 바가 크다. 수입된 중간재를 가공처리한 최종재의 수출이 중국의 총수출에서 차지하는 비중이 2004년에 44%에 달했다. 중국 공산품 수출의 거의 절반 정도가 가공무역의 범주에 있었고 저렴한 노동비용은 여전히 중국 무역경쟁력의 중요한 원천으로 작용하고 있었다. 〈표 1〉은 2002년과 2007년의 중국 제조업 부문 시간당 임금을 주요 경쟁국가들과 비교하여 보여주고 있다. 2007년 중국 노동자의 시간당 임금은 US$1로, 스리랑카를 제외한다면 여타 수출경쟁국들과 비교해도 상당히 낮은 수준이다.

〈표 1〉 제조업부문 시간당 임금(US$), 2002년과 2007년

	중국	브라질	멕시코	필리핀	동유럽	인도	스리랑카	인도네시아	파키스탄
2002	0.6	2.6	2.5	0.7	3.6	0.6	0.5	0.9	1.5
2007	1.0	6.0	2.9	1.1	7.3	1.7	0.6	1.8	-

자료 : Department of Labor, United States(2009); China NBS(2008); International Labor Organization(인도, 인도네시아, 파키스탄)

3) 초과설비

중국 기업부문은 자본의 고수익에도 불구하고 2000년대 초기 특정산업부문에서 높은 수준의 초과설비를 안고 있었다. 주로 국영기업에 의해 운영되는 중공업부문이 이에 해당한다. 〈표 2〉에 의하면 철강, 알루미늄 등의 산업부문에서는 조업률이 75% 이하에 머물고 있었다. 철강산업을 예로 든다면 2005년 철강 산출량은 3억 5천만 톤인데 당시 초과설비로 생산할 수 있는 산출량은 1억 2천만 톤으로 세계 제2위의 철강생산국이었던 일본의 산출량 1억 13백만 톤을 웃돌고 있었다. 게다가 7천만 정도의 생산설비가 건설 중이었다.

<표 2> 주요 산업별 초과생산능력, 2005(단위 : 백만 톤)

	생산능력	생산량	초과 생산능력	신규건설	가동률(%)
철강	470	350	120	70	75
알루미늄	10.3	7.0	3.3	-	68
합금철	22.1	12.0	10.1	2.8	54
칼슘 카바이드	10.4	6.0	4.4	12.0	58
컨테이너	4.5	2.4	2.1	1.3	53

자료 : China's overcapacity in thirteen industries, *China Economic Weekly Journal*, 2006:6에서 인용.

초과설비는 중국 순수출이 2004년 이후 급증하게 된 이유를 설명하는 데 중요한 의미를 지니고 있다. 첫째, 초과설비는 중국이 세계시장에서의 수요를 충족시키는 데 기여했다. 여분의 생산능력이 없었다면 중국의 수출이 국제수요를 충족시킬 수 있을 정도로 충분하지 못했을 것이다. Anderson(2007)에 따르면 순수출이 급격하게 증가한 산업은 알루미늄, 기계도구, 시멘트, 주요 화학제품, 철강 및 철강제품 등과 같은 중공업 부문이었고, 이러한 산업들은 <표 2>에 제시되어 있는 초과설비가 많은 주요산업부문들이었다. 둘째, 초과생산능력이 존재한다는 것은 단기적으로 추가생산을 통해 평균비용곡선을 하향 이동시킬 수 있으며 가격인하를 통해 상대적 수요를 증가시킬 수 있다는 것을 의미한다. 예를 들어 2006년 중국의 철강수출이 급증하고 국제철강가격이 상승할 때에도 국내 가격은 2005년보다 10% 낮은 수준에서 유지될 수 있었다. 셋째, 순수출의 증가는 수출뿐만 아니라 수입대체부문에도 영향을 미쳤다. 중공업분야의 초과설비로 인해 기업들이 수출용 생산에 이용되는 중간재의 해외원천을 국내의 저렴한 공급원으로 전환시켰던 것이다.

4) 위안화 가치의 저평가

환율왜곡의 정도에 대해서는 의견이 분분하지만 대부분의 경제학자들
은 위안화의 가치가 저평가되었다는 데에는 의견을 같이한다(Goldstein
and Lardy 2009). 재화의 탄력성에 따라 차이는 있겠지만 저평가된 통화는
수출에 유리하고 수입에 불리하기 때문에 경상계정 흑자를 초래하는 한
이유로 충분하다.

<그림 4> 중국 위안화 명목, 실질, 실질실효환율의 변화추이(2010=100)

통계자료 : Bank of International Settlement, *BIS effective exchange rate indices*, 2012

중국의 위안화의 대달러 가치와 실질실효환율을 보면 2002년 1월 전
후쯤에 2010년과 비슷한 수준 즉 100에 도달했고 그 이후 2005년 1월경

까지는 지속적으로 하락하여 2002년 1월에 비해 20%가량 저평가되었다.[15] 대달러 가치 또한 90년대 후반 이후부터 2005년에 이르기까지 지속적으로 하락하고 있다. 중국의 경상수지와 무역수지가 급격하게 증가했던 2004~2007년의 시기는 위안화의 대달러 가치와 실질실효환율이 모두 미세하게 상승하는 추이를 보이고 있다. 하지만 2004년의 대달러 가치와 실질실효환율은 1996년 이후 최저 수준이었고 2007년까지 상승 추이를 유지했지만 여전히 1996년보다는 낮은 수준을 벗어나지 못했고 대달러 가치 또한 2007년 세계금융 위기 이후가 되어서야 급격히 상승한 것을 확인할 수 있다.

중국경제가 90년대 이후 지속적으로 평균 9% 이상의 성장을 달성하고 대외교역규모를 꾸준히 성장시켜온 것을 감안한다면 위안화의 가치가 중국의 경제적 여건을 적절히 반영하지 못했음을 짐작할 수 있으며, 이는 중국이 대외경쟁력 측면에서 환율 덕을 봤을 가능성이 있다고 판단할 수 있는 근거가 될 수 있다.

---

15) 위안화가 어느 정도 저평가되었는지는 균형환율의 측정방법이 추정방법에 따라 달라진다. Goldstein and Lardy(2006)은 균형환율을 추정하기 위하여 "기초수지접근방법(underlying balance approach)"를 이용했는데, 이 접근방법은 기본적인 경상계정(underlying current account)이 정상적인 자본흐름(normal capital flow)과 일치하도록 하는 균형을 달성할 수 있게 하는 환율, 즉 무역가중 실질실효환율(real effective trade-weighted exchange rate)을 추정하기 위한 것이다. 이들은 1992~2002 기간의 GDP대비 평균적인 자본계정흑자(RMB 가치상승에 대한 기대가 없을 때)를 정상적인 순자본흐름이라고 했을 때 2005년의 균형을 회복하려면 RMB가 20~40% 절상되어야 한다고 주장했다. Cline and Williamson(2008)은 18개의 기존연구결과들을 종합검토함으로써 2000년대 중국의 균형환율을 추정했다. 18개의 연구들에 있어서 이용된 자료와 방법론에 따라서 결론에 상당히 차이가 있다. 하지만 18개 연구의 RMB 가치상승 추정치들을 단순평균만 하더라도 위안화의 실질실효환율이 19% 정도 상승해야 균형을 회복할 수 있다는 결론을 얻었다. 그리고 추정결과들은 RMB의 가치가 시간이 지날수록 더 하락하는 추세를 보였다. 결과적으로 2000~2004 기간 중에는 평균적으로 17%의 가치상승이 요구되었고, 2005~2007 기간 중에는 평균적으로 26%의 가치상승이 이루어져야 균형을 회복할 수 있는 것으로 나타났다.

Ⅳ. 2000년대 중반 이후 경상계정 불균형 완화의 원인

1. S-I의 외생적 변화요인

1) 사회간접자본에 대한 투자확대 정책

2008년 세계금융위기가 도래하자 중국은 즉각적이고도 확고한 경기부양책을 동원하여 국내수요를 촉진하고 해외수요 급감으로 인한 충격을 상쇄하려 했다. 2008년 11월 9일에 도입된 경기부양정책은 인프라 확충 및 농촌경제 활성화에 초점을 두고 있다. 특히 철도·도로·가스수송관 건설·사천지진 피해복구 등 주요 인프라 시설과 주택 건설에 약 87%에 해당하는 약 3.5조 위안의 자금을 2008년 4분기부터 2010년까지 집중 투자하기로 했다.[16]

경기부양을 지원하기 위해 기준금리와 지급준비율을 인하하고 대출규제를 완화하여 시중 유동성 공급을 확대하였다. 2008년 9월 이후 2009년 3월까지 다섯 차례에 걸쳐 기준금리를 인하(7.47%→5.31%)하고 지급준비율을 네 차례 인하(17.5%→13.5%)하였으며, 금융기관에 대한 분기별 대출한도 규제 중단, 금융기관에 대한 중소기업 대출 확대 등 기업지원 확대를 위한 대출규제 완화 등의 조치를 시행했다. 이러한 조치들은 중국의 투자지출을 종전 GDP 대비 42%에서 47%로 크게 증가시켰으며, 나아가서는 주택건설, 철도, 도로 등 인프라 투자확대를 위한 원자재 수입을 유발함으로써 대외불균형을 완화하는 데 기여했다.[17]

---

16) 오대원, 「중국의 내수확대정책과 노동시장 개혁의 효과」, 『對外經濟研究』 13:2, 2009.
17) 이에 대해서는 4절의 2)항 (2)에서 구체적으로 다루었다.

〈그림 5〉 중국의 투자지출 변화추이

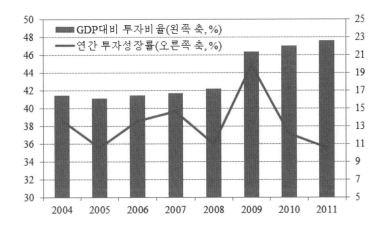

통계: IMF, *World Economic Outlook*, 2012

〈그림 6〉 주요 산업부문별 투자지출비율

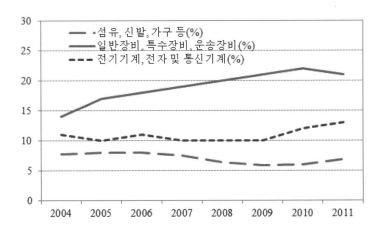

통계: IMF, *World Economic Outlook*, 2012

2) 농가 구매력 증대를 위한 재정지원

중국정부는 경기부양조치의 일환으로 농촌구매력을 확대하기 위해 2009년 2월 1일부터 가전하향(家电下乡) 조치를 본격적으로 시행했다. 가전하향정책은 가전하향(家电下乡), 절능혜민(节能惠民), 이구환신(以旧换新) 등 크게 세 가지 내용을 나누어 볼 수 있는데, 가전하향은 농촌지역의 가전제품 소비 활성화를 위해 가전제품 구매 시 판매가의 13%를 보조금으로 지원하는 정책이고, 절능혜민은 에너지등급 1등급과 2등급 이상의 10개 품목 중 고효율제품에 대해 보조금을 지원, 이구환신은 도시지역의 소비자를 대상으로 구형 가전제품 교체 시 정부 보조금을 지급하는 정책이다.[18]

중국은 이러한 내수 확대 정책을 추진함으로써 지금까지 해외 투자 유치에 의존하던 중국 경제 구조를 개선하고, 도시시장 포화로 인해 과잉공급된 가전제품이 해외시장에 지나치게 저렴하게 수출되면서 야기되는 통상마찰을 완화하며, 가전제품 소비지원을 통해 농촌지역의 생활수준을 향상시키고자 했다. 지방정부도 소외계층을 대상으로 소비쿠폰 발급, 주택구매 세금 감면을 실시해 소비활성화를 도모했다.[19]

금융위기 발발 이후 가전하향, 이구환신, 절능혜민 등 소비확대에 초점을 맞춘 적극적인 대책들은 직접적인 구매보조금 지급 방식이 주종을

---

18) 이철용, 「수출에서 내수로, 이제 소비로-2012년은 중국 소비주도 성장의 원년」, 『LG Business Insight』, 2012.

19) 항저우(杭州)시 정부는 2009년 1월 퇴직근로자, 빈곤주민, 학생을 대상으로 2억 위안 규모의 소비쿠폰을 발급했으며 4월에는 6억 위안을 추가로 편성하여 소비쿠폰을 추가 발급했다. 충칭(重庆), 창샤(长沙), 하얼빈(哈尔滨)도 지방정부차원에서 저소득층 소비확대를 위해 빈곤층을 대상으로 소비쿠폰을 대대적으로 발급해 소비를 지원했으며, 선양(沈阳)시는 2008년 11월 1일부터 2009년 6월 30일까지 중고주택 거래시 부과되는 영업세, 인화세, 교육비부가세, 도시보수건설세 등을 한시적으로 면제하는 세금감면책을 통해 중고주택 거래활성화를 도모했다. KOTRA, 「중국 내수의 新 블루오션, 유망 2, 3선 도시 소비 트렌드」, 『Global Business Report』 09:009, 2009 참고.

이루었기 때문에 지속적인 소비 유인효과를 낳지는 못하지만 정책 시행 초기에 강력한 효과를 나타내기 때문에 적어도 해당정책들이 지속되는 기간동안에는 소비를 촉진함으로써 중국의 대외불균형을 개선하는 데 기여했다고 평가된다.

2. X-M의 외생적 변화요인

1) 세계경제 침체로 인한 해외수요 감소

2008년 이후 세계경제침체로 인해 중국의 주요 교역상대국들은 이전의 부채(leverage)에 기반한 과잉소비상태를 더 이상 지속할 수 없게 되었다. IMF의 추정에 의하면 미국의 GDP잠재성장률은 2008년 금융위기 이전 2001~2007년 기간의 평균 3%에서 위기 이후 2012~2017년 기간에 평균 2%로 하락할 것으로 예측되었고, 유로지역도 이와 유사하게 1.8%에서 1% 이하로 하락할 것으로 예측되었다. 그리고 위기발발 시기인 2008년에는 신흥개도국을 제외한 대부분의 선진국들이 마이너스 성장률을 달성했다. 즉, 2008년 세계경제위기로 인해 중국의 주요 수출대상국들의 수요가 위축되어 중국의 수출성과가 위기 이전보다 크게 하락하는 주요 요인으로 작용한 것이다.

위기 직후인 2009년 수출입 증가율이 각각 −16%와 −11%를 기록한 점은 이러한 세계경기 침체의 영향을 여실히 보여주며 중국의 경우 수출이 상대적으로 더 심각한 타격을 입게 되어 무역수지 흑자폭이 감소하게 되었다.

<그림 7> 주요국가의 GDP성장률 추이

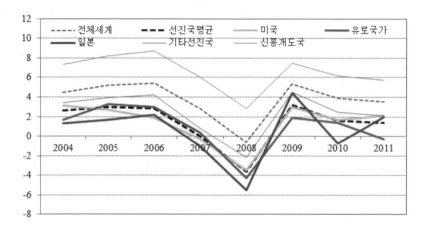

통계: IMF, *World Economic Outlook*, 2012

하지만 이러한 세계경제환경에도 불구하고 중국의 해외시장경쟁력은 여전히 높아 위기로부터 다소의 회복을 보이던 2010년 이후에는 수출증가율과 수입증가율이 급속한 회복세를 나타냈는데, 그나마 수입증가율이 수출증가율을 상회함으로써 무역수지 흑자폭을 완화할 수 있었다. 금융위기 후 수입증가율이 상대적으로 높았던 이유는 기초재화(primary goods) 수입, 그중에서도 원자재 수입이 급격하게 증가했기 때문으로 파악되었는데, 이는 당시 위기에 대처하기 위해 중국정부가 도입한 경기부양정책과 중국무역구조의 변화에 기인하는 바가 크다.

2) 원자재 수입증가와 가공무역구조의 변화

앞서 언급한 바와 같이 고정자본투자증가의 부산물 중 하나는 상품시장(commodity market)에서의 기초재화나 원자재의 수요를 증가시켰다는 것이다. 중국정부는 금융위기 당시 이를 극복하기 위해 4조 위안 규모의 적극적인 경기부양책을 시행하였으며, 이에 따라 주택건설, 철도, 도로 등 인프라 투자확대를 위한 원자재 수입이 급격하게 증가했다. 이러한 수요증가는 우선 금속부문에서 발생했고 이어 기계 및 에너지 관련 제품의 수입을 증가시켰다.

한편, 가공무역은 중국의 빠른 수출증가에 도움이 되었지만, 미국 등 선진국에 대한 무역수지 흑자를 지나치게 부풀리는 원인으로 작용하여 통상마찰의 빌미가 되는 등 부작용도 초래했다. 중국정부는 산업고도화를 유도하고 이러한 부작용을 방지하기 위해 세제혜택 등 가공무역 장려정책을 다시 철회함으로써 중국의 전체 무역에서 가공무역이 차지하는 비중이 2007년 55.6%에서 2011년 45.5%로 감소했다. 즉, 중국의 가공무역구조는 수입이 유출을 유발하는 구조여서 외생적 변화요인이 무역수지 흑자를 변화시키는 데 한계를 가지고 있었으나, 가공무역 장려정책 철회조치로 인해 가공무역의 규모가 줄어들고 따라서 수입을 증가시키는 조치를 취하더라도 이에 의해 유발되는 수출증가가 줄어들어 과거에 비해 무역수지 흑자수준 조정이 용이해졌다는 것이다.

일반적인 상품의 수출입과 가공무역의 변화 추이를 보면, 2000년대 이후 중국의 무역수지 변동은 가공무역수지가 주도해왔다는 것을 알 수 있다. 최대의 무역수지가 실현되었던 2007년만 보더라도 가공무역수지가 일반적인 무역수지의 두 배 이상이었다. 하지만 2008년 세계경제위기 이후부터는 가공무역용 수입과 가공재화수출이 모두 급격하게 하락하여 2000년대 초반 수준에서 머물러 있다. 이는 2008년 이후 중국의 무역수지 불균형 완화에 있어 가공무역구조의 축소가 기여하는 바를 보여주는 근거라 할 수 있다.

<中央>〈그림 8〉 중국 수입의 산업구성 변화추이</中央>

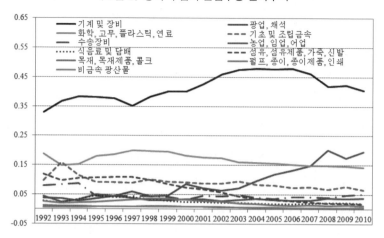

통계 : OECD, *STAN Bilateral Trade Database by Industry and End-use category*, http://stats.oecd.org

〈그림 9〉 중국의 가공무역 수지(GDP비중)

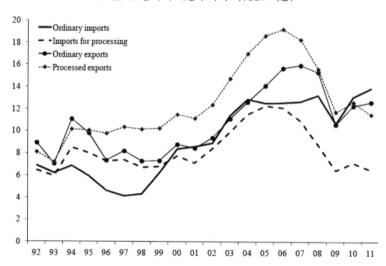

자료 : Françoise Lemoine & Deniz Ünal, "Scanning the Ups and Downs of China's Trade Imbalances",
CEPII WP No.2012-14, (2012)(통계: China Statistical Yearbooks and Customs Statistics)에서 인용

3) 세계시장에서의 중국의 교역조건 악화

기초재화와 광물자원에 대한 수입이 지속적인 강세를 보이면서 국제 상품 및 원자재 시장의 변화를 초래했던 것도 중국의 대외불균형 완화의 한 요인으로 작용했다. 즉, 중국의 상품 및 광물의 수입은 지속적으로 강세를 시현하는 데 반해 공급은 상대적으로 비탄력적이어서 해당 제품의 세계시장가격이 지속적인 상승세를 보였다. 예를 들면, 2008년 말 평균 배럴 당 40달러 수준이었던 대표 3종 원유가격은 신흥국의 수요확대와 중동지역의 정치적 불안 등으로 지속적으로 상승하여 2010년에는 배럴 당 110달러 수준까지 상승했다. 2009년도와 비교할 때 여타 기초재화 및 원자재 가격 상승률도 유사한 패턴을 보이고 있다. 2010년 원유와 비연료 기초재화 가격의 경우 전년도에 비해 거의 30%가량 상승했고 금속의 경우는 상승률이 50%에 육박한다.

반면 중국의 수출은 기계 및 장비사업에 편중되어 있었고 이 부분에서는 공급이 상대적으로 탄력적이고 경쟁이 심했기 때문에 위기 직후에는 가격하락이 지속되었다. 그리고 세계 경제가 다소 회복세를 보이던 2010년 이후에는 가격도 다소의 상승세로 돌아섰지만 그 변화폭은 미미하고 특히 중국의 주요 수입품목인 기초재화 및 원자재 가격의 상승폭에 비해서는 훨씬 낮은 수준에 머물고 있었다.

그 결과 2009년을 제외하면 중국의 교역조건은 지속적으로 악화되었다. 일본이나 신흥공업국 등과 같은 수출지향형 성장전략을 채택한 국가들이 과거 성장과정에서 이와 유사한 교역조건의 악화를 경험했다. 중국의 경우는 그 규모가 너무 커서 이미 가격수용자적 입장을 넘어섰기 때문에 수출 및 수입시장에서 더 큰 영향을 받았다. 따라서 중국은 세계시장의 가격기능을 통해 자신의 교역조건을 악화시키고 중국의 대외흑자를 완화시키는 데 역량을 발휘할 수 있었다.

<그림 10> 국제 상품가격 변화추이

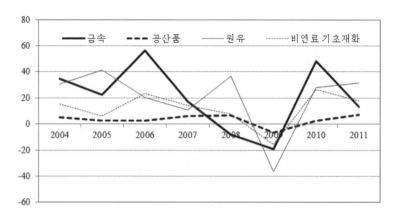

통계: IMF, *World Economic Outlook*, 2012

4) 위안화 가치 상승

2007년 12월부터 2011년 12월까지 중국 위안화의 명목환율(대달러 위
안화 환율)은 대략 15.93% 하락했고 명목실효환율은 16%, 실질실효환율
은 19%가량 상승했다. 특히 명목실효환율이나 실질실효환율의 경우 대
부분의 위안가치인상은 2008년도에 실현되었다.

<표 3> 위안화 가치상승률

	명목환율 변화율	명목실효환율 변화율	실질실효환율 변화율
2007.12~2008.12	6.88%	17.64%	16.21%
2007.12~2011.12	15.93%	15.93%	18.98%

통계자료: 한국은행 경제통계시스템 ECOS; UNCTAD, UNCTADstat, GDP by type of expenditure and
Value Added by kind of economic activity, annual(1970-2010)

IMF의 추정에 의하면 중국 위안화의 실질실효환율에 대한 수출의 탄력성은 −0.30, 수입의 탄력성은 0.42였고, 이는 위안화의 실질실효환율이 1% 상승하면 수출은 0.3% 줄어들고 수입은 0.42% 증가한다는 것을 의미한다. 또한 실질실효환율에 대한 경상수지의 탄력성 추정계수도 −1.3과 −2.1 사이의 값으로 나타나 실질실효환율의 상승이 경상수지 흑자를 줄이는 데 기여한 것으로 나타났다.[20]

Ⅴ. 결론

1. 대내외 불균형의 심화 및 완화의 원인

2000년대 들어 글로벌불균형(Global Imbalance), 특히 미국과 중국의 무역불균형은 세계경제의 지속가능한 균형 성장을 저해하는 주요 불안요인으로 지목되어왔다. 대표적인 경상수지 흑자국인 중국의 경상수지 흑

---

20) Ashvin Ahuja, et.al., "An End To China's Imbalances?", *IMF Working Paper*, 2012. 위안화의 가치상승이 무역수지에 미치는 영향이 미미하다는 주장도 존재한다. Qiao(2007)는 중국이 대규모의 달러를 보유하고 있기 때문에 달러화에 대한 RMB의 가치상승은 부(-)의 부효과(negative weath effect)를 가져오는데 이는 수입재를 포함한 국내지출을 줄이게 하여 무역수지흑자를 줄이는 데 한계가 있다고 주장한다. 하지만 대부분의 해외통화는 PBOC 및 비민간기업에 의해 보유하고 있기 때문에 수입에 대한 효과는 부가 감소할 때 정부의 반응 정도에 결정된다. 즉 정부정책에 따라 위안화 가치상승의 무역흑자 감소효과를 충분히 달성할 수 있다는 것이다. McKinnon and Schnabl(2009) 또한 경상수지 (X-M) 흑자 감소가 S와 I에 미치는 간접효과로 인해 위안화 가치상승의 효과가 크지 않을 것이라고 지적했다. RMB의 가치상승은 중국을 고비용의 생산입지로 만들기 때문에 투자가 저하되고 따라서 다른 조건이 불변인 한 (S-I)가 상승하여 초기의 (X-M)의 하락효과를 상쇄하는 경향이 있다고 강조했다. 하지만 여기서도 위안화 가치 상승의 일차적 효과는 흑자감소로 나타나고 그것이 (S-I)에 미치는 영향에 의해 상쇄된다는 것을 의미하기 때문에 위안화 가치상승의 효과를 부정할 수는 없다.

자규모는 지속적으로 증가하다 2007년에 GDP의 10.1%까지 확대되었다가 그 이후로는 지속적으로 축소되어 2010년도에는 5.1% 2011년도에는 2.8% 수준으로 축소되어 대외적으로는 어느 정도 불균형이 해소되었다고 할 수 있다. 불균형이 심화되던 시기의 불균형 원인들과 이후 불균형이 완화되던 시기의 원인들을 S-I 변동요인과 X-M 변동요인별로 아래의 표와 같이 정리할 수 있다.

〈표 4〉 대내외 불균형 요인

	S-I		X-M	
2007년 이전 불균형 심화 시기	· 인구배당 · 사회복지 기반 · 요소시장 왜곡		· 불균형개방 · 가공무역구조 · 저임비교우위 · 초과설비 · 위안화저평가	
2008년 이후 불균형 완화 시기	· 임금상승	· 재정 및 통화 정책을 통한 투자 및 소비 확장	· 임금상승 · 가공무역축소 · 무역구성변화 · 위안화절상	· 해외수요 감소 · 교역조건 악화

우선 2007년 중국의 최대의 흑자를 실현했던 시기까지의 불균형 심화는 인구배당, 사회안전망의 취약, 요소시장왜곡 등의 요인들이 대내적으로 저축률을 상승시키고 소비를 억제하게 함으로써 그 원인으로 작용했고 수출입의 불균형 개방, 저임금에 기초한 비교우위구조, 가공무역구조, 초과설비, 위안화 저평가 등의 요인들은 대외적인 측면에서 수입보다 수출의 성장률을 높임으로써 그 원인으로 작용한 것으로 보인다.

2008년 이후의 불균형 완화시기에는 세계경제의 위축상황에 대처하기 위해 중국정부가 도입한 즉각적이고도 확고한 경기부양책을 S-I의 외생적 변화요인으로 작용했다. 당시 중국 정부가 도입한 경기부양 수단으로는 철도·도로 등 인프라 건설사업, 지진 등 자연재해 복구사업, 임대형 주택 건설 등 주거안정사업, 농촌 기반시설 확대사업 등의 사회간접자본에 대한 투자증대와 농산물 수매가격 인상, 농가 소비보조금 확대 등과 같은 소득지원정책 등이 있다. 그리고 X-M항의 축소에 대해서는 주요 수출대상국인 미국, 유럽 등의 경기회복이 지연된 데 따른 해외수요의 감소, 중국의 대내적 확장정책에 기인하는 원자재 수입증가와 수출입 구성품목의 변화에 따른 세계시장에서의 중국의 교역조건 악화, 가공무역 제한 정책, 위안화 가치 상승 등이 원인들이 작용했던 것으로 판단된다.

물론 〈표 4〉에 정리된 요인 이외에도 경상수지 불균형에 영향을 미치는 요인들은 상당히 많다. 예를 들면, 저축과 투자를 변동시킬 수 있는 모든 요인들이 S-I의 변화를 초래할 수 있기 때문에 금리의 변동에 영향을 미치는 요인들도 경상수지의 결정요인으로 작용할 수 있고 한 나라의 금융제도 또한 마찬가지이다. 그리고 X-M의 한 나라의 정치적 외교관계 등 비무역관련 협정에 영향을 받을 수도 있다. 예를 들면, 중국은 동아시아 지역에서의 미국과의 경쟁에 대비하여 ASEAN과의 자유무역협정을 서둘러 채결했으며 최근에는 러시아 등의 인접국가들과 쌍방의 통화를 달러 대신에 국제결제통화로 채택하기로 하는 조약을 체결하기도 했다. 이러한 협정들은 해당국가의 거리적 요인을 축소함으로써 무역량을 증가시키는 경향을 가진다.

하지만 본 연구에서는 중국 대외불균형에 관한 기존의 연구에서 주요한 요인으로 제시되었던 것들을 대내적 균형요인들과 대외적 균형요인들로 체계화하려는 시도였기 때문에 대외불균형에 관한 실증분석이 연구목적이라면 경상계정불균형과 본 연구에서 다룬 잠재적 원인들 간의 타당한 관계추정을 위해서 여타의 요인들을 통제변수로 도입하는 것을 고려해야 할 것이다.

2. 정책적 함의

이상의 대내외적 요인들에 의해 중국의 대외불균형이 상당한 수준까지 완화되었다는 점은 객관적인 사실로서 평가될 수 있을 것으로 판단된다. 하지만 이러한 변화는 구조적인 변화를 반영한 것이라기보다는 세계경제 위기극복과정에서 나타난 일시적인 현상으로 볼 수 있으며, 주요 수출대상국인 미국, 유럽 등의 경기회복이 지연된 데 따르는 측면이 강하다.

이러한 점에서 본 연구의 출발점으로 돌아가 중국 대외불균형 완화의 구조적 측면을 돌아볼 필요가 있다. 〈표 4〉의 불균형 심화와 완화의 원인들을 비교해보면 우선 불균형 심화의 S-I 변화요인들, 즉 사회안전망의 취약성, 인구배당, 임금상승을 제외한 여타 요소시장의 왜곡현상은 불균형 완화시기에도 여전히 경제의 기저에서 작용하고 있으며 불균형 완화의 주요한 동인은 정부의 단기적인 확장정책에 기인하는 것으로 소비보다는 투자확대에 초점을 두고 있다. 〈그림 2〉에서와 같이 국민소득계정 항등관계에서 보면, 2008년 금융위기 이후에 투자가 급속히 증가하여 GDP성장과 대외불균형 완화에 대한 기여도를 높이고는 있지만[21] 저축률 또한 비례적으로 상승하여 여전히 저축률과 투자율 간의 격차가 존재해서 경상수지 흑자규모 축소에 부정적인 영향을 내포하고 있음

---

21) 2011년 기준 중국의 GDP대비 투자비중은 48.3%를 기록했다. 선진국들의 평균 투자비중이 18.6%, 세계 신흥국 평균 31.8%에 비하면 과도하게 높은 수준이어서 오히려 경제의 투자의존도를 완화해야 할 상황이다.

을 보여주고 있다. 그리고 저축률 자체의 성장은 소비지출 비중의 감소를 의미하기 때문에 이 또한 불균형 완화에 불리하게 작용할 수 있다. 이는 경상수지 흑자규모 자체의 축소만으로는 중국경제의 균형회복이라는 판단을 내리기가 힘들다는 것을 의미한다.

중국의 높은 저축성향 및 투자 중심의 내수 증대, 환율 통제 등은 장래에도 중국경제 내수활성화에 대한 제약요인으로 작용할 가능성이 높다. 지금까지 중국경제의 성장을 견인해온 것은 주로 사회간접자본에 대한 투자, 해외시장에서의 성과 등의 요인이었다. 하지만 최근의 세계경제환경으로 볼 때 해외시장에서 성장견인을 찾기는 어려운 상황이어서 결국 내수시장의 성장을 이루어내야 하는데 높은 저축성향은 소비를 억제시키고, 환율통제는 중국 소득의 실질구매력을 저하시키기 때문에 내수시장기반 성장정책에 부정적으로 작용할 수 있는 것이다.

중국경제의 대외균형회복에 있어서 문제는 지나치게 높은 저축률과 경직적 환율정책을 개선하는 것이 그리 쉬운 과제가 아니라는 점이다. 우선 중국의 저축성향은 미미한 사회안전망 및 취약한 복지제도, 1자녀 가족계획 산아제한정책, 인구의 연령구조 등 정부가 통제하기 어려운 측면이 강하거나 사회이익집단간의 이해관계가 복잡하게 얽혀 있는 부분이어서 접근상의 신중성이 요구되는 정책대상들이기 때문이다. 그리고 위안화 가치인상을 통한 가계소득의 구매력을 제고시키는 방안도 복잡한 부대효과를 수반할 수 있다. 지나친 위안화 가치상승이 경제성장을 둔화시키고 수출부문의 직업손실을 야기하여 사회안정성을 위협할 수도 있기 때문에[22] 다른 조건이 불변인 한 (S-I)를 증가시킬 수도 있다.

결론적으로 중국경제가 외형적인 수준의 대외불균형 완화를 넘어 구조적인 차원에서 균형을 회복하려면 저축률 및 소비와 관련된 구조개혁

---

22) 물론 수입대체산업에서의 성장과 직업창출 효과도 예상할 수 있다.

을 지속해나가고 균형적 대외경제정책을 달성할 때만 가능할 것이다. 이러한 개혁들은 결국 중국의 대외불균형 해소방향을 현재의 투자의존적 (investment-driven) 정책기조에서 소비의존형(consumption-driven) 정책기조로 전환할 것을 요구하고 있으며 2011년부터 시행된 제12차 경제 5개년 계획[23]에도 이러한 점이 잘 반영되어 있다.

참고문헌

박래정, 「중국 노동시장의 변화」, 『Business Insight』. LGERI, 2008

양평섭외 1인, 「중국의 WTO 가입 5주년 결산: 중국의 대외경제정책과 한·중 관계 변화를 중심으로」, 『연구자료』 07:04, 2007

이철용, 「중국인구구조 변화의 경제적 시사점」, 『LG Business Insight』, 2011

죠셉왕, 「미래를 위한 투자-합리적 복지제도의 설계」, 『글로벌코리아』, 2012

한국은행, 「중국의 대규모 경기대책 추진의 영향과 문제점」, 『해외경제포커스』 2009:10, 2009

KOTRA, 「국 내수의 新 블루오션, 유망 2,3선 도시 소비 트렌드」, 『Global Business Report』 09:009, 2009

Anderson, Jonathan, "Is China Export-led?", UBS Investment Research, http://www.allroadsleadtochina.com/reports/prc_27090 7.pdf, 2007

Ashvin Ahuja, et.al., "An End To China's Imbalances?", *IMF Working Paper*, 2012

Athukorala, P., "The Rise of China and East Asian Export Performance: Is the Crowding Out Fear Warranted?", *The World Economy* 32, 2009

Aziz, Jahangir and Li Cui, "Explaining China's Low Consumption: The Neglected Role of Household Income", *IMF Working Papers* 07:181, 2007

---

23) 12.5규획은 내수중심으로의 경제구조 전환, 소득 재분배 강화 등 중국 정부가 앞으로 추진할 주요 정책목표로 제시하고 있다.

Bai, Chong-en, Chang-Tai Hsieh and Yingyi Qian, "The Return to Capital in China", *Brookings Papers on Economic Activity* 2:61-88, 2006

Bank of International Settlement, *BIS effective exchange rate indices*, 2012

Bernanke, B. S., "The Global Saving Glut and the US Current Account Deficit", Federal Reserve Board, 2005

Chamon, Marcos and Eswan Prasad, "Why Are Savings Rates of Urban Households Rising?", *NBER Working Paper* No. 14546, 2008

Cline, W. R. & Williamson, J., "New Estimates of FEERs", *Policy Brief* 08:7, Peterson Institute for International Economics, 2008

Françoise Lemoine & Deniz Ünal, "Scanning the Ups and Downs of China's Trade Imbalances", *CEPII* WP No.2012-14, 2012

Goldstein, Morris and Nicholas Lardy, "China's Exchange Rate Policy Dilemma", *American Economic Review* 96:2, 2006

IMF, *World Economic Outlook*, 2012

Makin, Tony J., "Does China's Huge External Surplus Imply An Undervalued Renminbi?", *China & World Economy* 15:3, 2007

McKinnon, Ronald and Gunther Schnabl, "The Case for Stabilizing China's Exchange Rate: Setting the Stage for Fiscal Expansion", *China and the World Economy* 17:1, 2009

Modigliani, Franco and Shi Cao, "The Chinese Saving Puzzle and the Life-cycle Hypothesis", *Journal of Economic Literature* 42:1, 2004

Qiao, Hong, "Exchange Rates and Trade Balances under the Dollar Standard", *Journal of Policy Modeling* 29:5, 2007

Rumbaugh, Thomas and Nicolas Blancher, "China: International Trade and WTO Accession", *IMF Working Paper* 04:36, International Monetary Fund, 2004

Sung, Yun-Wing, "Made in China: From World Sweatshop to a Global manufacturing Centre?", *Asian Economic Papers* 6:3, 2007

Wang, Yajie, Xiaofeng Hui and Abdol S. Soofi, "Estimating Renminbi Equilibrium Exchange Rate", *Journal of Policy Modelling* 29:3, 2007

Wang, Yongzhong, "Effectiveness of Capital Controls and Sterilization in China", *China and the*

World Economy 18:3, 2010

Wei, Shang-Jin and Xiaobo Zhang, "The Competitive Saving Motive: Evidence from Rising Sex Ratios and Savings Rates in China", *NBER Working Paper* No.15093, 2009

WTO, *WTO Anti-Dumping Statistics*, 2012

Yao, Shujie, "On Economic Growth, FDI and Exports in China", *Applied Economics* 38:3, 2006

Yu, Yongding, "The New Challenges of Inflation and External Imbalances Facing China", *Asian Economic Papers* 2:7, 2008

9

중국 경제 선행지표의 유효성에 관한 연구

김
동
하

중국 경제 선행지표의 유효성에 관한 연구
-경기지수, 소비자신뢰지수 및 구매자관리지수를 중심으로[1]

김 동 하

Ⅰ. 서론

1. 연구 목적 및 구성

경기지표(business cycle indicator)는 경제지표 중에서 경기변동, 즉 경제활동의 확장이나 수축의 과정과 밀접한 의미와 관계를 가지고 변동하는 개개의 경제지표이다. 경기지표는 경기의 상승·하강 국면을 미리 예상하며, 당면한 경기상황이 어떤 국면에 위치하고 있는가를 알 수 있는 길잡이 구실을 하는 지표로서, 경기정책의 입안을 위한 판단자료가 된다. 경기지표를 전체적인 경기변동과의 시간적 관계에 따라 분류하면, 전체적인 경기변동에 선행해서 변동하는 선행지표(Leading Indicator), 경기의 움직임과 함께 변동하는 동행지표(Coincident Indicators), 경기의 움직임에 뒤이어 따라가는 후행지표(Lagging

---

1) 본고는 한양대학교 아태지역연구센타, 「중소연구」 37권 1호(2013)에 게재된 논문을 토대로 작성되었음.

Indicators) 3가지로 크게 나눌 수 있다.[2]

본고의 연구 목적은 첫째, 이러한 중국의 선행지표들의 도입 배경과 문제점을 분석하는 데 있다. 둘째, 그중에서도 경기지수, 소비자신뢰지수, 구매자관리지수 등 3종류의 선행지표에 대해 지수구성의 적합도나 예측력을 분석하여 그 유효성을 판단하는 데 있다. 셋째, 우리기업이나 학계에서 이들 선행지표를 활용함에 있어서 시사하는 바를 도출하고자 한다.

본고는 이를 위해 1절에서 선행 연구를 먼저 살펴봤으며, 2절에서는 중국 내 도입이 가장 빠른 경기동향지표를 중심으로 선행지표의 개황을 분석하였고, 3절에서는 주요 선행지표 중 하나인 경기지수를, 4절에서는 소비자신뢰지수를, 5절에서는 구매자관리지수의 개요와 편제방법을 살펴보고 유효성 분석을 시도하였다. 유효성 분석에서는 기존 연구결과 분석은 물론 상관계수 추정 등을 통한 자체 분석을 시도하였다. 6절에서는 결론과 함께 시사점을 제시하였다.

2. 선행 연구

문헌검색 결과(2013년 3월 말), 중국 경제지표 중 선행지표만을 중점적으로 분석한 국문 연구물은 보이지 않는다. 다만 김성록 외(2010)는 중국의 지역 간 경제지표를 이용한 지역개발정책의 효과분석 연구에서 지역총생산(GRDP)과 주요 경제지표(재정수입, 재정지출, 고정자산투자, 사회소매판매액, 취업률, 전력소비량, 도시민가처분소득) 간의 상관계수 분석을 통하여 취업률을 제외한 모든 지표가 GRDP와 유의미한 상관관계가 있

---

[2] 선행지표의 중국어는 '先行指標', 동행지표는 '一致指標', 후행지표는 '滯後指標'라고 한다. 한국에서도 동행지표를 '일치지표', 후행지표는 '지행지표(遲行指標)'라고도 부르기도 한다.

는 것으로 밝힌 바 있다. 또한 회귀분석을 통하여, 2001년에는 사회소매 판매액이 2007년에는 고정자산투자, 사회소매판매액, 취업률, 도시민가 처분소득이 지역별 경제발전에 영향을 주는 것으로 분석했다. 이는 이들 경제지표가 선행지표로서의 역할을 할 수 있음을 방증한다.[3]

소비자신뢰지수 중 소비자예기지수(Consumer Expectation Index)에 대해 서는 Cheng Li(2011)가 VAR모형을 이용하여 공업생산액과의 그랜저 검 정을 통한 인과관계 분석을 시도한 바 있다.[4] Yong Geng 외(2012)는 지 속발전 가능한 친환경 경제를 의미하는 중국 순환경제(circular economy) 관련 지수를 분석한 연구를 수행한 바 있는데, 일부 선행지표에 쓰이는 경제지표들에 대한 평가를 내린 바 있다.[5] Aaron Mehrotra 외(2011)은 경 기지표 중 하나인 동행지수를 중국 GDP 및 87개 제품의 생산수치와 비 교하여 그 유효성에 대해서 분석을 시도했다.[6]

당칭잉 외(唐晶瑩. 2012)는 중국 거시경제 선행지표 체계 수립에 대 해 실증분석 연구를 진행한 바 있는데, 1996년부터 2012년까지의 공업 생산증가액, 고정자산투자, 소매상품총액, 수출액 등을 각각 경제성장, 투자, 소비, 수출의 기초 자료로 삼아 선정한 5개의 순환지표, 23개 선 행지표, 7개 후행지표, 3개 동행지표에 대해 그랜저 인과관계 검정을 시

---

3) 김성록·이병주·조원향·윤준상, 「중국의 지역간 경제지표를 이용한 지역개발정책의 효 과분석-10,5계획 전후를 중심으로」, 『한국행정학회 하계학술발표논문집』(2010), 1-12쪽.

4) Cheng Li, "Consumer expectation and output growth: The case of China," Economics Letters, Volume.113, Issue.3 (2011), pp.298-300.

5) Yong Geng·Jia Fu·Joseph Sarkis·Bing Xue, "Towards a national circular economy indicator system in China: an evaluation and critical analysis," Journal of Cleaner Production, Volume.23, Issue.1(March 2012), pp.216-224.

6) Aaron Mehrotra·Jenni Pääkkönen, "Comparing China's GDP statistics with coincident indicators," Journal of Comparative Economics, Volume.39, Issue.3(September 2011), pp.406-411.

도하였다.[7)]

　자오레이(赵磊. 2012)는 중국의 소비자신뢰지수(CCI)가 어떤 경제지표에 대해 예측성을 가지고 있는지에 대해서 2006년 1월부터 2009년 12월까지 수치를 활용하여 실증분석을 수행하였다.[8)] 허이(何毅. 2012)는 CCI가 CPI(소비자물가지수)에 대해 가진 영향력을 분석하면서 특히 CPI를 식품류와 비식품류로 분류하여 분석하였다.[9)]

　자오송 외(赵松. 2012)는 2005년부터 2010년 12월까지 월별로 공포된 중국의 공업증가치액과 PMI를 활용하여 그랜저 인과관계 검정을 시도했다.[10)] 장다오더 외(张道德. 2009)는 2007년 7월부터 2009년 6월간(24개월)의 수치를 가지고 VAR모형을 활용한 회귀분석을 통해 CPI, PMI, CCI 간의 관계를 분석하였다.[11)]

---

7) 唐晶莹 · 吴一菲 · 赵蕊,「我国宏观经济先行指标体系构建的实证研究」,『科学决策』2012年09期 (2012), 73-92쪽.

8) 赵磊,「金融危机后中国消费者信心指数预测引导功能的实证研究」,『金融经济』2010年10期(2010), 139-140쪽.

9) 何毅 · 王新,「消费者信心指数对CPI的影响效应探讨」,『价格理论与实践』2012年12期(2012), 50-51쪽.

10) 赵松 · 贠晓哲,「工业增加值与采购经理人指数关系研究」,『经济研究导刊』2012年第25期(2012), 107-110쪽.

11) 张道德 · 俞林,「CPI · PMI与消费者信心指数(CCI)的关系研究及实证分析」,『中国物价』2009年第09期(2009), 8-11쪽.

Ⅱ. 중국의 선행지표 개황

1. 경기지수 개요

경제정책은 정책실시 후 그 효과가 나타나는 데 일정한 시차가 소요된다. 따라서 경제정책이 효과를 거두기 위해서는 경기전환점을 정확히 예측할 필요가 있다. 경기전환점을 제대로 예측하지 못할 경우 경기조절을 위한 경제정책이 오히려 경기순응적으로 변화하여 경기진폭을 확대시킨다. 계량적인 경기전환점 예측방법은 크게 기계적으로 전환점 발생여부를 알려주는 결정적 방식과 전환점 발생을 확률로 나타내주는 확률적 방식으로 구분할 수 있다. 전환점 예측 방법들은 대부분 선행종합지수를 바탕으로 경기전환점을 예측하게 되므로 정확도가 높은 경기전환점 예측을 위해서는 경제현실을 올바르게 반영할 수 있는 선행지수가 마련되어야 한다.

경기판단의 정확성을 확보하기 위해서는 산업생산지수, 도소매판매액 등 개별지표는 물론 이들 지표의 상호관계까지 감안한 종합적인 분석을 해야 한다. 체계적이고 종합적인 분석을 위해서는 경기동향에 민감하게 움직이는 중요지표를 가공ㆍ합성하여 하나의 지수로 만들어 이용한다. 대표적인 경기지수로는 경기종합지수(Composite Index. CI. 合成指數), 경기동향지수(Diffusion Index. DI. 擴散指數) 및 Stock-Watson 방법에 의한 지수가 있다. CI와 DI는 관련지표를 가공한 후 통계적으로 종합하여 작성되는 반면, Stock-Watson의 방법은 관련지표를 바탕으로 확률모형을 구성한 후 추정과정을 거쳐 작성된다.[12]

---

12) 성병희ㆍ이경희, 「새로운 선행지수를 이용한 경기전환점 예측」, 『한국경제의 분석』 제7권 1호(2001.4), 128쪽.

한국의 경우, 1981년 3월부터 통계청이 경기지수를 작성·공표하고 있다. 이후 8차례 개편을 거쳐, 2012년 2월에는 선행지수는 9개로, 동행지수는 7개로 줄어들었다. 경기종합지수는 경기와 대응성이 높은 지표들의 움직임을 종합하여 지수형태로 나타내며, 경기변동의 크기 및 방향을 측정하기 위해 활용하고 있다. 경기종합지수는 경기 기준순환일에 대한 시차구조에 따라 선행, 동행, 후행 종합지수로 구분된다. 한국의 경우, 1993년에 4번째로 조정된 구성지표를 보면 〈표 1〉과 같다. 선행종합지수는 단기 경기예측에, 동행종합지수는 현재 경기판단에, 후행종합지수는 경기변동을 확인하는 데 이용되고 있다.

〈표 1〉 한국의 경기종합지수 구성지표(1993년. 4차)

선행종합지수(10)	동행종합지수(8)	후행종합지수(5)
입직자수/이직자수(제조업) 중간재 출하지수* 건축허가면적*(주거+산업용) 건설용중간재생산지수* 기계수주액(선박제외, 민간+ 공공, 실질) 재고순환지표(제조업) 총유동성*(M3. 실질, 기말잔액) 수출신용장 내도액(실질) 수입승인액(I/L발급액.실질) 예금은행대출금(실질, 말잔)*	비농가취업자수 산업생산지수 제조업가동률지수 생산자출하지수 도소매판매액지수 (불변) 비내구소비재출하 지수 시멘트소비량 수입액(실질)	비농가실업률 (역계열) 기계류수입액 (실질, 선박·항공기 제외) 생산자제품재고지수 회사채 유통수익률* 내구소비재출하지수

주: * 표기 지표는 전년동월비 기준.
자료: 통계청, 「경기종합지수 개편보고서」 연구자료 93-11-024(1993.12), 48-53쪽.

2. 중국의 경기동향지표 개요

중국에서 공식적으로 경기동향지표를 공포하는 곳은 중국경제경기감
측중심(中国经济景气監测中心, China Economic Monitoring and Analysis Center,
약칭: CEMAC)이다.[13] CEMAC는 중앙부처인 국가통계국 직속기구로
1999년 6월, 중앙부처인 중앙편제위원회 판공실 승인으로 설립되었으
며, 국가통계국 산하로 배치되었다. CEMAC의 주요 기능은 대중에게 경
제 및 사회경기 모니터링에 관한 연구보고서와 정보자문 서비스를 제
공하는 것이다. 즉 국가통계국이 통계정보의 처리 · 분석에 종사한다면,
CEMAC는 경제 통계 예측의 임무를 수행해왔다. 따라서 CEMAC가 성
립된 1999년 이전에는 중국정부 차원의 공식적인 경기동향 관련 선행지
표가 공포되지 않았다.

이는 중국의 경제체제 개혁과도 관련 있는데, 중국이 본격적으로 '사
회주의 시장경제'를 시작한 것은 1994년부터 이지만, 2001년 WTO 가입
을 앞두고 본격적으로 중국 내 경제 관련 제도를 정비하는 것은 1999년
말부터이기 때문이다. 비록 중국정부가 1979년부터 개혁 · 개방 정책을
시작하면서 이전의 '사회주의 계획경제'로부터 1980년대 '사회주의 상품
경제' 과정을 거쳐 1994년 이후부터 점진적으로 '사회주의 시장경제'로
의 이행을 추진하였지만, 국가가 모든 것을 '계획'했던 관성이 남아 있던
1990년대에 경제지표를 감히 '예측'한다는 것은 일종의 '금기'였다.

문헌에 보이는 중국 최초의 경기동향지표의 연구실적은 1987년 길림
대학 경제연구소 동원취안(董文泉) 교수 연구팀이, 당시 중앙부처이던 국
가경제위원회 신식중심과 합작으로 진행한 '중국경제 주기파동 예측 및
분석' 과제가 효시이다. 그 결과 중 일부가 길림대학 사회과학학보에 공

---

13) 국가통계국 홈페이지는 www.stats.gov.cn이며, CEMAC 는 www.cemac.org.cn임.

포되었는데 〈표 2〉와 같다. 해당 지표와 예측 방법은 1987년 3월에 중앙부처의 검증을 거쳐서 공포되었다.[14]

<표 2> 길림대학 경제연구소 작성 경기동향 지표(1987)

선행지표	동행지표	후행지표
공업 대출액 화폐유통량 기말 상품재고 총액 (역계열) 물자판매기업 대출	공업총생산가치액 국유기업 공업생산가치 국내 상업상품 순구매총액*	소비품 판매액 상업 대출액

주: * 지표를 제외한 모든 지표는 전년도 동월비 수치 활용.
자료: 董文泉 외, 「我国经济循环的测定, 分析和预测(Ⅰ)—经济循环的存在和测定」, 『吉林大学社会科学学报』
　　　1987年3期(1987), 5쪽.

이후 중앙정부는 길림대학 연구팀을 주축으로, 경기동향 예측방법에 대한 검증을 매년 지속적으로 수행하였다. 1998년 6월에서야 동 연구팀 결과물의 국내 출판을 허용하고, 이를 통해 공개적으로 대내외에 〈표 3〉과 같은 중국의 경기예측방법론을 처음으로 고지하게 된다. 다음 해인 1999년에 CEMAC가 창설되어 동 방법을 기초로 하여 매년 예측방법론을 개선해 오면서 지금에까지 이르고 있다.

1988년에는 동북재경대학 통계과 쏭하이엔 교수팀이 투자, 재정대출, 가격 등 3대 분야로 나누어 선행지수를 개발하여 발표한 바 있다. 투자 분야의 지표는 투자확장계수, 고정자산투자 증가율, GNI, 고정자산투자율, 노동생산율의 고정자산투자증가율에 대한 탄성치 등이었다. 재정

---

14) 董文泉 · 郭庭选 · 高铁梅, 「我国经济循环的测定, 分析和预测(Ⅰ)—经济循环的存在和测定」, 『吉林大学社会科学学报』 1987年3期(1987), 8쪽.

대출 분야 지표는 재정적자, 은행예금액 대비 대출총액 차액, 통화량, 통화량의 GNI에 대한 탄성치 등이었다. 이들 지표를 활용하여 1983~1985년간 선행지수를 도출하고 이를 실제 결과치와 비교하는 논문을 발표한 바 있다.[15]

〈표 3〉 중국 1998년 경기지수 구성법에 따른
1994년도 성장 순환경기지표(경기정점)

선행지표		동행지표		후행지표	
지표명칭	시차(월)	지표명칭	시차(월)	지표명칭	시차(월)
철강생산량	-4	공업총생산 가치	0	기말 상품 재고	+24
10종 유색 금속 생산량	-5	국유기업생산가치	0	철강재 재고	+19
수출총액 (세관기준)	-12	사회상품소매판매액	+2	소매물가 총지수	+6
무역외화 수입	-8	국내공업품 순구입액	+2	수입총액	+4
은행예금 총액	-12	발전량	0	유동자금 대출	+4
기업예금 총액	-6	은행 임금성 현금지출	+2		

주: 시차는 기준 순환일 대비 시차를 의미함.
자료: 董文泉, 『经济周期波动的分析与预测方法』(北京: 吉林大学出版社, 1998), 193-194쪽.

15) 宋海岩・白雪梅・于立, 「浅议我国经济波动的先行指标」, 『统计研究』1988年1期(1988), 20-22쪽.

초창기 중국 경기동향지표와 한국 지표(1993년도) 간 비교를 해보면, 선행지수에 한국은 건설분야가 들어간 반면, 중국은 당시 주요 공업생산품 중 하나인 철강, 유색금속이 편입되었다. 또한 수출관련 지표는 양국 모두 들어가 있어 한국과 중국의 수출의존적 경제구조를 반영하였다. 동행지수 분야에서 한국의 경우 수입액과 시멘트 소비량이 포함되어 있으나 중국은 공업생산 및 전력사용량이 포함되어 있는 차이점이 있다. 후행지수 분야에서는 양국은 재고 관련 지표를 포함하고 있었다.

III. 경기지수

1. 개요 및 편제 방법

CEMAC가 본격적으로 경기지수를 공표한 것은 2004년 11월 8일, 홍콩의 골드만삭스(Goldman Sachs)와 합작 파트너십을 체결한 이후이다. 이후 CEMAC는 경기지수를 도출함에 있어서 국제적으로 통용되는 추산 방법을 채용할 것임을 천명하였으며, 그 결과 〈표 4〉와 같은 각 경기동향지수를 구성하게 되었다.

먼저 선행지수를 구성하는 지표를 보면, HangSeng(恒生) 중국유통주 지수는 홍콩에 있는 항생은행이 주로 중국 내에서 매출을 올리는 기업들 주식으로 구성한 지수이다. 여기에는 37개의 H주(중국에서 설립된 기업이 홍콩증시에 상장한 주식), 30개의 Red Chip(중국 국유지분 35% 이상으로 홍콩에서 설립된 기업이 홍콩증시에 상장한 주식), 29개의 기타주(중국 내 홍콩자본 설립기업 주식)로 구성되어 있다. 국채금리차는 만기 7년 이상 국채의 가중평균 수익률과 만기 1년물의 가중평균 수익률의 차이이다. 물류

〈표 4〉 CEMAC의 중국 경기지수의 구성

선행지수		동행지수		후행지수	
지표	비중(%)	지표	비중(%)	지표	비중(%)
HangSeng 중국유통주지수	10.0	공업생산지수	14.75	재정지출	13.6
제품판매율	19.17	공업 종업원수	12.5	공·상업 대출	21.8
통화량(M2)	20.0	사회수입지수	32.0	주민저축	13.4
착공프로젝트	20.0	-그중 재정세수	26.67	소비자 물가지수	21.0
물류지수	17.50	-그중 공업기업 세전이익	33.33	공업기업 완제품 생산자금	30.2
-그중 화물량	50	-그중 도시민 가처분소득	40.0		
-그중 연해항구 화물처리량	50	사회수요지수	40.75		
부동산개발 투자선행지수	13.33	-그중 고정자산 투자	33.33		
-그중 개발토지 면적	50	-그중 상품소매 판매액	40.0		
-그중 상업건물 착공면적	50	-그중 세관 수출입	26.67		
소비자 예기지수	9.33				
국채금리차	12.00				

자료: Tom Orlik, 『解读中国经济指标』 (北京:中国经济出版社,2012), 67-68쪽.

지수는 화물량과 연해 주요 항구 화물처리량(비중은 각각 50%)으로 구성되어 있다. 부동산개발 투자선행지수는 부동산 개발토지면적과 상업 건물 착공면적(비중은 각각 50%)으로 구성되어 있다. 이외에 소비자 예기지수 비중은 9.33%로 가장 작고, 통화량과 착공프로젝트는 각각 20%로 가장 큰 비중을 점유하고 있다. 그 다음으로 큰 비중은 제품판매율(19.17%)이다.[16]

동행지수의 경우, 비중이 가장 큰 사회수요지수(40.75%)는 고정자산투자, 상품소매판매액, 수출입으로 구성되어 있다. 그다음으로 비중(32%)이 높은 사회수입지수는 재정세수(稅收), 공업기업 세전이익, 도시민 가처분소득 등으로 구성되어 있다. 이외에도 공업생산지수(14.75%), 공업 종업원수(12.5%)로 구성되어 있다. 후행지수의 경우, 공업기업 완제품 생산자금(30.2%)이 가장 비중이 높으며, 공·상업 대출(21.8%), 소비자물가지수(21%) 등이 비중이 높다.

2. 유효성 분석

중국 선행지수에 대한 몇 가지 실증분석 사례를 보면 다음과 같다. 먼저 당칭잉 외(2012)는 중국 거시경제 선행지표 체계 수립에 대해 실증분석 연구를 진행한 바 있는데, 1996년부터 2012년까지의 공업생산증가액, 고정자산투자, 소매상품총액, 수출액 등을 각각 경제성장, 투자, 소비, 수출의 기초 자료로 삼아 그랜저 인과관계 검정을 통해서 저자가 독자적으로 선정한 5개의 순환지표, 23개 선행지표, 7개 후행지표, 3개 동행지표에 대해 인과관계가 있음을 증명하였다.[17]

---

16) 소비자예기지수에 대한 상세한 설명은 본고 4절 소비자신뢰지수 부분 참조할 것.

17) 唐晶瑩·吳一菲·赵蕊(2012), 73~92쪽.

먼저 경제성장 선행지표에 대한 그랜저 인과관계 검정결과를 보면 공업증가치(Value-added of Industrial) 누계 증가속도를 종속변수로 두고, 시멘트 생산량, 공업용전기량, 철강생산량, 정부재정지출, 위안화 대출잔액, 상업건물 판매면적, 제조업 PMI 등을 독립변수로 두어 회귀분석을 한 결과, 결정계수($R2$)가 0.96으로 나타나 높은 신뢰도를 보였으며, 자체 방정식 예측수치와 실제수치 간의 상대오차도 5% 이내로 모델의 예측효과도 양호하였다.[18]

또한 투자 선행지표에 대한 그랜저 인과관계 검정결과를 보면 고정자산투자 누계 증가속도를 종속변수로 두고, 석탄 생산량, 부동산종합개발경기지수, 신착공프로젝트 계획총투자액 등과 같은 선행지표를 독립변수로 두어 회귀분석을 한 결과, 결정계수($R2$)가 0.89로 나타나 높은 신뢰도를 보였으며, 자체 방정식 예측수치와 실제수치간의 상대오차도 2% 이내로 모델의 예측효과도 양호하였다. 이는 CEMAC의 선행 경기지수 중 착공프로젝트와 부동산개발투자 선행지수가 선행지표 구성에 유의미한 적합도를 가지고 있음을 방증한다.

GDP(분기실적) 실적 발표 약 한 달 전에 공포되는 선행지수를 분기별 GDP 성장률과 비교하여 보면, 최근 5년간의 중국 선행지수는 미래 경기예측을 비교적 정확히 하고 있음을 알 수 있다. 〈표 5〉에서 보이는 바와 같이 미국발 금융위기가 심화된 2008년 4분기 중국 GDP는 6.8%를 기록하여 중국경제의 경착륙 우려를 심화시킨 바 있다. 즉 이에 대응한 선행지수는 2008년 8월까지는 경기호황의 기준점인 100선을 유지하다가, 2008년 9월에 처음으로 99.74를 기록하여 경기하락을 예고한 바 있다.

---

18) 공업증가치(工業增加値)란 공업기업이 회계연도 내 화폐형식으로 표현할 수 있는 공업생산 활동의 최종 결과물을 말한다. 공업증가치 계산식은 '공업증가치=공업총산출-공업중간투입+납부할 부가세'이다. 여기서 '공업중간투입'은 기업의 생산활동 중 소비한 대외구매제품과 대외지불한 서비스 비용을 의미한다.(자료:『中國統計年鑑2011』, 557쪽)

또한 중국경제는 2009년에 4조 위안에 달하는 경기부양책 등에 힘입어 2009년 4분기에 다시 두자리 수인 10.7%의 성장률을 기록한 바 있다. 즉 2008년 9월 이후 100선을 하회하던 선행지수는 2009년 4월 100.96으로 다시 100선을 넘어서 회복국면을 예고하였다.

최근인 2012년 2분기에 GDP 성장률은 7.6%로 다시 성장세가 둔화되었는데, 2012년 4월 선행지수는 이전의 100 이상 수준에서 처음으로 다시 99.9를 기록하여 2분기 경기 성장세 둔화를 예고한 바 있다.

Aaron Mehrotra 외(2011)는 동행지표를 중국 GDP 및 87개 제품의 생산수치(1997년 1분기~2009년 4분기)와 비교 분석하여 그 유효성에 대해서 분석을 시도했다. 87개 제품은 가전제품, 자동차, 카메라, 식품, 시멘트, 화학, 의류, 컴퓨터, 철강, 의약, 원유 등이 망라되어 있다. 분석결과에 따르면 동행지표는 유의미한 범위 내에서 중국의 GDP와 공업생산 현황을 설명하고 있는 것으로 밝혀졌다.[19]

---

19) Aaron Mehrotra · Jenni Pääkkönen(September 2011), pp.406~411.

<표 5> 중국 선행지수과 분기별 GDP 성장률(2008~2012년)

기간	선행지수	GDP (분기)	기간	선행지수	GDP (분기)
2007.12	102.41	11.2('07.4Q)	2010.9	101.4	9.6('10.3Q)
2008.3	103.22	10.6('08.1Q)	2010.12	100.8	9.8(4Q)
2008.6	102.16	10.1 (2Q)	2011.3	101.7	9.7('11.1Q)
2008.9	99.74	9.0 (3Q)	2011.6	101.8	9.5 (2Q)
2008.12	98.0	6.8 (4Q)	2011.9	100.4	9.1 (3Q)
2009.3	99.65	6.1('09.1Q)	2011.12	100.2	8.9(4Q)
2009.4	100.96	7.9(2Q)	2012.3	100.5	8.1('12.1Q)
2009.6	102.64				
2009.9	104.9	8.9(3Q)	2012.4	99.9	7.6(2Q)
			2012.6	99.3	
2009.12	104.8	10.7(4Q)	2012.9	100.5	7.4(3Q)
2010.3	105.0	11.9('10.1Q)	2012.12	100.5	7.9 (4Q)
2010.6	102.8	10.3 (2Q)			

주: 지수 100을 기준으로 그 이상은 '경기과열', 이하는 '경기침체'를 나타내고 있음.

자료: 国家统计局. 분기별 "企业景气指数" www.stats.gov.cn(검색일: 2013.3.22)

Ⅳ. 소비자신뢰지수

1. 개요

소비자신뢰지수(Consumer Confidence Index. CCI)는 미국 경제상태를 나타내는 경기선행지수의 하나로 미시간대학과 민간경제기관인 컨퍼런스 보드(Conference Board)가 1967년부터 매월 발표하는 지표가 가장 대표적인데, 2차 세계대전 후 미국 소비자의 경기 판단이 긍정적인지 부정적인지 파악하기 위해 만들어진 것이다. CCI는 현재의 지역경제상황, 고용상태와 6개월 후의 지역경제, 고용 및 가계수입에 대한 전망을 조사해 발표하는데, 지난 1985년 평균치를 100으로 기준 삼아 비율로 표시한다.[20]

CCI가 6개월 후의 소비를 예측하는 지표이므로 소비자들의 응답과 6개월 후 실제 지출 규모는 차이가 날 가능성이 높다는 단점이 있다. 따라서 CCI는 단순히 소비자의 미래 소비를 예측하기 위한 것도 있겠지만 보다 광범위하게 기업과 일반인이 경제의 건전성을 어떻게 판단하는지 분석하는 자료라고도 볼 수 있다

한국의 경우에는 CCI와 대응하는 소비자기대지수(Consumer Expectation Index. CEI)가 있다. 한국의 CEI는 소비자평가지수와 함께 소비자동향지수(Consumer Sentiment Index. CSI)에 포함된다. 그러나 CSI는 분기마다 한국은행에서 작성하며, CEI와 소비자평가지수는 매월 통계청(한국)에서 작성한다는 점이 다르다. 즉 통계청에서는 6개월 전과 비교해 현재의 경기·생활형편 등에 대한 소비자들의 평가를 나타내는 소비자평가지수, 그리고 현재와 비교하여 6개월 후의 경기·생활형편·소비지출 등에 대

---

20) The Conference Board, "The Conference Board Historical Overview," www.conference-board.org(검색일: 2013.3.30.).

한 소비자들의 기대심리를 나타내는 CEI를 구분해 발표한다.

주요 기대지수는 경기·가계생활·소비지출·내구소비재 및 외식·오락·문화 등이며, 다시 소득계층 및 연령대별로 분석해 작성한다. 앞으로 6개월 뒤의 소비자 동향을 설문조사를 통해 작성한 지수로 기준은 100이다. 100은 6개월 후 경기·생활형편 등에 대해 현재보다 긍정적으로 보는 가구와 부정적으로 보는 가구가 같은 수준임을 뜻한다. 따라서 답변자가 현재보다 소비를 늘리겠다는 응답이 많으면 100을 넘어서고, 소비를 줄이겠다는 사람이 많으면 100보다 낮아진다.[21]

중국정부는 11차 5개년 경제규획(2006~2010년)이 실시된 2006년부터 꾸준히 투자 및 수출 주도의 경제발전 구조를 소비 위주로 개선하기 위해 많은 노력을 기울여왔다. 그러나 미처 이러한 노력이 완결되기 전에 미국발 글로벌 금융위기를 맞이하게 되었고, 그 결과 대외의존적 성장의 한계가 여실히 드러났다. 실제 2009년 중국은 수출이 전년비 16% 감소하면서 순수출의 경제성장 기여율이 2008년 +9.0%에서 -37.4%로 급락한 바 있다. 또한 투자 위주의 성장에 따른 과잉투자 및 투자의 한계효율 저하 등이 나타났다. 투자율(고정자산투자/GDP)은 2000년에 34% 수준이었으나, 2011년에는 46%로 상승하여 한국 및 일본의 역대 최대치(각각 1991년 38%, 1973년 36%)를 상회하는 등 생산과잉 우려가 커지고 있었다. 이러한 배경으로 중국정부는 수출과 투자에 매몰 되었던 성장구조의 전환을 위해 노력해오고 있다.

2012년의 경우, 중국은 일부 경착륙 우려에도 불구하고 7.8%의 성장을 기록했다. 이는 아시아 금융위기가 발발했던 1998년(7.8%) 및 1999년(7.6%)과 유사한 수준이다. 2012년도 경제성장 결과치는 중국이 더 이상 두 자리수 고성장 국가가 아님을 나타낸다. 2012년 경제성장 중 소비기

---

21) 국가통계포털, "통계용어-소비자평가지수," http://kosis.kr(검색일: 2013.3.25).

여도가 2년 연속 투자보다 소폭 높아져, 근본적인 성장방식 전환에 단초를 제공했다는 판단이다. 중국정부는 2008년 말 미국발 금융위기로 인해 수출이 큰 폭으로 줄어들자 GDP 성장 구조중 소비비중을 제고하려는 노력을 4년째 지속하고 있다.

14.2%의 높은 경제성장을 기록한 2007년의 경우, 소비:투자:순수출 간 경제성장 기여도는 39.6:42.5:17.9였으며, 투자와 수출에 성장을 의존하는 전형적인 성장방식을 보여주었다. 2012년 소비:투자:순수출 간 GDP 기여도는 51.8:50.4:-2.2로 소비 기여도가 투자대비 소폭 앞섰다. 2008년에 소비분야 기여도는 44.1%였으며, 2009년 49.8%, 2010년 43.1%, 2011년 55.5%로 상승세를 보이고 있다. 반면, 투자분야 기여도는 2008년 46.9%, 2009년 87.6%, 2010년 52.9%, 2011년 48.8%로 하락세를 시현했다.

이처럼 GDP에서 소비의 비중이 높아지면서, 중국경제를 예측함에 있어 소비자 신뢰지수(消費者信心指數. 약칭: CCI)의 비중은 갈수록 커지고 있다는 판단이다. 중국의 CCI는 1998년 국가통계국이 편제를 시작하였으며, 1998년 8월부터 정기적으로 〈중국소비자신뢰예측보고(中國消費者信心監測报告)〉를 통해 대외에 공포되고 있다.

2. 편제 방법

국가통계국은 CCI를 편제할 때 설문조사 방법을 채용한다. 초창기에는 중국 내 6개 도시에 대해서만 설문조사를 실시했지만, 점차 그 범위가 넓어지고 있다. 최근에는 조사 대상 도시가 14개 추가되어 총 20개에 달한다. 국가통계국은 실제 설문조사 양식과 도시별 구체적인 규모와 구성방법 등을 공개하지 않고 있다. 그러나 국가통계국의 공식입장은 6억 6,500만 명의 도시민이 가지는 각각의 차별성을 동 CCI 편제를 위한

설문조사법이 모두 함유하고 있다는 입장이다.[22]

CCI는 두 개 지수로 구성되어 있는데 하나는 소비자만족지수(消費者滿意指數)이고 하나는 소비자예기지수(消費者預期指數)이다. 소비자만족지수는 주민이 현재의 상태에 대한 시각을 고찰하는 것이고, 피설문자는 현재의 경제환경, 임금 수준, 생활의 질에 대한 의견을 피력하게 된다. 소비자예기지수는 주민이 미래에 대해 어떠한 시각을 가지고 있는지 고찰하는 것이다. 피설문자는 미래 1년간의 경제환경, 일자리 시장, 생활의 질, 내구성 소비품 구매계획 등에 대해 의견을 피력하게 된다. 설문시 긍정적 답변과 부정적 답변을 제출한 피설문자가 동수이면 지수는 100이며, 지수 100 이상은 신뢰도가 높은 것을, 100 이하면 신뢰도가 낮은 것을 의미한다.[23]

CCI는 소비자만족지수와 소비자예기지수를 가중평균하여 구성하는데, 만족지수가 40%, 예기지수가 60%를 점유하고 있다. 예기지수의 비중이 높은 것은 CCI 자체가 미래의 경기를 예측하는 선행지표 성격을 가지고 있기 때문이다.

이론적으로 보면 소비자는 사회·경제 상황의 변화에 비교적 민감하다. 따라서 CCI 역시 공업증가치와 소매판매액 등 중요한 경제활동 지수의 등락에 대해 선행하게 된다. 그러나 〈그림 1〉에서 보는 것처럼, 실제 결과치와 비교해 보면 CCI가 경제상황을 반영하는 것이 정확하지 않을 수도 있다.

2002년 11월, 중국 광둥성에서 발병한 중증급성호흡기증후군(SARS)이 갈수록 심각해지자, 2003년부터 중국의 소비자들은 소비활동에 민

---

22) Tom Orlik, 『解读中国经济指标』(北京: 中国经济出版社, 2012), 127쪽.
23) 郭洪伟, 「我国消费者信心指数编制及存在的问题」, 『商业时代』 2010年33期(2010), 28-29쪽.

감하게 '반응'하기 시작했다. 2003년 1월 114까지 올라갔던 중국의 CCI는 5월에 이르러 100까지 급락했다. 따라서 CCI 급락을 두고 이 시기 많은 경제학자들과 정책결정자들은 최소 1년 이상의 경기침체와 위기를 전망하였고 또한 실제 소매판매액도 하락하였다. 그러나 다음 달부터 CCI는 반등을 시작했으며, 채 6개월이 안 된 그해 11월에 110.30까지 회복하였다.

최근에도 유사한 사례가 있었다. 미국발 금융위기가 발발하기 1년 전인 2007년부터 중국 소비자들은 경기에 대한 신뢰를 잃기 시작했다. 2007년 12월, 113.10으로 정점을 기록했던 CCI는 이후 하락세로 돌아섰으며, 이는 향후 미국뿐만 아니라 중국에서 일어날 경제 '재난'을 예고하는 선행지표로써의 기능을 충분히 수행한 바 있다. 반면에 2009년의 월별 CCI는 동년의 실제 빠른 경제 회복속도를 반영하지 못했었다.

앞서 서술한 것처럼 경제성장에 '소비'의 비중이 커지고 있음에도 불구하고 CCI의 신뢰도가 일관성이 없는 이유는 무엇일까?

첫째, 중국의 소비자 개인이 경제성장에서 할 수 있는 역할이 국한되어 있음을 들 수 있다. 즉 개인 소비자들이 철강이나 시멘트 같은 공업품을 구매하지는 않는다. 또한 제조업체들이 생산하는 제품 중 많은 부분은 해외 소비자들이 구매하는 것이다. 즉 이러한 연유로 CCI와 GDP 간의 괴리가 발생한다는 판단이다.

둘째, 비록 국가통계국의 신뢰성 표명에도 불구하고, 단지 20개 도시의 피설문자가 중국 내 각기 다른 경제상황하에서 전국에 분포하고 있는 660개 도시민의 시각을 정확히 반영하기 어렵다는 대표성에 대한 원천적인 한계가 있을 것이다.

셋째, CCI와 관계가 밀접한 소매총액 관점에서 보면 일반 소비자만이 유일한 상품 구매자가 아님을 주목해야 한다. 즉 국가와 기업의 계획된

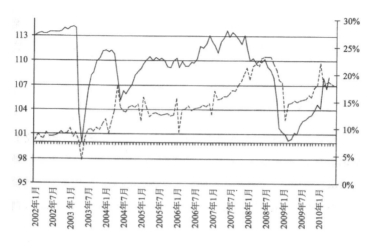

〈그림 1〉 소비자 신뢰지수와 소매판매액(2002년 1월~2010년 1월)

주: 실선(좌변)이 소비자신뢰지수, 점선(우변)이 소매판매액임.
자료: Tom Orlik, 『解读中国经济指标』(北京:中国经济出版社,2012), 129쪽.

지출은 CCI를 구성하는 개인 소비자들의 설문에는 반영될 수 없기 때문이다. 오히려 소비자의 구매의지가 침체되어 있을 경우, 정부는 확장적 재정정책을 집행하여 구매를 늘리는 상반된 소비행태를 보여야 하는 경우도 있다.

<표 6> 중국 CCI와 GDP간 관계(2003년, 2008~2009년)

일시(연-월)	CCI	GDP (분기별)	일시(연-월)	CCI	GDP (분기별)
2002-12	113.80	8.1 ('02.4Q)	2008-01	111.60	10.6 ('08.1Q)
2003-01	114.00	9.9 ('03.1Q)	2008-02	110.00	10.6 ('08.1Q)
2003-02	114.10	9.9 ('03.1Q)	2008-03	110.30	10.6 ('08.1Q)
2003-03	113.90	9.9 ('03.1Q)	2008-03	110.30	
2003-04	103.50	6.7 ('03.2Q)	2008-04	109.70	10.1 ('08.2Q)
2003-05	100.00	6.7 ('03.2Q)	2008-06	109.80	10.1 ('08.2Q)
2003-06	103.40	6.7 ('03.2Q)	2008-08	109.30	9.0 (3Q)
2003-07	106.40	8.7 ('03.3Q)	2008-10	107.90	6.8 ('08.4Q)
2003-08	108.20	8.7 ('03.3Q)	2008-11	105.20	6.8 ('08.4Q)
2003-09	108.60	8.7 ('03.3Q)	2008-12	101.80	6.8 ('08.4Q)
2003-10	109.90	9.9 ('03.4Q)	2009-01	101.30	6.1 ('09.1Q)
2003-11	110.30	9.9 ('03.4Q)	2009-03	100.30	6.1 ('09.1Q)
2003-12	111.20	9.9 ('03.4Q)	2009-05	101.20	7.9 (2Q)
2007-12	113.10	11.2 ('07.4Q)	2009-07	102.10	8.9 ('09.3Q)
			2009-09	102.80	8.9 ('09.3Q)
			2009-11	103.30	10.7 ('09.4Q)
			2009-12	103.90	10.7 ('09.4Q)

자료: 『中国统计年鉴』 각호 및 国家统计局. "消费者信心指数" www.stats.gov.cn(검색일: 2013.3.22)

3. 유효성 분석

자오레이(赵磊)는 중국의 CCI가 어떤 경제지표에 대해 예측성을 가지고 있는지에 대해서 2006년 1월부터 2009년 12월까지 48개월의 월간 수치와 16개 분기수치를 활용하여 실증분석을 수행하였다. CCI를 종속변수로 두고, 소비자물가지수(CPI), 건물판매가격지수, 상해증권종합지수, 사회소비품판매총액, GDP 증가율, 도시등기실업률 등을 독립변수로 하여 이들 지수와 CCI와의 관계를 회귀분석과 그랜저 인과관계 검정을 시도하였다.

그 결과를 요약하면, 2006년부터 2009년간 CCI는 CPI에 대해 현저한 예측작용(조정된 R2 0.313, p값 0.006)을 하였으며, 그랜저 인과관계 검정결과 CCI는 CPI에 대해서 단방향 인과관계가 있고, CCI의 변동은 CPI 변동을 유도하는 것으로 분석되었다. 그러나 CCI과 상기 다른 변수 간에는 인과관계가 없는 것으로 나타났다. 또한 CCI는 도시등기실업률(조정된 R2 0.476, p값 0.031)에 대해서도 예측을 보였으나, 인과관계는 없었다.[24]

허이(何毅)는 CCI가 CPI에 대해 가진 영향력을 분석하면서 특히 CPI를 식품류와 비식품류로 분류하여 분석하였다. 국가통계국은 CPI를 발표하면서, 식품, 연초 및 주류, 의복, 가정설비용품 및 서비스, 의료보건 및 개인용품, 교통 및 통신, 오락·교육·문화용품 및 서비스, 주거 등 8개로 분류하여 가격지수를 공표하고 있다. 허이는 식품소비가격지수(FPI)와 나머지 7개 가격지수(비식품소비가격지수로 통칭)에 대한 분석을 시도하였다.

활용지표는 2004년 1월부터 2011년 12월까지의 CPI, FPI 지수 데이터

---

24) 赵磊(2010), 139-140쪽.

를 활용했고, VAR모형을 활용하여 회귀분석을 시도하였다.[25] 분석 결과에 따르면 CCI는 CPI에 대해 예측 및 인과관계가 비교적 약한 것으로 나타났는데, 이는 CPI의 68%를 구성하고 비식품소비가격지수가 CCI에 대해 민감하지 않기 때문인 것으로 밝혀졌다. 반면에 CCI가 FPI에 대해 미치는 인과관계와 예측력을 컸다. 즉 CCI가 CPI에 대한 영향력이 크지 않은 것은, CCI 자체의 문제이기보다는 CPI의 68%를 점유하고 있는 비식품소비자격지수 때문임을 증명한 바 있다.

소비자신뢰지수 중 소비자예기지수(Consumer Expectation Index)에 대해서는 Cheng Li(2011)가 2005년부터 2010년까지의 수치를 활용하여 공업생산액에 대하여 VAR모형과 그랜저 검정을 통한 인과관계 및 유효성 분석을 시도한 바 있다. 그 결과에 따르면 소비자예기지수는 공업생산액을 적절히 전망할 수 있는 예측력을 보유한 것으로 나타났다.[26]

〈그림 2〉 소비자 신뢰지수(2007년 1월~2013년 1월)

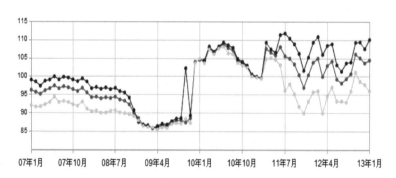

주: 우변 상단이 예기지수, 중단이 신뢰지수, 하단이 만족지수임.
자료: 东方财富网, "中国消费者信心指数" http://data.eastmoney.com(검색일: 2013.3.22)

---

25) 何毅·王新(2012), 50-51쪽.
26) Cheng Li(2011), pp.298-300.

Ⅴ. 구매자관리지수

1. 개요

구매자관리지수(Purchasing Managers' Index, 采购经理指数. 약칭: PMI)는 1923년부터 미국의 ISM(전 NAPM)이 조사를 실시해온 선행지표이다. 전미구매관리자협회(NAPM)는 미국 기업체의 구매담당자들을 교육하고 각종 정보를 교환하는 단체로 1915년에 창립됐다. NAPM에서는 1948년부터 '구매관리자지수'를 발표해오고 있는데, 이 지수는 미국 제조업분야의 선행지표 역할을 한다. PMI는 NAPM이 매달 회원에게 제조업 동향에 대한 설문을 실시, 응답된 결과를 지수화하는 것이다. NAPM은 매월 중순에 미국의 50개주, 20개 산업, 400개 기업체에 근무하는 구매담당 책임자들에게 우편으로 설문지를 발송하고 응답된 결과를 지수화하여 다음 달 영업개시일에 발표한다. 2002년 1월부터 NAPM이 공급관리협회(ISM. Institute for Supply Management)라는 새로운 이름으로 바뀌면서 NAPM 지수는 ISM 지수로, NAPM 비제조업 지수는 ISM 비제조업 지수로 대체되었다.[27]

한국은 PMI를 조사하고 있지 않으나 가장 유사한 선행지표로 기업경기실사지수(Business Survey Index. BSI)가 있다. 주요 업종의 경기동향과 전망, 그리고 기업 경영의 문제점을 파악하여 기업의 경영계획 및 경기대응책 수립에 필요한 기초자료로 이용하기 위한 지표이다. 다른 경기관련 자료와 달리 기업가의 주관적이고 심리적인 요소까지 조사가 가능하다. 지수계산은 설문지를 통하여 집계된 전체응답자 중 전기에 비하여 호전

---

27) ISM. "Origin of manufacturing and non-manufacturing business survey" http://www.ism. ws(검색일: 2013.3.20.)

되었다고 답한 업체수의 비율과 악화되었다고 답한 업체수의 비율을 차감한 다음 100을 더해 계산한다. 예를 들면 긍정과 부정의 응답이 각각 60%와 40%라면 60에서 40을 차감한 다음 100을 더해 120이 된다. 따라서 향후 경기가 좋아질 것이라는 대답이 나빠질 것이라는 대답보다 20%가 많다는 것을 의미하는데, 일반적으로 지수가 100 이상이면 경기가 좋고 100 미만이면 경기가 안 좋다고 판단하게 된다. BSI는 미국·일본 등 50여 개국에서 실시하고 있으며, 한국은 한국은행을 비롯하여 산업은행·대한상공회의소·전국경제인연합회 등에서 분기별 또는 월별로 이를 조사하여 발표하고 있다.[28]

본고에 소개한 다른 선행지표와 달리 PMI는 중국 내에서 가장 늦게 도입되었다. 중국에서 PMI(采购经理指数)가 정식 공포된 것은 2005년 7월 6일이며, '중국제조업 PMI'가 공포되었다. 당시 전세계 22개 국가가 이미 PMI를 공포하고 있었으므로 중국은 PMI 수립체계를 보유한 23번째 국가인 셈이었다. 제조업 PMI는 국가통계국과 중국물류구매연합회(中国物流与采购联合会, China Federation of Logistics & Purchasing, 약칭: CFLP)가 공동으로 작성하는데, 양 기관은 PMI를 위한 업무를 분장하여 실시한다.[29] CFLP는 2001년 2월, 국무원의 주요 중앙부처 개혁 방침에 따라 국내물자유통과 통계업무를 담당하던 '국내무역국'이 철폐되면서, 일부 기능을 이관하기 위해 조직된 민간단체이다. 2004년 10월 24일부터 정식으로 사회물류통계 업무를 국가통계국으로부터 인계받아서, 다음 해 중

---

28) 국가통계포털, "통계용어-기업경기실사지수," http://kosis.kr(검색일: 2013.3.25).
29) CFLP의 전신은 중국물자유통협회(회원사 400개)인데, 2001년 4월 20일, CFLP로 명칭을 변경하여 재창립되었고, 이전 '국내무역국'이 관할하던 26개의 전국 범위의 유통 및 물류관련 전문업종협회와 7개의 사업단위의 위탁관리 업무까지 부여받았다. 또한 물류관련 통계작성, 표준화 및 품질관리 업무, 업종별 전람회 심사, 기계전기제품 수입심사 등 이전 정부부처에서 진행하던 업무를 이관받았다. 중국물류연합회, www.chinawuliu.com.cn (검색일: 2013.3.20).

국 PMI가 나올 수 있게 된 것이다.

국가통계국 기업조사부서는 데이터의 수집과 처리를 담당하며 CFLP 와 중국물류신식중심은 데이터의 분석을 책임지고 있다. 이후 PMI는 국가통계국의 정식 관방 데이터 시스템에 포함되었으며, 매월 1일(업무일 기준)에 공포되고 있다.

2. 편제 방법

PMI는 중국 내 820개 기업을 대상으로 설문조사가 실시되며, 기업 선정시에는 지역별, 업종별, 기업유형별(소유제별) 균형을 고려하고 있다. 중국 PMI 역시 PMI 설문조사 양식에 대한 자세한 내용을 공개한 적이 없는데, 중국 내 언론, CFLP 홈페이지 게시물 등을 종합하면 다음과 같은 특징을 발견할 수 있다.

샘플대상은 주요 20개 업종을 포함하는데, 1차금속(철강 및 합금강), 일반설비, 화학공업 등 3대 업종 비중이 가장 큰 것으로 알려졌다. 또한 샘플대상 기업 중 40~50%는 경제가 발달한 동부연해지역에 위치하고 있으며, 지역별 균형을 위해 중서부 지역 기업의 참여율도 점차 늘어나고 있는 추세이다. 중국 PMI 설문대상 기업 대부분이 국유기업일 것이라는 것이 일반적인 예측이지만, 설문조사 T/F팀은 다양한 소유제 형식의 기업(사영, 주식제, 외자 등)을 포함하고 있다고 주장한다.[30]

비제조업 PMI의 경우에는 27개 업종에 종사하는 전국의 1,200여 개 기업을 대상으로 설문조사를 실시하는데, 판매업(도소매), 항공운수, 수상운수, 숙박, 생태환경처리 및 공공설비관리, 부동산, 주민서비스 및 수리, 창고, 철도운수, 식음료, 리스 및 비즈니스서비스, 인터넷 및 소프트

---

30) Tom Orlik(2012), 52쪽.

웨어·IT기술서비스업, 전신·방송·위성송출서비스 등이 주요 비제조업 분야 업종이다.

편제 방식은 기본적으로 미국의 ISM과 유사한 방법을 채용하고 있으며, 피설문자는 아래의 11개 항목에 대한 질문을 받게 된다. 즉 생산량, 신규 주문량, 수출주문량, 현존주문량, 완성품재고, 구매량, 수입, 구매가격, 원자재 재고, 종업원, 공급상 납기시간 등이다. 이상 항목에 대해 피설문자는 당월의 현황을 전월과 비교하여 답변하게 되며, 전월 대비 양호, 불변, 불량을 선택하게 된다.

답변 수치는 확산지수(Diffusion Index)로 처리되어 계산된다. 즉 20%의 피설문자가 당월 수출량이 전월비 많았다고 답변하고, 60%의 피설문자가 당월과 전월 수출량이 변화가 없다고 답변하게 되면 그 지수는 50이 된다. 즉 '50=20+(60×0.5)'으로 계산된다.[31]

통상 50은 경제의 활황과 침체를 구분하는 임계점이 되는데, 지수가 50이라면 제조업의 경영활동이 전월비 큰 변화가 없음을, 50 이하라면 위축됨을, 50 이상이라면 활발함을 의미하는 것이다.

중국 PMI는 5개 지표에 대해 다음과 같은 가중평균을 두어 계산된다. 방정식은 다음과 같다.

PMI = (신규주문×0.3) + (생산량×0.25) + (종업원× 0.2) + (공급상 납기시간×0.15) + (원재료재고×0.1)

---

31) 일정기간 증대하고 있는 계열의 비율을 하나의 수치로 요약하기 위해 사용되는 통계적 연구를 말한다. 이 지표는 확산의 백분비이다. 즉 감소계열보다도 상승계열의 수가 많으면 지표는 50 이상으로 되고, 상승지표가 감소지표보다 적으면 50 이하로 된다.

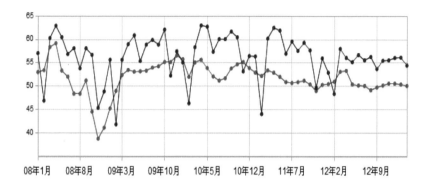

〈그림 3〉 구매자관리지수(2008년 1월~2013년 2월)

주: 우변 상단이 비제조업PMI지수, 하단이 제조업PMI지수임.
자료: 东方财富网. "中国采购经理人指数(PMI)" http://data.eastmoney.com(검색일: 2013.3.22)

    상기 방정식은 미국 ISM, HSBC 중국 PMI(홍콩 HSBC은행 공포)와 일치한다. 다만 중국 PMI는 춘절(설), 국경일 등 중국에서 1주일 넘게 생산활동이 중지되는 계절요인을 고려하여 조정을 하게 된다. 그럼에도 불구하고 2005년부터 2010년까지의 3년간 PMI 등락을 살펴보면, 3월에는 PMI가 전월 대비 3포인트 상승했으며, 5월에는 3포인트 하락했다. 또한 9월에는 2포인트 상승했고, 10월에는 2포인트 하락한 바 있다. 이는 여전히 공장의 생산활동이 많게는 10일 동안 중지되는 춘절(음력설, 대체로 2월), 노동절 연휴(5월 1일), 국경절 연휴(10월 1일)의 영향을 받는 것으로 설명된다. 즉 공장들은 해당 명절과 연휴의 휴지기간을 대비하여 전달에 많이 생산하여 재고를 확보하는 것이다. 또한 가장 많이 공장이 쉬게 되는 춘절(설) 다음 달인 3월 생산량은 전월 대비 현저한 수준으로 올라가게 된다.

3. 중국 PMI의 특징

일반적으로 기타 국가의 PMI를 분석하면, PMI가 50 이상을 기록하면 다음 달 신규주문과 생산량이 따라 상승했다. 또한 50 이하인 경우에는 그 반대 현상(신규주문 및 생산량 하락)이 나타났다. 그러나 중국의 경우, 많은 제조업(철강, 자동차, 건축자재 등)들은 중국의 WTO 가입에 대응하여 기업들이 설비투자를 확대한 2003년 이후부터 이미 생산설비가 초과 공급 상태에 놓여 있었다. 실제 2005년부터 2010년 5년동안 PMI지수 평균은 53을 초과했으며, 60개월이라는 이 기간 동안 단 7개월만 50 밑으로 내려갔다. 따라서 이러한 중국 특성을 고려할 때, 중국에 있어서 PMI는 '50을 넘느냐 밑도느냐?'를 관측하는 것이 아니라, '50 이상 얼마나 높아졌느냐?' 혹은 '전월 대비 상승폭이 늘었느냐 줄었느냐?'를 보는 것이 올바른 해석법일 것이다.

국가통계국이 공포하는 중국 PMI는 먼저 제조업지수와 비제조업지수로 나누어 공포되며, 각기 〈표 7〉과 같이 5종류로 유형을 나누어 발표하고 있다. 즉 제조업 PMI로는 생산, 신규주문, 원자재재고, 종업원, 공급상납기시간 등이 있으며, 비제조업 PMI로는 비즈니스 활동, 신규주문, 중간투입가격, 요금, 비즈니스활동예기지수 등이 있다. CFLP는 추가로 7종류의 다양한 지수를 세분화하여 공표하고 있다. 즉 생산지수, 신규수출주문지수, 수입지수, 공급상 납기시간지수, 구매가격지수, 생산경영활동예기지수, 원자재재고지수 등이 있다.

주요 지수 특징을 살펴보면, 먼저 신규수출주문지수는 수출형 제조업종의 상황을 파악하는 데 유용하다. 일반적으로 수출은 주문서를 받은 후 2~3개월 후에 납품이 이루어지므로 2~3개월 후에 세관에서 통계 수집되는 수출실적지수와 밀접한 연관성을 가진다. 수입지수는 해외수요

움직임을 파악하는 데 유리하다. 중국 PMI 작성 시 수입분야는 공업분야에서 수입하는 원자재와 수출가공업종에서 수입하는 생산재료로 양분한다. 따라서 수입지수의 활황은 중국 국내는 물론 해외시장이 활황임을 나타낸다.

공급상 납기시간지수은 그 등락 폭이 다른 지수와 비교하여 크다. 이는 중국 내 각 제조업 분야의 설비 가동율을 파악하는 데 도움이 된다. 즉 경기가 과열되면 공급부문에서 병목현상이 확대되며 배송시간(납기)이 연장될 것이다. 만약 경기침체로 놀고 있는 설비가 많아진다면 배송시간(납기)가 단축될 것이다. 즉 공급상 납기시간지수는 기타 PMI지수와 해석방법이 반대가 되어야 하는데, 지수 50 이상은 배송시간의 단축(유휴설비 증가가 예측하는 경기침체를 예고)을 의미하며, 50 이하는 배송시간이 길어짐(기존 과잉설비 100% 가동으로 경기과열을 예고)을 의미한다.

구매가격지수는 제조업이 인플레이션 압력에 얼마나 인접해 있는지를 나타내준다. 실제 PMI구매가격지수를 통해서 생산자물가지수(PPI, Producer Price Index)를 예측할 수 있으며, 실제 최근 5년간의 예측치와 결과치를 비교하면 설명력이 아주 높다.

종업원지수는 취업시장의 변화에 아주 민감한 지수이다. 중국은 주지하는 것처럼 정부에서는 매월, 매년, 매분기에 등록실업률(登记失业率)이라는 것을 공포하고 있다. 그러나 이 등록실업률은 중국 내 실업 현황을 반영하고 있지 않다. '사회주의 시장경제'를 채택한 중국이 더 이상 국가에서 직업을 배정하지 않게 된 1994년, 중국정부는 '등록실업'에 대한 통계를 시작한다. 즉 국유기업 개혁 등으로 도시에 쏟아져 나온 실업자를 관리하기 위하여, 노동 관련 부서에 실직자들을 등록하도록 했다. 여기에서 집계된 실업률이 등록 실업률이다.[32]

---

32) 김동하, 『위안화 경제학』(서울:한스미디어, 2010), 416-419쪽.

문제는 모든 실업자가 등록하지 않는다는 점이다. 도시 후커우(戶口. 호적)를 가진 실업자만 등록이 가능했고, 남성은 50세 미만, 여성은 45세 미만만 등록되었다. 졸업후 정규직 일자리를 구하지 못한 대학생은 아예 등록 대상에서조차 제외되었다. 또 많게는 2천 5백만 명(2009년)으로 추산되는 농민공 역시 해당사항 없음이다. 이처럼 중국의 실업률에는 허수(虛數)가 많다. 중국정부가 매년 목표치로 제시하는 도시지역 등록실업률은 4% 내외이다. 중국 관방 씽크탱크인 중국사회과학원에서 발간한 '사회블루북'에 나타난 2008년 도시지역 실업률은 9.4%였다. 물론 도시지역 설문조사 결과에 따른 것이기는 하나, 이는 같은 기간 국가통계국이 밝힌 등록 실업률 4.5% 내외보다 2배나 높은 수치이다.

실제 수치를 보면, 국가통계국이 공포한 2008년도 등록실업률이나 도시민가처분 소득 수치는 2008년 하반기부터 시작된 취업시장의 부정적 영향을 반영하고 있지 못했다. 반면에 PMI종업원지수는 2008년 4분기부터 급격하게 하강하였으며, 또한 2009년 1분기에는 빠르게 반등하는 회복세를 보였다. 따라서 동 결과를 놓고 보면 PMI종업원지수는 경제에 충격이 있을 경우 취업시장에 미칠 파급효과를 정확히 예측할 수 있고, 또한 정부의 대응 정책이 얼마나 효과가 있었는지를 실증적으로 보여줄 수 있는 지표라 판단할 수 있다.

〈표 7〉 중국 PMI 유형

중국 PMI	제조업 PMI	생산지수	신규주문 지수	원자재재고 지수	종업원 지수	공급상 납기시간 지수
	비제조업 PMI	비즈니스 활동지수	신규주 문지수	중간투입 가격지수	요금 지수	비즈니스 활동예기 지수

자료: 国家统计局. "中国制造业PMI分类指数企业景气指数" www.stats.gov.cn(검색일: 2013.3.22)

4. 유효성 분석

최근 2008년 말 미국발 금융위기는 중국 수출과 이와 연결된 제조업 경기에 지대한 영향을 끼쳤고, 이를 통해 중국 PMI의 유효성을 가늠해 볼 수 있다. 즉 2008년 5월부터 제조업 PMI는 53.3으로 전월 59.2보다 9.9%(전년동월비는 -5.9%) 감소하게 된다. 즉 중국 제조업 분야에서는 2008년 5월 1일 자에 이미 빨간 경고등이 켜진 셈이다. 이후 중국의 공업 생산증가치 결과치를 보면 2008년 3분기부터 전월동기 마이너스 성장을 기록했다. 이는 회귀분석을 거치지 않더라도 PMI가 유효한 예측력을 나타냈음을 방증한다.

중국정부는 2008년 말부터 시작된 경기침체에 대응하여 2009년부터 본격적으로 4조 위안의 경기부양책을 시행하기 시작했다. 그렇다면 PMI는 어떻게 반응하였을까?

2008년 11월, 38.3(제조업 PMI)라는 최저점을 기록했던 PMI는 중국의 대규모 경기부양책에 즉각적으로 반응하기 시작했는데, 바로 다음 달인 2008년 12월부터 비록 50 이하이기는 하지만 상승세(41.2)로 반전했고, 이후 3개월간 꾸준히 상승하여 2009년 3월에는 50 이상인 52.4로 전환되었다.

다만 중국 내에서 주로 인용되는 또 다른 PMI인 HSBC 중국 PMI를 보면 약간 다른 결과를 나타내고 있다. 즉 HSBC 중국 PMI는 2009년 5월에서야 50을 넘어서게 되는데 이는 국가통계국이 발표하는 중국 PMI와는 약 2달간의 시차가 있다. 즉 이는 4조 위안의 경기부양책이 주로 국유기업에 집중되었기 때문에 국유기업 비중이 가장 많은 중국 PMI는 즉각 반응이 나타난 반면, 중소형 사영기업 비중이 많은 HSBC 중국 PMI

는 이보다 느리게 반응한 것으로 해석할 수 있다.[33] 2008년 5월 이후 중국 PMI는 꾸준히 상승했으며 2009년 12월에는 56.6로 미국발 금융위기 이전 수준을 회복한다.

자오송 외(赵松)는 2005년부터 2010년 12월까지 월별로 공포된 중국의 공업증가치액과 PMI를 활용하여 그랜저 인과관계 검정을 시도했다. 그 결과, 공업증가가치액 증가율과 PMI간의 상관계수는 0.559로 유의미한 것으로 조사되었으며, ADL모형과 ECM모형으로 회귀분석한 예측치를 실제 결과치와 비교해본 결과, 평균오차 6%의 양호한 예측력을 가진 곳으로 조사되었다.[34]

장다오더 외(张道德)는 2007년 7월부터 2009년 6월간(24개월)의 수치를 가지고 VAR모형을 활용한 회귀분석을 통해 CPI(소비자물가지수), PMI, CCI(소비자신뢰지수) 간의 관계를 분석하였다. 분석결과에 따르면 CPI는 PMI에 대해 음(-)의 방향으로 영향을 미치고 있었다. 즉 CPI가 올라 일정한 수준에 이르면 인플레이션을 유발하고, 이는 PMI의 하락을 야기했다. 또한 경기가 침체하게 되면 PMI는 CPI에 대해 양(+)의 방향으로 영향을 미쳤는데, 즉 PMI가 하락하여 일정한 수준이 되면 경기가 과열에서 침체로 전환되어 CPI의 하락을 야기했다.[35]

---

33) HSBC 중국 PMI는 汇丰中国制造业采购经理人指数(HSBC China Manufacturing Purchasing Managers Index)로 불리며, 홍콩HSBC은행과 영국연구기관인 Markit Group Ltd. 이 공통으로 편제하고 있다. 동 지수는 2010년 이전에는 크레디리요네 증권 산하의 CLSA Asia-Pacific Markets에서 공포했기 때문에 里昂证券中国采购经理人指数(CLSA China PMI)라고 불렸다. CLSA China PMI는 2004년 9월부터 공포되기 시작했다(자료원 http://www.markit.com. 검색일자: 2013.3.22).

34) 赵松 · 负晓哲(2012), 107-110쪽.

35) 张道德 · 俞林(2009), 8-11쪽.

1) 중국 PMI 정확도 분석

본고에서는 2006년부터 2011년간 6년간(72개월)의 수치를 활용하여 PMI의 정확도를 분석하여 보았다. PMI는 앞서 서술한 것처럼 50이 호황과 불황을 결정하는 경계선이다. 따라서 PMI가 50 이상일 경우 그에 대응하는 지표가 전월비 플러스 증가를 보여야 정확하다고 판단할 수 있으며, PMI가 50 이하일 경우에는 그에 대응하는 지표가 전월비 마이너스 증가를 보여야 정확하다고 판단할 수 있다.

즉 PMI가 59.2를 기록한 2008년 4월의 경우, 당월(4월)의 공업증가치 증가율은 15.7%로 전월(3월)의 17.8% 대비 증가율이 2.1%포인트 감소(마이너스 증가)했다. 이 경우에 PMI는 호황을 나타내는 59.2가 정확하지 않았다고 판단했다. 또한 PMI가 44.6을 기록한 2008년 10월의 경우, 당월(10월)의 공업생산증가치 증가율은 8.2%로 전월(9월)의 11.4% 대비 증가율이 3.2%포인트 감소(마이너스 증가)했다. 이 경우에 PMI는 불황을 나타내는 44.6이었으므로 정확했다고 판단한 것이다.

이상과 같은 방법으로 〈표 8〉과 같이 분석한 결과, 2006년부터 2011년까지 공업증가치에 대한 PMI 정확도는 70.96%로 비교적 높은 수준의 예측력을 시현했다는 판단이다. 반면에 PMI의 수출 및 수입 실적에 대한 예측력은 50% 이하이거나 51%에 불과하여 상대적으로 예측력이 낮았다. PMI의 발전량에 대한 예측력은 62.86%였는데, 공업증가치와 대비하여 보면 정확한 예측력을 가졌다고 보기 힘들다.

〈표 8〉 중국 PMI 정확도(2006년~2011년)

지표	예측 정확도(%)
PMI와 공업증가치 전월비 증가율	70.96
PMI생산지수와 공업증가치 전월비 증가율	70.96
PMI와 발전량 전월비 증가율	62.86
PMI신규수출주문지수와 수출 전월비 증가율	51.04
PMI수입지수와 수입 전월비 증가율	45.07

자료: 『中国统计年鉴』, 『中国能源统计年鉴』, 『中国商务年鉴』 각호 수치 참고하여 저자 작성.

2) PMI 상관성 분석

본고에서는 2006년부터 2011년간 6년간(72개월)의 수치와 Eview 5.0 프로그램을 활용하여, 중국 PMI의 주요 지수와 관련 경제지표 간의 피어슨 상관계수(양방향) 도출을 시도하였다. 〈표 9〉와 같은 분석결과에 따르면 PMI종합지수는 공업증가치와 높은 상관관계(0.721)를 가지고 있으며, PMI생산지수와 공업증가치는 이보다 더 높은 상관관계(0.755)를 보인 것으로 나타났다.

또한 PMI신규수출주문지수는 중국 수출과 높은 상관관계(0.798)를 나타냈으며, PMI수입지수 역시 중국 수입과 유의미한 상관관계(0.546)를 보였다. 다만 수출과 수입을 비교하여 볼 때 PMI신규수출주문지수의 상관성이 PMI수입지수보다 높은 수준이었다.

<표 9> 중국 PMI지수와 경제지표간 상관성(2006년~2011년)

지표	상관계수
PMI종합지수의 변화와 공업증가치 전월비 증가율	0.721*** (.000)
PMI생산지수와 공업증가치 전월비 증가율	0.755*** (.000)
PMI신규수출주문지수와 수출 전월비 증가율	0.798*** (.000)
PMI수입지수와 수입 전월비 증가율	0.546*** (.000)

주: 각각 ***는 1%, **은 5%, *은 10%의 유의수준에서 유의함.
자료: 『中国统计年鉴』, 『中国商务年鉴』 각호 수치 참고하여 저자 작성.

Ⅵ. 결론

지금까지 중국의 주요 선행지표들의 개요와 편제방법 그리고 특징들에 대해서 살펴보았다. 이들 지표의 유효성을 요약하면 다음과 같다.

첫째, 2000년부터 대중에게 공포되기 시작한 경기지수 중 선행지수는 기존 연구결과에 따르면 지수를 구성하고 있는 통화량, 착공프로젝트, 물류지수 등이 유의미한 적합도를 가지고 있는 것으로 검증되었다. 또한 단순하게 분기별 GDP의 변화와 선행지수의 등락을 비교한 결과 역시 최근 2008년 말의 금융위기와 2009년의 빠른 경제회복세 등을 예측하는 선행지표로서의 역할을 충분히 해내었다는 판단이다.

둘째, 1998년부터 대중에게 공포되기 시작한 소비자 신뢰지수(CCI)는 중국 내 광범위한 지역별 소득별 편차, 소비품 구성의 차이 등이 원인이 되어 현실을 잘 반영하지 못하는 것으로 판단된다. 실제 CCI와 소비자물가지수 간 기존 상관관계 분석결과를 보면, 비식품소비자가격지수의 과다한 비중으로 인해 둘 사이의 인과관계를 약화시킨 것으로 증명되었다.

셋째, 가장 늦게 도입되어 2005년 7월부터 공포된 구매자관리지수(PMI)는 다른 어떤 선행지표보다 예측력과 구성 지수간의 인과관계가 뛰어난 것으로 기존 연구결과에서 나타났다. 또한 본고에서 수행한 중국 PMI 정확도 분석 및 중국 PMI지수와 경제지표 간 상관성 분석결과에서도 높은 수준의 유의미한 결과치를 보여주었다.

이상의 각각 선행지표들의 유효성과 중국만의 특성을 고려한다면, 우리 기업들과 중국 선행지표를 활용하려는 국내외 전문가들에게 다음과 같은 시사점을 제시할 수 있을 것이다.

첫째, 유효성이 확인된 경기지수의 경우, 선행지수 자체뿐만 아니라 선행지수 및 동행지수를 구성하고 있는 항목에 대해서 활용이 가능하다. 본고에서 예로 든 '공업 종업원수' 지표의 경우, 중국 관방통계인 '등록실업률'이 현실을 반영하지 못하고 있는 약점을 보정하는 데 활용할 수 있다. 이러한 맥락에서 선행지수 중 '부동산개발투자 선행지수' 등은 중국 부동산경기를 정확히 예측할 수 있는 하나의 척도로 작용하기에 충분해 보인다.

둘째, 중국만의 선행지표별 특성을 고려하여 지표를 해석해야 한다. 중국 PMI가 높은 예측력을 보인 것으로 나타났지만, 2009년 경기부양책에 따른 효과를 예측하는 데는 홍콩HSBC은행이 발표하는 HSBC 중국 PMI와 2달간의 시차를 보였다. 이는 기존 중국 PMI가 국유기업 비중이 높았고, HSBC 중국 PMI는 중소형 사영기업 비중이 많았기 때문이었다. 따라서 이와 같은 중국만의 선행지표 특성을 고려하여 관련 지표를 분석해야만 우리가 필요로 하는 예측력을 좀 더 제고할 수 있을 것이다.

셋째, '사회주의 시장경제'를 집행하고 있는 중국경제 특성 전반에 관한 이해는 선행지표에서도 요구된다. 중국 PMI는 춘절(설), 국경절 등 1주일 넘게 생산활동이 중지되는 계절요인을 고려하여 조정을 하고 있음에도 불구하고, 최근 3년간 등락 수치를 보면 여전히 영향을 받고 있는 것으로 나타나고 있다. 또한 중국 PMI 해석 시 50을 기준으로 보는 것이 아니라 이미 생산과잉 상태에 놓인 설비현황을 고려하여, 상승 폭을 보고 경기를 예측해야 한다는 본고의 지적은 우리 기업들과 국내외 전문가들에게 선행지표 활용 시 반드시 중국경제의 특성을 먼저 이해해야 하는 점에 대한 정당성을 시사하고 있다.

참고문헌

김성록 · 이병주 · 조원향 · 윤준상, 「중국의 지역간 경제지표를 이용한 지역개발정책의 효과 분석-10,5계획 전후를 중심으로」, 『한국행정학회 하계학술발표논문집』(2010), 1-12쪽.

성병희 · 이경희, 「새로운 선행지수를 이용한 경기전환점 예측」, 『한국경제의 분석』 제7권 1호(2001.4), 128쪽.

통계청, 「경기종합지수 개편보고서」 연구자료 93-11-024(1993.12), 48-53쪽.

董文泉 外, 「我国经济循环的测定, 分析和预测(Ⅰ)—经济循环的存在和测定」, 『吉林大学社会科学学报』1987年3期(1987), 5-8쪽.

董文泉, 『经济周期波动的分析与预测方法』(北京:吉林大学出版社,1998), 193-194쪽.

郭洪伟, 「我国消费者信心指数编制及存在的问题」, 『商业时代』2010年33期(2010), 28-29쪽.

何毅 · 王新, 「消费者信心指数对CPI的影响效应探讨」, 『价格理论与实践』2012年12期 (2012), 50-51쪽.

宋海岩 · 白雪梅 · 于立, 「浅议我国经济波动的先行指标」, 『统计研究』1988年1期(1988), 20-22쪽.

唐晶莹 · 吴一菲 · 赵蕊, 「我国宏观经济先行指标体系构建的实证研究」, 『科学决策』2012年 09期(2012), 73-92쪽.

Tom Orlik, 『解读中国经济指标』(北京:中国经济出版社,2012), 67-68쪽.

赵磊, 「金融危机后中国消费者信心指数预测引导功能的实证研究」, 『金融经济』2010年10期 (2010), 139-140쪽.

赵松 · 负晓哲, 「工业增加值与采购经理人指数关系研究」, 『经济研究导刊』2012年第25期 (2012), 107-110쪽.

张道德 · 俞林, 「CPI · PMI与消费者信心指数(CCI)的关系研究及实证分析」, 『中国物价』2009 年第09期(2009), 8-11쪽.

Aaron Mehrotra · Jenni Pääkkönen, "Comparing China's GDP statistics with coincident indicators," Journal of Comparative Economics, Volume.39, Issue.3(September 2011), pp.406-411.

Cheng Li, "Consumer expectation and output growth: The case of China," Economics Letters, Volume.113, Issue.3 (2011), pp.298–300.

Yong Geng · Jia Fu · Joseph Sarkis · Bing Xue, "Towards a national circular economy indicator system in China: an evaluation and critical analysis," Journal of Cleaner Production, Volume.23, Issue.1(March 2012), pp.216-224.

국가통계포털, "통계용어-소비자평가지수," http://kosis.kr(검색일: 2013.3.25.)

국가통계포털, "통계용어-기업경기실사지수," http://kosis.kr(검색일: 2013.3.25)

东方财富网. "中国消费者信心指数" http://data.eastmoney.com(검색일: 2013.3.22)

东方财富网. "中国采购经理人指数(PMI)" http://data.eastmoney.com(검색일: 2013.3.22)

国家统计局. 분기별 "企业景气指数" www.stats.gov.cn(검색일: 2013.3.22.)

国家统计局. "消费者信心指数" www.stats.gov.cn(검색일: 2013.3.22)

国家统计局. "中国制造业PMI分类指数企业景气指数" www.stats.gov.cn(검색일: 2013.3.22)

The Conference Board, "The Conference Board Historical Overview," www.conference-board. org(검색일: 2013.3.30.)

ISM. "Origin of manufacturing and non-manufacturing business survey" http://www.ism. ws(검색일: 2013.3.20.)

찾아보기

1자녀정책 20-22, 29, 32, 60

CFLP 296-297, 300

HSBC 중국 PMI 229, 303-304, 308

IPPC 207-208, 211, 216, 218, 223-227, 230

ISM 295, 298-299, 310

ISM지수 295

ISPM No. 15 202, 206-207, 211, 216, 219, 221-223, 230

MB훈증 207, 219

ODA 142

PMI구매가격지수 301

PMI종업원지수 302

QDII 159

QDII2 159

U턴 156

ㄱ

가공무역 245, 248, 256-258, 262-263

가전하향(家电下乡) 254

개도국 지위 246

개발금지구역 84-85

검험검역(CIQ) 204, 224

경기동향지수 275, 280

경기종합지수 275-276, 309

경기지수 272, 275-276, 279-281, 283, 307-308

경기지표 271, 273, 279

경외투자관리방법 142

경제기술개발구 71-72, 75, 98, 103

경제특구 71, 75, 96-97, 103

고도화개발구역 84-87

골프산업백서 182

공급상 납기시간지수 300-302

공업증가치 274, 283, 289, 304-307

광대역개발 73-74, 80, 82-85, 100, 103

광저우난사신구 83, 97

구매가격지수 300-301

구매자관리지수(PMI) 271-272, 295-298, 308

구이안신구 97

구조학파 238

국가별 대외투자합작 지침서 148

국가식물보호기관 208

국가질량감독검역검사총국 213

국민경제균형조건 236

국제무역중목재포장재료관리준칙 206-207

국제식물검역조치표준 202, 206, 223

국제연합식량농업기구 202, 206-207, 222

금융억압 243

기업경기실사지수(BSI) 295-296

ㄴ, ㄷ
나무틀 208
난핑 육송 물류기지 126
다완철도센터 121
단위보장제 239
도시농촌 일체화 77, 80, 98, 101, 104
도시중산층 171
도시화 48, 73, 76-77, 80, 82, 84-85,
    87, 89, 92-96, 98, 100-101, 104-
    105
도시화율 48, 80, 96
동북지역 노(老)공업기지 진흥정책
    50, 76
동행지표 271-273, 278-279, 282,
    284
등록실업률 301-302, 308
등룽환조 51, 62

ㄹ
라오산지에(老三屆) 26, 32
란저우신구 83, 97
량장신구 83, 97-98
롱촨 물류센터 124
루이스전환점 40, 47-49
루저우항 124

ㅁ
문혁 1세대 24-28, 32
문혁 2세대 24, 26-28, 32

물류지수 280-281, 307
민공황 39-41, 43-48, 50, 61-63,
    65-67

ㅂ
바링허우 19, 27, 29, 31
병해충위험분석 208
부동산 투자이민제도 158
부동산개발 투자선행지수 281-282
부동산투자이민제도 154-155
부산국제금융센터 159
부산진해경제자유구역청 155
비시장경제 245-246

ㅅ
사회수요지수 281-282
사회수입지수 281-282
상하이자유무역시범구 159
생산자물가지수(PPI) 301
서삼각 지역 109-114, 116-124,
    126-127, 129-130, 133-135
선부론 71
선행지표 271-273, 275, 277-279,
    282-283, 289-290, 295-296, 307-
    309
성도 193
소나무 재선충병 203, 206
소독처리마크 216, 218-219
소비의존형 정책기조 266
소비자기대지수(CEI) 286
소비자동향지수(CSI) 286

소비자만족지수 289

소비자신뢰지수(CCI) 274

소비자예기지수 273, 282, 289, 294

수출입동식물검역법 213-214, 226

수출입상품검역법실시조례 212

수피 제거 218, 221

시안 51, 109, 112, 116, 129-133,
  190

시안 하이테크개발구 132

시안-셴양신구 97

신구 75, 77, 80, 82-83, 90, 92, 97-
  98, 100, 103-105, 160

실질실효환율 250-251, 260-261

싱가포르 EBD 160

싱가포르 경제개발청 160

쌍류 국제공항 123

ㅇ

아라산커우(阿拉山口) 122, 127

외국인투자촉진법 148

우시신구 97

유년부양비율 241, 243

이구환신(以旧换新) 254

인구배당 241-242, 262, 264

인찐라이(引进来) 141

임금단체협상제도 64

ㅈ

저우산군도신구 97

저우추취(走出去) 141-142, 144, 163

전국주체기능구역계획 80-81, 84

전미구매관리자협회(NAPM) 295

절능혜민(节能惠民) 254

점-선-면 개발전략 71, 75

정책금융 244

정책학파 237-238

제한개발구역 84

종업원지수 301

중국 해외 경제합작구 157

중국건축공정총공사 154

중국경제경기감측중심(CEMAC) 277-
  278, 280, 283

중국골프협회 170, 178, 184

중국국제골프박람회 184, 187

중국물류구매연합회 296

중국소비자신뢰예측보고 288

중국유통주 지수 280

중국 제조업 PMI 296

중산층 27, 29, 171-173

중유엔경제구 81, 85-86, 89-91, 93-
  94

중점개발구역 84-86, 89, 93

중화인민공화국국경위생검역법 213

중화인민공화국국경위생검역실시세칙
  213

중화인민공화국수출입상품검역법실시
  조례 212

중화인민공화국수출입상품검역법
  212

중화인민공화국위생검역국 213

지급준비율 252

지우링허우 19, 27, 29

질검총국 213, 216, 223
질량감독검험검역총국(AQISQ) 223
짐깔개 201, 208

ㅊ, ㅋ

차이나 디스카운트 156
창장델타지역 86-88, 93-94
철도블록트레인 110
첨단신기술개발구 71-72, 75
청두 42, 50, 65, 92, 97, 109-113,
 116, 120-125, 127, 129, 131-132
청위 85-86, 109-110, 120
최저임금 63-65
충칭 42, 51, 63-65, 79, 83, 92, 94,
 97-99, 109-113, 116, 120, 124-
 132, 161, 254
충칭항 124
치링허우 19, 29
치엔중경제구 81, 85, 91-94
친족계보 16
컨퍼런스보드 286
코호트 16-17, 20

ㅌ, ㅍ

톈진 빈하이신구 98
톈푸신구 97
투자의존적 정책기조 266
팰릿 201, 208
푸동신구 75, 97-98

ㅎ

하강(下崗) 239
해외직접투자(OFDI) 139, 141, 144
호구제도 49, 54, 61, 63, 65, 243
확산지수 298
활재 208
후주 펑타이 스테인리스 스틸 파이프
 155
후행지표 271-273, 278-279, 282

● 부산중국연구회 소개

부산중국연구회는 1999년 9월에 부산 · 경남 지역 내 중국학(정치 · 경제 · 사회 · 문화) 연구자들이 모여 중국학 관련 학문, 특히 사회과학 분야의 학문 교류를 목적으로 설립한 연구단체입니다. 현재 회원수는 120여명이며, 이중 40명이 대학에서 교원 및 연구원으로 활동하고 있습니다. 그간 격월제로 중국학 관련 주제를 가지고 세미나를 개최하고 있으며, 세미나 결과는 각 분야 한국연구재단 등재학술지(중국학, 한중사회과학연구, China연구, 현대중국연구, 동북아경제연구, 동북아문화연구, 중국연구, 중국학연구, 중소연구 등)에 게재되어 학문 발전에 기여하여 왔습니다. 또한 정치 · 경제 · 사회 · 문화 분과별로 회원들이 모여,『현대중국사회』(이중희 외 9인. 세종출판사. 2009),『한중수교20년』(공봉진 외 5인. 한국학술정보. 2012),『중국경제론』(곽복선 외 4인. 박영사. 2014),『시진핑 시대의 중국몽』(최낙창 외 3인. 한국학술정보. 2014) 등과 같은 단행본을 출간하여, 연구 결과를 사회에 환원시키고자 노력하고 있습니다.

부산중국연구회 사무국 메일: busan.china@gmail.com

● 부산중국연구회 역대 회장단

성명	소속	재임 기간	성명	소속	재임 기간
고영근	부산외대	1999.9~2000.8	손성문	경남과기대	2007.9~2008.8
서석홍	부경대	2000.9~2001.8	박재진	동서대	2008.9~2009.8
하세봉	한국해양대	2001.9~2002.8	정해용	신라대	2009.9~2010.8
조광수	영산대	2002.9~2003.8	정이근	영산대	2010.9~2011.8
이정표	부산대	2003.9~2004.8	서창배	부경대	2011.9~2012.8
김태만	한국해양대	2004.9~2005.8	김창경	부경대	2012.9~2013.12
이중희	부경대	2005.9~2006.8	김동하	부산외대	2014.1~2014.12
김홍수	영산대	2006.9~2007.8			

::산지니에서 펴낸 책::

아시아총서

❶ 상하이 영화와 상하이인의 정체성 임춘성 · 곽수경 외 지음

❷ 20세기 상하이영화: 역사와 해제 임대근 · 곽수경 외 지음

❸ 다르마키르티의 철학과 종교 키무라 토시히코 지음 ㅣ 권서용 옮김

❹ 동양의 이상 오카쿠라 텐신 지음 ㅣ 정천구 옮김

❺ 근대동아시아의 종교 다원주의와 유토피아 장재진 지음 *2012 문화체육관광부 최우수학술도서

❻ 영화로 만나는 현대중국 곽수경 외 9인 지음

❼ 논어-공자와의 대화 김영호 지음

❽ 불교의 유식사상 요코야마 고이쓰 지음 ㅣ 김용환 · 유리 옮김

❾ 흩어진 모래: 현대 중국인의 고뇌와 꿈 이종민 지음 *2014 대한민국학술원 우수도서

❿ 변방이 중심이 되는 동북아 신 네트워크 이창주 지음

⓫ 근대 서구의 충격과 동아시아의 군주제 박원용 외 4인 지음

⓬ 중국 민족주의와 홍콩 본토주의: 홍콩역사박물관의 스토리텔링을 중심으로 류영하 지음

⓭ 차이나 인사이트: 현대 중국 경제를 말하다 김동하 외 10인 지음

크리티카&

❶ 한국시의 이론 신진 지음

❷ 김춘수 시를 읽는 방법 김성리 지음

❸ 근대문학 속의 동아시아 구모룡 지음

❹ 중국소설의 근대적 전환 천핑위안 지음 ㅣ 이종민 옮김

❺ 글로컬리즘과 독일문화논쟁 장희권 지음

고전오디세이

❶ 진화와 윤리 토마스 헉슬리 지음 ㅣ 이종민 옮김

❷ 맹자독설 정천구 지음

❸ 삼국유사, 바다를 만나다 정천구 지음 *2013 대한출판문화협회 청소년도서

❹ 중용, 어울림의 길 정천구 지음

❺ 맹자, 시대를 찌르다 정천구 지음

인문 · 사회

진보와 대화하기 김석준 지음 *2006 문화관광부 우수학술도서

한반도 환경대재앙 샨샤댐 진재운 지음 *2008 환경부 우수환경도서

이주민과 함께 살아가기 이주노동자와 연대하는 전일본 네트워크 지음 | 이혜진 · 이한숙 옮김
*2007 한국간행물윤리위원회 청소년도서

무중풍경 다이진화 지음 | 이현복 · 성옥례 옮김 *2006 영화진흥위원회 학술도서 *2009 대한민국학술원 우수도서

단절 쑨리핑 지음| 김창경 옮김 *2007 한국간행물윤리위원회 11월의 책 *2008 대한민국학술원 우수도서

논어, 그 일상의 정치 정천구 지음

한 권으로 읽는 중국문화 공봉인 · 이강인 · 조윤경 지음 *2010 문화체육관광부 우수학술도서

바다가 어떻게 문화가 되는가 곡금량 지음 | 김태만 · 안승웅 · 최낙민 옮김

글로벌 차이나 이종민 지음

파미르의 밤 칭핑 외 지음 | 김태만 편역 *2012 대한출판문화협회 청소년도서

당신이 판사 안영문 지음 *2008 한국간행물윤리위원회 청소년도서

사회생물학, 인간의 본성을 말하다 최재천 외 지음 *2008 문화체육관광부 우수학술도서

습지와 인간 김훤주 지음 *2008 환경부 우수환경도서

신문화지리지 김은영 외 지음 *2010 한국출판문화상 편집부문 최종후보

강수돌 교수의 나부터 마을혁명 강수돌 지음 *2010 환경부 우수환경도서

아파트키드 득구 이일균 지음 *2012 환경부 우수환경도서

이데올로기와 미국 외교 마이클 H. 헌트 지음 | 권용립 · 이현휘 옮김 *2010 시사인 올해의 책

부산언론사 연구 채백 지음 *2013 대한민국학술원 우수도서 *2013 한국언론학회 학술상 수상도서

미국대학의 힘 목학수 지음 *2014 한국출판문화산업진흥원 청소년도서

부채의 운치-교양으로 읽는 중국생활문화 1 저우위치 지음 | 박승미 옮김

차의 향기-교양으로 읽는 중국생활문화 2 리우이링 지음 | 이은미 옮김

요리의 향연-교양으로 읽는 중국생활문화 3 야오웨이쥔 지음 | 김남이 옮김

천 개의 권력과 일상 사공일 지음

반대물의 복합체 헬무트 크라비치 외 지음 | 김효전 편역

라틴아메리카의 언어적 다양성과 언어정책 김우성 지음

라틴아메리카의 과거청산과 민주주의 노용석 지음

사막의 기적? 조경진 지음

부산화교의 역사 조세현 지음

영상문화의 흐름과 서사미학 정봉석 지음

정신분석적 발달이론의 통합 필리스 타이슨, 로버트 타이슨 지음 | 박영숙, 장대식 옮김

지식의 윤리성에 관한 다섯 편의 에세이 윤여일 지음

상황적 사고 윤여일 지음

독일 발트문학과 에스토니아문학 이상금 지음

발트3국의 역사, 문화 언어 이상금, 박영미, 윤기현, 이현진, 허남영 지음

한국의 사랑채 윤일이 지음

파멸의 묵시록 에롤 E. 해리스 지음

인도인의 논리학 카츠라 쇼류 지음 | 권서용 외 옮김

침묵의 이면에 감추어진 역사 우르와쉬 부딸리아 지음 | 이광수 옮김

표절의 문화와 글쓰기의 윤리 리처드 앨런 포스너 지음 | 정해룡 옮김

힌두교, 사상에서 실천까지 가빈 플러드 지음 | 이기연 옮김

무상의 철학 타니 타다시 지음 | 권서용 옮김

인도사에서 종교와 역사 만들기 이광수 지음

인도의 두 어머니, 암소와 갠지스 김경학, 이광수 옮김

수전 조지의 Another World 수전 조지 지음 | 정성훈 옮김

추락하는 제국 워런 코헨 지음 | 김기근 옮김

아시아총서 13

차이나 인사이트

현대 중국 경제를 말하다

1판 1쇄 발행 2014년 11월 20일

지은이 김동하 외
펴낸이 강수걸
편집장 권경옥
편집 손수경 양아름 문호영
디자인 권문경
펴낸곳 산지니
등록 2005년 2월 7일 제14-49호
주소 부산광역시 연제구 법원남로15번길 26 위너스빌딩 203호
전화 051-504-7070 | 팩스 051-507-7543
홈페이지 www.sanzinibook.com
전자우편 sanzini@sanzinibook.com
블로그 http://sanzinibook.tistory.com

ISBN 978-89-6545-272-0 94320
ISBN 978-89-92235-87-7 94080(세트)

*책값은 뒤표지에 있습니다.
*이 도서의 국립중앙도서관 출판시도서목록(CIP)은 e-CIP 홈페이지
 (http://www.nl.go.kr/ecip)에서 이용하실 수 있습니다.
 (CIP 제어번호: CIP 2014030959)